KB217416

하나님의 집 성전으로 살고 싶은 분의 책

하나님의 집 성전이 되는 비밀

강요셉지음

"우리는 하나님의 동역자들이요 너희는 하나님의 밭이요
하나님의 집이니라"(고전 3:9)

성령

하나님의 집 성전이
되는 비밀

성령

들어가는 말

필자는 20년이 넘도록 성령으로 내면을 치유하는 사역을 했습니다. 사역을 하면서 깨달은 것은 성도들이 아직도 벽돌로 지어진 건물 교회가 성전인 줄로 알고 믿고 있다는 것입니다. 성경은 이렇게 말씀하고 있습니다. "우주와 그 가운데 있는 만물을 지으신 하나님께서는 천지의 주재시니 **손으로 지은 전에 계시지 아니하시고**, 또 무엇이 부족한 것처럼 사람의 손으로 섬김을 받으시는 것이 아니니 **이는 만민에게 생명과 호흡과 만물을 친히 주시는 이심이라.**"(행 17:24-25).

예수님은 자신의 육체를 가리켜 성전이라고 말씀하십니다. "이에 유대인들이 대답하여 예수께 말하기를 네가 이런 일을 행하니 무슨 표적을 우리에게 보이겠느냐 (19) 예수께서 대답하여 이르시되 너희가 이 성전을 헐라 내가 사흘 동안에 일으키리라 (20) 유대인들이 이르되 이 성전은 사십육 년 동안에 지었거늘 네가 삼 일 동안에 일으키겠느냐 하더라 (21) 그러나 **예수는 성전 된 자기 육체를 가리켜 말씀하신 것이라** (22) 죽은 자 가운데서 살아나신 후에야 제자들이 이 말씀하신 것을 기억하고 성경과 예수께서 하신 말씀을 믿었더라."(요 2:18-22)

고린도전서 3장 16절에서는 이렇게 말씀을 하십니다. "너희는 너희가 하나님의 성전인 것과 하나님의 성령이 너희 안에 계시는 것을 알지 못하느냐" 우리는 바르게 알고 믿어야 합니다. 성전의 개념이 명확하게 정립이 되어야 살아계신 하나님을 나타내는 성도가 될 수가 있습니다. 성도 한 사람 한 사람이 성전이 되어야 예수님의 이름으로 세상을 변화시키는 군사가 될 수가 있습니다. 분명하게 하나님의 성전은 예수 믿은 자신입니다.

이 책을 통하여 왜 성도들이 성전이 되는 가, 바르게 깨달아 알고 믿어야 합니다. 사람이 알려주어서 알고 믿는 것이 아니고, 성령께서 깨닫게 하심으로 알고 믿고 행해야 합니다. "주는 그리스도시요 살아 계신 하나님의 아들이시니이다."라고 대답한 베드로의 고백에 예수님은 "바요나 시몬아 네가 복이 있도다 **이를 네게 알게 한 이는 혈육이 아니요 하늘에 계신 내 아버지시니라.**"라고 말씀을 하십니다. 성도들이 하나님의 성전이 되어야 성령으로 진리를 깨달아 입술로 고백하는 하나님의 자녀가 될 수가 있습니다. 하나님의 자녀로서 주신 권위를 사용하며 사는 것입니다.

우리 모두 성령으로 진리를 깨달아 자신이 하나님의 성전이라는 확고한 믿음의 고백을 하고, 하나님의 성전으로 살아가면서 하나님의 살아계심을 증명하면서 날마다 승리하시기를 바랍니다.

주후 2020년 10월 30일
충만한 교회 성전에서
저자 강요셉목사

세부적인목차

1부 하나님의 성전이 되어야 산다.

1장 예수를 믿는 이유를 알아야 성전이 된다.

(행 3:1-10)"제 구 시 기도 시간에 베드로와 요한이 성전에 올라갈새 (2) 나면서 못 걷게 된 이를 사람들이 메고 오니 이는 성전에 들어가는 사람들에게 구걸하기 위하여 날마다 미문이라는 성전 문에 두는 자라 (3) 그가 베드로와 요한이 성전에 들어가려 함을 보고 구걸하거늘 (4) 베드로가 요한과 더불어 주목하여 이르되 우리를 보라 하니 (5) 그가 그들에게서 무엇을 얻을까 하여 바라보거늘 (6) 베드로가 이르되 은과 금은 내게 없거니와 내게 있는 이것을 네게 주노니 나사렛 예수 그리스도의 이름으로 일어나 걸으라 하고 (7) 오른손을 잡아 일으키니 발과 발목이 곧 힘을 얻고 (8) 뛰어 서서 걸으며 그들과 함께 성전으로 들어가면서 걷기도 하고 뛰기도 하며 하나님을 찬송하니 (9) … 일어난 일로 인하여 심히 놀랍게 여기며 놀라니라."

성도는 하나님의 집이요, 성전이라는 진리가 이해가 가지 않는 분들이 있으실 것입니다. 성급하게 판단하지 마시고 이 책을 읽어 가노라면 성령께서 깨닫게 하실 것입니다. 예수를 믿고 성령으로 거듭난 성도라면 필히 깨달아야 하나님의 집, 성전으로 권능 있게 살아갈 수가 있을 것입니다. 하나님의 집, 성전 된 그리스도인으로 살아가려면 예수를 믿은 이유를 바르게 알아야 합니다. 세상만사 무엇이든지 기초가 중요합니다. 공부를 할 때 기초가 중요합니다. 운동을 할 때도 마찬가지입니다. 특히 집을 지을 때에 기초공사는 이루 말할 수 없이 중요합니다. 기초가 튼튼하지 못하면 수십 층의 건물이 순식간에 무너질 수 있습니다. 삼풍백화점 사건, 성수대교 사건 등이 그것을 잘 보여줍니다.

신앙생활에 있어서도 기초가 참 중요합니다. 앞으로 이 책에서 기독교 신앙의 기초인 하나님의 집과 성전에 대해서 말씀드리려고 합니다. 이미 모태 신앙이고 수십 년 동안 신앙생활 해왔기 때문에 적어도 기초에는 아무 문제가 없다는 분들도 잘 새겨들으시기 바랍니다. 여러분의 신앙이 바른 기초 위에 서있는가를 확인하는 기회가 되시기를 바랍니다.

왜 예수를 믿어야 할까요? 죽어서 천국에 가려고 예수님을 믿습니까? 이 세상에는 수많은 종교들과 수많은 신들이 있습니다. 그 중에 왜 하필 예수를 믿어야 할까요? 마음속으로 한 번 대답해보시기 바랍니다. 예수 믿는 이유가 무엇입니까? 모태 신앙으로 태어나서 나의 자발적인 의지와 상관없이 저절로 기독교 신자가 된 분들도 많을 것입니다. 죄 때문에 괴로워하다가 예수 믿으신 분들도 있습니다. 죽지 못할 고통을 당하다가 예수님을 믿고 치유 받은 분들도 있습니다. 친구 따라 강남 간다고, 예수 잘 믿는 친구 따라 한두 번 나오다 보니까 집사가 되고 권사가 되신 분들도 있습니다. 막연한 두려움과 외로움 때문에 교회에 나와서 위로를 받으려고 하다가 예수를 믿은 분들도 있습니다. 또한 결혼하고 마지못해 교회에 나오는 분들도 있습니다.

아마 사람마다 동기와 사연이 각각 다를 것입니다. 중요한 것은 지금 이 자리에서 예수를 믿고 있다는 엄연한 사실입니다. 여러분이 예수를 믿은 것은 참 잘한 일이며 최고의 선택임이 분명한데 도대체 왜 예수를 믿어야 하는지에 대해서 생각해보세요.

예수를 왜 믿어야 할까요? 우리는 그 가장 좋은 대답을 본문에서 찾을 수 있습니다. 본문에는 두 부류의 사람들이 나옵니다. 예수를 가진 사람들과 아직 못 가진 사람입니다. 베드로와 요한은 예수를 가진 사람들입니다. 나면서부터 앉은뱅이 된 사람은 예수가 없습니다. 그러므로 본문은 다른 이야기가 아니라 예수를 못 가진 사람이 예수를 가진 사람들을 만나 함께 예수를 믿고 바뀌고 변화되어 지금 천국을 찾은 행복한 이야기입니다.

먼저 예수를 가진 사람들을 잘 살펴보세요. 베드로와 요한의 행동을 주목해야합니다. 두 사람은 제 구 시, 즉 우리 시간으로 하면 오후 세시에 기도하러 성전에 올라가고 있습니다. 베드로가 살았던 당시에 경건한 유대인은 하루 세 번씩 정해진 시간에 기도했습니다. 베드로는 예수는 믿었지만 아직 율법을 따르고 있습니다. 이른바 정시기도라는 것이지요. 아침 아홉 시, 오후 세 시, 그리고 해질 무렵에 기도했습니다.

예수를 가진 사람들은 하나님께 기도합니다. 기도하는 기쁨이 있습니다. 규칙적으로 하나님과 함께 교제하며 지혜와 능력을 얻습니다. 이와 같이 예수를 가진 베드로와 요한이 성전에 기도하러 올라가는데 예수 없이 사는 한 사람을 만났습니다. 나면서부터 못 걷는 남자였지요. 예수님을 몰랐던 사람입니다.

2절을 보세요. "나면서 못 걷게 된 이를 사람들이 메고 오니 이는 성전에 들어가는 사람들에게 구걸하기 위하여 날마다 미문이라는 성전 문에 두는 자라." 여기 나면서부터 못 걷는 이는 아직 예수님을 만나지 못해 예수가 없는 사람입니다. 그런데 대단히 불행한 사람입니다. 태어날 때부터 못 걷습니다. 그러므로 다른 사람들에게 의존해야 합니다. 자기 스스로의 힘으로 살지 못하고 다른 사람들의 도움을 받아야지만 간신히 살 수 있다는 사실, 이 보다 더 불행한 일이 또 어디에 있을까요? 이 사람이 의존한다는 사실은 크게 두 가지로 나타납니다.

첫째, 움직이는 것을 자기 마음대로 하지 못합니다. 그래서 성전 문 앞에 올 때에도 다른 사람들의 도움을 받았습니다. 사람들이 그를 떠메고 왔던 것이지요.

둘째, 매일 구걸을 해야지만 간신히 생계를 유지할 수 있습니다. 자기 스스로 움직일 수 없는 것도 서러운데 구걸을 해야지만 목구멍에 풀칠을 할 수 있습니다. 대단히 불행한 사람이지요. 그래서 베드로와 요한이 기도하러 성전에 올라가는 바로 그 날도 그 남자는 지나가는 사람들에게 동냥을 얻기 위해 성전 문 곁에 나와 있습니다.

이 나면서부터 앉은뱅이 된 남자는 예수가 없는 사람입니다. 이 사람의 형편을 예수 없는 사람의 일반적인 형편으로써 놓고 영적인 해석을 해봅시다. 육적인 해석이 아니라 영적인 해석입니다. 문자적인 해석이 아니라 상징적인 해석입니다. 이 사나이는 불행합니다. 나면서부터 걸을 수가 없습니다. 다른 사람의 도움을 받아야지만 움직일 수 있습니다. 스스로 떳떳하게 일하지 못하고 구걸을 해야만 합니다.

그렇습니다. 이 사람의 불행은 다름 아닌 의존성에 있는 것입니다. 의존성에 있다는 말은 자유 함이 없다는 말이지요. 자기 가고 싶은 곳에 마음대로 갈 수 있어야 하는데 갈 수 없습니다. 스스로 열심히 일해서 먹고살아야 하는데 구걸을 해야 합니다. 철저히 의존해 있습니다.

예수가 없을 때 우리는 무엇인가에 의존합니다. 뿐만 아니라 자기도 알지 못하는 보이지 않는 무엇이 자신은 지배합니다. 사람들에게 의지하고 돈에 의지하고 명예와 권력에 의지하고 약물에 의지하고 술과 담배에 의지합니다. 여기에 의지해서 행복을 찾지만 영 행복하지 않습니다. 영적인 자유 함이 없기 때문입니다. 무엇인가 힘센 사슬에 묶여 있어서 자유와 평안이 없습니다.

이 사회는 비정상적인 사람들이 섞여 삽니다. 알코올에 중독된 사람들, 마약에 중독된 사람들, 오락과 도박에 중독된 사람들, 무엇인가에 사로잡혀 자유 함을 잃어버린 사람들이 한 둘이 아닙니다. 무언가에 사로잡혀 거기에 노예가 되어 사는 사람들이 많다는 말이지요! 뿐만 아니라 폭력도 날로 심해집니다. 자살율도 점점 더 높아지고 있습니다. 계층 간의 갈등과 반목도 커지고 있습니다.

이런 문제들을 어떻게 해결할 수 있을까요? 유능한 대통령이나 국회의원을 뽑는다고 해결될까요? 더욱더 가혹한 형법을 만든다고 근절될 수 있을까요? 더 많은 경찰력을 확보한다고 해서 사라질까요? 더 많은 변호사들, 검사들, 판사들을 배출한다고 해서 없어질까요? 더 많은 돈을 쏟아 붓는다고 달라질까요?

아닙니다. 지금 현 사회에서도 해결하지 못함을 보지 않습니까? 아니 앞으로도 풀 수 없는 문제일 것입니다. 우리는 알아야 합니다. 이런 문제들은 사회적이고 정치적이고 경제적인 문제들이기 이전에 영적인 문제들입니다. 보이지는 않지만 살아서 역사하는 공중에 권세 잡은 악한 영들이 일으키는 영적인 문제들이기 때문에(엡 2: 2), 반드시 그 영적인 문제들부터 선결되어야만 합니다. 영적인 문제를 해결하여 주시는 분이 예수님이시기 때문에 예수님을 믿어 다시 태어나야 영적인 문제로부터 자유 함을 받을 수가 있습니다. 영국을 새롭게 변화시킨 존 웨슬리 목사님의 영적 부흥 운동을 통해 그 당시 영국 거리에서 술집을 찾아보기 힘들었다고 합니다.

본문으로 다시 돌아갑니다. 다른 사람들의 도움을 받아 오늘 하루도 먹고살고자 구걸을 하기 위하여 성전 문 곁에 앉아 있습니다. 참 흥미로운 것은 그 문의 이름입니다. 미문(美門), '아름다운 문'이지요. 이 남자는 아름다운 문 곁에 날마다 앉아있습니다. 성전 문은 기가 막히게 아름다운데 그 옆에 너무도 불행한 사람이 날마다 앉아 있습니다.

이 보다 더 오늘의 교회와 예수 없는 이들의 형편을 적나라하게 대조해주는 그림이 또 어디에 있을까요? 오늘 아름답기 짝이 없는 교회 건물 주변에는 누군가의 도움을 절실히 구하는 예수 없는 이들이 즐비하다는 사실을 기억하십시오.

3절에 보니까 이 사람이 성전에 들어가려는 베드로와 요한을 보고 구걸을 합니다. 늘 그랬던 것처럼 생계를 위해서 도움을 청한 것이지요. 아직 예수 없이 사는 이 남자를 향해서 베드로와 요한이 어떻게 합니까? 4-6절을 보세요. "베드로가 요한과 더불어 주목하여 이르되 우리를 보라 하니 그가 그들에게서 무엇을 얻을까 하여 바라보거늘 베드로가 이르되 은과 금은 내게 없거니와 내게 있는 이것을 네게 주노니 나사렛 예수 그리스도의 이름으로 일어나 걸으라 하고." 예수 이름으로 권세를 사용하여 일어나 걸으라고 선포합니다.

여기서 중요한 말이 '주목했다'는 말입니다. 그냥 스쳐 지나가듯이 무심히 쳐다봤다는 말이 아니지요. 다른 성경을 보면 '주목했다'를 이렇게 번역했습니다. '분명한 목적을 가지고 보았다' 오늘 우리도 그렇지 않습니까? 지하철역이나 지하도나 길가에서 구걸하는 분들이 있습니다. 보통 사람들은 아무 생각 없이 그냥 스쳐지나갑니다. 힐끗 쳐다보기만 한 채 지나갈 뿐입니다. 그러나 베드로와 요한은 그렇게 하지 않습니다.

아직 예수 없는 앉은뱅이의 영혼의 소리를 듣고서는 주목해서 봅니다. 구걸하는 소리를 듣되 건성으로 듣지 않는다는 것이지요. 이 남자를 향한 사랑과 자비심이 충만해서 듣습니다. 예수 없는 그의 불행한 형편을 주목해서 봅니다.

여러분! 이것이 중요합니다. 물질이 많은 부자도 주목해서 봐야 합니다. 예수 없는 영혼은 형편없이 빈곤할 수 있기 때문입니다. 인기와 명예와 권세를 누리는 이들도 주목해서 봐야 합니다. 화려한 외양과는 달리 그 내면은 형편없이 누추할 수 있기 때문입니다. 아니, 남녀노소, 빈부귀천, 지위고하를 떠나서 예수 없는 모든 이들을 주목해서 봐야 합니다. 그들에게 가장 필요한 것이 무엇인지 봐야 합니다!

"우리를 보라!"는 베드로와 요한의 말을 듣고 그 못 걷는 사람은 두 사람을 빤히 쳐다봅니다. 늘 그래왔던 것처럼 무엇인가를 얻을까 해서이지요. 먹을 것이나 돈을 구한 것입니다. 바로 이 때 베드로가 저 유명한 말을 합니다. "은과 금은 내게 없으나, 내게 있는 것을 그대에게 주니, 곧 나사렛 예수 그리스도의 이름으로 일어나 걸으시오." 이 말씀이야말로 오늘 이 장의 하이라이트입니다. 왜 예수를 믿어야 합니까? 예수 그리스도의 이름이 은과 금보다 훨씬 더 귀하기 때문입니다.

생각해보세요. 이 남자가 늘 그래왔던 것처럼 돈만 얻는 것으로 그쳤다면 어떻게 되었을까요? 그냥 하루 먹고 하루 사는데 그칩니다. 양식의 문제만 해결될 뿐 그의 영혼에는 아무런 변화도 일어나지 않습니다. 여전히 그 이튿날 또 다른 사람들의 도움을 받아 미문 곁으로 나와야 합니다. 지나가는 사람들에게 구걸을 해야만 합니다. 다른 사람들에게 의존하는 삶을 버릴 수 없습니다. 다람쥐 쳇바퀴 돌리듯이 불행한 삶을 반복할 수밖에 없다는 말이지요.

그렇습니다. 은과 금으로는 그의 인생을 변화시킬 수 없습니다. 혹시 은과 금으로 몇 주일, 몇 달 동안 미문 곁에 가지 않고 잠깐 편안히 지낼 수 있을지는 모르지만 돈 떨어지고 시간이 지나면 다시 돌아가야 합니다. 은과 금은 앉은뱅이를 진실로 행복하게 만들 수 없습니다. 자유하게 할 수 없습니다. 그러므로 그에게 진실로 필요한 것은 은과 금이 아닙니다.

사람들은 은과 금, 즉 돈만 있으면 다 된다고 생각합니다. 그러나 사실은 그렇지 않습니다. 은과 금은 우리로 하여금 조금 더 편하게 만들어줄 수는 있습니다. 편안은 주지만 평안은 주지 못합니다. 안락은 주지만 복락은 주지 못합니다. 은과 금이 앉은뱅이를 잠시 동안 부자가 되게 만들고 편하게 할 수는 있어도 기뻐 뛰게 할 수는 없습니다. 하나님을 찬양하게 만들 수 없습니다.

미문 곁으로 돌아가서 또 다시 구걸하지 못하도록 할 수는 없습니다. 은과 금으로는 구원을 얻을 수 없습니다. 돈으로 천국을 살 수 없습니다. 행복해질 수 없습니다. 오직 나사렛 예수 그리스도의 이름만이 자유를 줄 수 있습니다. 예수 이름을 믿음으로 지금 천국을 살 수 있습니다. 예수를 믿음으로 행복을 얻을 수 있습니다. 예수를 믿음으로 전인적인 자유를 얻게 됩니다.

예수를 가진 베드로와 요한은 은과 금이 없습니다. 부자가 아닙니다. 명예와 권력도 없습니다. 유명하지 않습니다. 그러나 그들에게는 돈이나 권력으로 비교도 할 수 없는 나사렛 예수 그리스도라는 이름이 있습니다. 그러므로 돈과 권력이 없다고 해서 불행하지 않습니다. 그보다 훨씬 더 중요한 가치를 붙들고 있기 때문입니다. 나사렛 예수의 이름이 있기에 행복한 것이지요. 은과 금은 잠시 동안 앉은뱅이를 편하게 만들 수는 있지만 오래가지 못합니다. 또 다시 그는 비참한 나락에 빠집니다. 자유를 찾을 수 없습니다. 걷고 기뻐 뛰며 찬양할 수 없습니다. 그러므로 지금 그에게 필요한 것은 나사렛 예수의 이름이지 은과 금이 아닙니다.

베드로가 앉은뱅이의 오른손을 잡아 일으킵니다. 말만 한 것이 아니라 예수 없는 사람을 사랑의 손길로 어루만집니다. 8절 말씀을 보세요. 그랬더니 그가 벌떡 일어나서 걷습니다. 걷기도 하고, 뛰기도 하며, 하나님을 찬양하면서, 베드로와 요한과 함께 성전으로 들어갑니다. 나사렛 예수 그리스도의 이름 때문에 그가 자유 함을 얻은 것이지요. 그는 이제 걸을 때 다른 사람들의 도움을 받을 필요가 없습니다. 스스로 움직일 수 있습니다. 또 다시 구걸할 필요가 없습니다. 스스로 일할 수 있습니다. 세상에서 천국을 누릴 수가 있습니다.

그가 찾아올 예루살렘 성전은 더 이상 구걸하기 위한 장소가 아닙니다. 하나님께 찬양과 영광을 돌려야 할 성소(聖所)입니다. 만일 그가 은과 금을 얻었더라면 성전은 여전히 다른 사람들에게 손을 내미는 구걸의 장소가 되었을 것입니다.

그러나 나사렛 예수의 이름을 얻은 뒤 성전은 하나님을 찬양하고 기도하는 성소가 된 것입니다. 성전은 비로소 그에게 세워진 본래의 목적을 찾게 된 것이지요. 더욱이 이제 그가 찾는 성전 미문은 이름 그대로 진짜 아름다운 문이 되었습니다. 이제 중요한 것은 나사렛 예수의 이름이 그의 육신과 영혼을 다 고쳤다고 하는 것입니다. 전인치유의 이적이 일어난 것이지요. 은과 금을 얻었을 경우 혹시 용하다는 의사를 만나 돈으로 병을 고칠 수도 있었겠지요. 그러나 영혼은 고치지 못합니다. 오직 나사렛 예수 그리스도의 이름만이 육신과 영혼을 다 고칠 수 있습니다.

왜 예수를 믿어야 할까요? 은과 금으로 얻을 수 없는 것을 나사렛 예수의 이름으로 얻을 수 있기 때문입니다. 나면서부터 앉은뱅이 된 사람에게 가장 절실한 것은 무엇입니까? 은과 금이 아닙니다. 세상에 길 잃고 헤매는 영혼들에게 가장 절실한 것이 무엇일까요? 은과 금이 아닙니다. 나사렛 예수 그리스도입니다.

예수 그리스도야말로 오늘 인류가 당면한 가장 근본적인 문제들에 대한 결정적인 해답이며 열쇠입니다. 예수 그리스도를 영접할 때 공허한 마음이 채워집니다. 우리 영혼의 어두운 부분이 밝아집니다. 이 전 것은 지나가고 새로운 피조물이 됩니다(고후 5:17).

왜 예수를 믿어야 할까요? 행복해지기 위해서입니다. 예수를 믿으면 행복해집니다. 지금 천국을 누리면서 살아가게 됩니다. 이 세상의 그 어떤 가치와도 바꿀 수 없는 최고의 가치가 예수 그리스도이기 때문입니다. 오늘 진짜로 예수를 가진 이들은 세상에 은과 금을 가진 사람들이 부럽지 않습니다. 예수 이름이 그와는 비교도 할 수 없을 정도로 존귀하기 때문이지요. 은과 금으로는 천국에 들어갈 수 없지만 예수 그리스도의 이름으로는 지금 천국을 누리며 살다가 영원한 천국에 들어갈 수 있습니다. 이 세상이 아무리 좋아도 천국과는 비교가 안 될 것입니다. 은과 금으로는 천국을 살 수 없지만 나사렛 예수의 이름으로는 살 수 있습니다.

베드로와 요한에게는 은과 금이 없었습니다. 그러나 그들에게는 예수가 있었습니다. 만일 은과 금이 있어서 그것을 앉은뱅이 된 사람에게 주었더라면 그의 인생은 변하지 않았을 것입니다. 은과 금보다 훨씬 더 존귀한 예수 그리스도의 이름을 얻었을 때 그의 인생이 변했습니다. 남의 도움을 받지 않고 스스로 걸을 수 있었습니다. 구걸하지 않고 스스로 일해서 먹고 살 수 있는 길이 열렸습니다. 구걸하기 위해 찾아왔던 성전이 하나님을 찬양하고 기도하기 위한 성소가 되었습니다. 한 마디로 항상 어두운 그림자처럼 그를 따라다녔던 불행을 청산하고 행복한 사람이 되었던 것이지요! 반복되는 구태의연한 구걸의 삶이 새로운 세상의 삶으로 변화된 것입니다.

왜 예수를 믿어야 할까요? 이 세상에서 우리들이 아버지나, 어머니로 부를 수 있는 사람들은 그다지 많지 않습니다. 또한 누구나 할 것 없이 우리가 아버지·어머니라 부른다고 하더라도 우리에게 그것을 받아들일 사람 또한 그리 많지 않습니다. 실제로 우리들을 낳아주신 부모님들이나, 배우자의 부모님, 그 외에 나와 아주 가까운 친구 부모들에게만 우리가 아버지나 어머니라 부르지 아무나 보고 아버지나 어머니라 부르는 사람이 있다면 그 사람은 우리가 흔히 정상적인 사람이라고 볼 수 없을 것입니다.

혹 이웃 아저씨나 아주머니가 나를 보면 때론 맛있는 것도 사주시고 나에게 잘해 줄 수도 있지만 그 분이 우리 부모가 될 수 없습니다. 이웃집 아저씨나 아주머니가 될 수 있어도 부모는 될 수가 없습니다. 부모는 자기가 배가 아파서 낳은 자만이 그 아이의 부모가 될 수 있으면, 자신을 위하여 모든 것을 희생할 수 있지, 세상의 그 누구도 자기 부모의 희생과 같은 노력을 하는 사람은 아무도 없습니다. 이것이 바로 부모의 심정입니다.

또한 부모가 어떠한 위치에 있는가에 따라서 자녀들에 대한 대우도 달라집니다. 만약에 내 부모가 대통령이라면 내 또한 대통령의 아들로서의 권한을 모두 누릴 수가 있습니다. 자기가 아무리 귀찮다고 하더라도 자기에게는 어디를 가나 경호원이 따라 다닐 것이고, 자기가 싫다고 하더라도 우리나라의 대통령궁인 "청와대"가 자기 집이 될 것입니다. 그리하여 다른 사람들은 청와대에 한 번 들어가기 위하여 복잡한 절차와 심사를 걸쳐 청와대에서 들어오라는 날짜와 시간에만 들어갈 수 있지만, 자기는 언제 무슨 시간대에 제한을 받지 않고 마음껏 청와대에 들어갈 수 있을 것입니다.

이유는 자기 부모가 그 집에 거하기 때문입니다. 이렇게 우리나라의 대통령의 자녀의 신분만 된다고 하더라도 남들이 부러워할 그 무엇이 있는데, 오늘 본문에 우리들은 우리나라의 대통령이나 미국의 대통령의 자녀와는 비교할 수도 없는 '하나님의 자녀'가 된다고 하면서, 그에 따르는 권세도 주겠다고 약속하고 있습니다.

세상의 부모와 자녀의 관계는 부모가 그 자녀를 잉태하거나, 아니면 법적으로 양자로 입적만 시키면 자녀의 권세를 행사하고 있는데 반하여, 우리 하나님의 자녀는 어떻게 될 수 있는 것일까요? 그것은 오늘 요한복음 1장 12절에 분명히 나타나 있습니다. 함께 읽어 보겠습니다. "영접하는 자 곧 그 이름을 믿는 자들에게는 하나님의 자녀가 되는 권세를 주셨으니"라고 되어 있습니다. 우리들이 하나님의 자녀가 되는 권세는 너무 간단하고 쉽습니다. 이 세상은 어머니 배 속에서 열 달을 기다려야지 자녀가 되든지, 아니면 법적으로 양자로 입적을 시켜야지 자녀로서의 권세를 행사 할 수 있지만, 하나님의 자녀는 예수님이 우리를 위하여 십자가에서 피 흘리시고 죽으시고 삼일 만에 부활하셨다는 그 사실만 믿으면, 믿는 즉시 우리들은 하나님의 자녀가 된다고 표현하고 있습니다. 세상에 이것보다 더 쉬운 방법은 아마 없을 것입니다. 하지만 많은 사람들이 하나님의 자녀가 되는 방식이 너무 쉬운 나머지 이 방식을 인정하지 않고 믿지 않는 사람들도 가끔 있습니다.

여러분 왜 예수를 믿으셨나요? 세상에서 천국을 누리면서 행복해지기 위해서 예수님을 믿었습니다. 옳습니다. 행복해지기 위해서이지요. 은과 금이 가져다 줄 수 없는, 훨씬 더 귀한 가치가 예수 그리스도의 이름에 있습니다. 그 이름을 믿으세요. 요 1: 12절은 말씀합니다. "영접하는 자 곧 그 이름을 믿는 자들에게는 하나님의 자녀가 되는 권세를 주셨으니." 하나님은 우리 아버지이기에 하나님의 나라가 우리나라가 됩니다. 그러므로 예수 그리스도의 이름을 믿어서 하나님의 자녀가 된 사람은 세상의 은과 금이 부럽지 않습니다. 그까짓 은금으로 살 수 없는 하나님의 나라가 우리 소유이기 때문이지요.

오늘 다시 한 번 기독교 신앙의 기초를 다지십시오. 예수 그리스도를 믿는 이들은 멸망치 않고 영생을 누립니다. 하나님의 자녀가 되어서 하나님 나라를 차지합니다. 지금 천국을 누리면서 영원히 시들지 않는 행복을 얻습니다. 예수 없던 나면서부터 앉은뱅이 된 사람이 예수를 가진 베드로와 요한을 만나 그들이 누리던 기쁨과 감격과 행복에 동참하게 된 것처럼 우리 모두도 그렇게 되기를 주님의 이름으로 기원합니다.

2장 하나님에 대한 깨달음이 성전 되게 한다.

(마 16:15-17) "이르시되 너희는 나를 누구라 하느냐 (16) 시몬 베드로가 대답하여 이르되 주는 그리스도시요 살아 계신 하나님의 아들이시니이다 (17) 예수께서 대답하여 이르시되 바요나 시몬아 네가 복이 있도다 이를 네게 알게 한 이는 혈육이 아니요 하늘에 계신 내 아버지시니라."

하나님의 성전으로 살아가려면 하나님에 대하여 성령으로 깨닫고 믿어야 합니다. 하나님은 누구인가? 어떤 분인가? 무엇을 하시는 분인가? 지금 어디에서 역사하시고 계시는 가? 등등을 바르게 성령으로 깨달아 알아야 하나님의 성전으로 살아갈 수가 있습니다. 우리가 이렇게 예배를 드리는 전지전능하다는 하나님, 우리가 보지도 듣지도 만지지도 못했는데, 우리는 믿고 있고, 복 주시는 능력자임도 인정하고 있습니다. 도대체 하나님은 어떤 분인지를 알아야 하지 않을까 하는 의심이 드는 게 사실입니다. 이제 그 하나님이 어떤 분인지 알아보도록 하겠습니다.

어쩌면 우리는, 이 전능한 신이 우리를 도와서, 모든 어려움을 극복할 수 있기를 바라는 마음이 간절할 수 있습니다. 어쩌면 우리는, 어디 로또복권을 한 장 사면, 일등에 당첨시켜줄지도 모른다는 일말의 기대를 가지고, 저희는 하나님을 믿을 수 있습니다. 만일 우리 중에, 이런 하나님의 보호하심과 복 주심을 손톱 끝만큼도 바라지 않고 믿는 사람이 있다면, 정말로 믿음이 좋은 사람이거나, 아니면 솔직히 가짜이고 거짓말 장이라고 저는 생각합니다.

우리들은 적으나 많으나, 하나님의 보호하심과 그의 복 주심을 기대하는 것이 사실입니다. 그렇다면, 이렇게 우리가 기대하고 있는 하나님이, 진정 우리를 지키시고 복 주시는 분이 맞는지를 생각해 봐야 할 것입니다. 만일, 우리가 믿고 있는 이 하나님이, 우리를 지키시지도 않고, 복 주실 마음도 없다면, 우리는 김칫국만 마시는 성급함을 가졌다 할 수 있을 것입니다.

자, 이제 우리는 도대체 하나님이 어떤 분이신지를 한번 알아봐야 할 것입니다. 이 분이 정말 우리의 소원을 들어주시는 전지전능한 분인지, 아니면, 하나님 마음대로, 우리가 생각하기에 필요 없을 것 같은데, 굳이 필요하다고 생각하시고, 우리는 싫어라 하는데, 억지로 우리의 필요를 챙기시는 분은 아닌지를 한번 알아 봐야 할 것입니다.

그런데 문제가 있습니다. 보이지도 않고 증명 할 수도 없는 하나님을, 어찌 우리가 알아 볼 수 있을까요? 정말 걱정입니다. 그래서 오늘 본문을 통해서, 우리는 어떻게 하나님을 알 수 있는가를 한번 생각해 보고자 합니다.

우리가 하나님을 알려면, 먼저 몇 가지를 생각해 보아야 합니다.

첫째는 내가 하나님을 알려고 노력해야 합니다.

둘째는 내가 노력해도 알 수가 없는 것이 하나님이란 것을 깨달아 인정해야 합니다.

셋째는 내가 노력하는 중에 성령님이 깨닫고 알려주실 때 까지 희망을 가지고 기다려야 합니다.

하나님을 알아보라는 말인지 그만 두라는 말인지 헷갈리는 말을 적었습니다. 이게 무슨 말이냐 하면, 우리의 노력으로는 하나님을 알 수 없다는 말을 하고 있습니다. 위의 세 가지를 생각하면서, 참 말도 안 된다 싶은 생각에 쓴 웃음을 짓게 됩니다.

하나님을 알려고 하면, 알아보려고 노력을 해야 하는데, 내가 아무리 노력해도 하나님을 알 수 없다고 합니다. 그러면 어쩌란 말인가요? 터무니없이 그냥 계속 하나님을 알려고 노력해야 한다는 사실입니다. 정말 답답하고 허탈할지도 모릅니다. 왜냐고요? 이건 머, 밑 빠진 독에 물 붓기이지, 언제 하나님이 자기를 알려주실지 알지도 못하면서, 무작정 기다리란 것이 말이 되지 않는 것이 사실입니다. 그러나 분명한 것은 우리가 아무리 노력해도 하나님을 알 수가 없단 것입니다. 하나님을 알려면, 하나님이 알려주셔야 한다는 사실을 잊지 마시기 바랍니다.

오늘 본문은 그 유명한 베드로의 신앙고백입니다. 우리가 참 좋아하는 성경구절입니다. 교회 좀 오래 다닌 사람치고 저 구절을 모르는 사람이 없습니다. 어디 기도회라도 갈라치면, 사람들이 이구동성으로 외칩니다. '주는 그리스도시요 살아계신 하나님의 아들입니다' 하고 외칩니다. 서로 서로 손잡고 붙들고 눈물 콧물 흘리며, 감격해서 자기들의 신앙을 고백하면 울며불며 고백하는 말입니다.

제가 그러한 기도회를 폄하하려는 뜻이 있다는 것은 절대로 아닙니다. 때와 장소에 따라 하나님의 임재는, 제가 감히 상상할 수도 없는 부분이기에, 감히 제가 하나님의 은혜와 임재를 한갓 인간의 생각으로 판단하고자 하는 그런 것이 절대 아닙니다.

다만, 그렇게 뜨겁게 울고불고 서로 붙들고, 주는 그리스도시요 라고 고백하고 기도회를 마치고 나서, 언제 그랬느냐가 되는 사람들이 사실은 너무나 많다는 것입니다. 왜 그럴까요? 저런 고백이 무슨 문제가 있을까요? 아니 저런 고백을 하면 안 될까요?

제가 말씀드리고자 하는 것은, 신앙의 고백은 자기 자신의 확신이 아니란 것을 말씀드리고 싶습니다. 신앙의 고백은, 자기가 경험한 그 예수를 고백하는 것이지, 자기가 되고자 하는 욕망과 소망을 고백하는 것이 아닙니다. 그래서 예수님은 말미에 이렇게 말합니다. 이를 알게 한 이는 하나님이라고 확정하고 있습니다.

간혹 사람들은, 소나무를 붙잡고 기도를 하면서, 자신의 고백이 베드로의 고백이 되기를 원합니다. 하지만 절대로 절대로 그렇게 해서는 그 고백이 베드로의 고백과 같은 고백이 될 수는 없습니다.

왜냐하면, 베드로의 고백은 그가 경험한 것을 고백한 것이기 때문입니다. 베드로의 고백은 그가 그렇게 마음먹고 확신한 고백이 아니었단 사실입니다. 베드로의 고백은 그가 경험한 예수 그리스도에 대한 고백이며, 이 고백은 하나님이 베드로에게 예수그리스도가 하나님의 아들이시고 구원자이심을 알게 해 주셔서 그러한 고백을 했다는 사실입니다.

그리고 베드로의 고백은, 성령이 함께 하신 고백이기 때문에 예수님이 오늘의 말씀을 하고 계신다는 사실입니다. 예수님은 오늘 베드로의 신앙고백을 하나님이 알게 하여 주셨다고 말합니다. 이를 알게 한 이는 혈육이 아니라고 합니다. 누가 가르쳐 줘서 배운 게 아니란 얘기입니다. 하나님은 성령님이 알려주셔야 바르게 알 수가 있다는 것입니다.

우리가 착각하는 것 중에 하나가, 우리 많은 사람들은 이미, 베드로의 고백을 성경을 통해서 듣고, 많은 목사님들의 설교를 통해서 배웠습니다. 혈육이 사람이 가르쳐줬습니다. 더 정확히는 베드로라는 사람이 가르쳐준 고백 문이라는 것입니다.

그런데, 예수님은 이러한 신앙고백은 사람이 가르치거나 배워서 되는 것이 아니라, 하나님이 알게 해 주셔야만 알 수 있다고 말씀하고 계십니다. 그렇습니다. 우리의 고백은, 하나님이 가르쳐 주시고 알려주신 경험을 고백해야 합니다. 아무리 성경을 많이 읽고, 성경 전체를 암송한다고 해도, 그 사람이 하나님을 직접 경험하지 못한 고백은 아무런 의미가 없다는 사실입니다.

우리들의 고백은 하나님이 알려주시고 가르쳐 주신 그 고백을 해야 한다는 사실입니다. 그 고백은, 각 사람마다 모두 다릅니다. 절대로 같을 수 없습니다. 표현은 같을지 모르지만, 각 사람에게 주시는 하나님의 가르침은 천차만별일 것입니다.

우리들은 하나님을 알려고 노력합니다. 할 수만 있다면 하나님을 뵙고 싶고, 손잡아 보고 싶고, 하소연 하고 싶고, 응석도 부리고 싶을 것입니다. 전지전능한 창조주를 만나서, 기뻐서 자자손손 내가 하나님을 만났다 자랑거리로 남기고 싶을 것입니다. 실재로 그러한 일이 일어날 수 있습니다. 그리고 그러한 일이 일어나야 합니다. 우리는 하나님을 직접만나야 합니다. 그리고 그 만남의 감격과 감동을 사람들에게 전해야 합니다.

우리는 살아계시는 하나님을 직접만나야 합니다. 안 만나면 우리가 믿는 믿음과 신앙은 거짓이 됩니다. 우리가 눈으로 보고 손으로 만지는 만남은 할 수가 없지만, 우리 속에 성령이 오셔서, 하나님을 만나는 그 감동을 우리는 반드시 확인해야 한다는 사실입니다. 하나님은 만나면 됩니다. 어떻게 만날 수 있을까요? 쉽고도 어려운 일입니다. 내가 원하기는 하지만 내 노력으로는 되지 않고, 오직 하나님의 능력으로만 가능합니다. 진정한 신앙고백이 되려면, 하나님의 가르침이, 우리 각자의 마음속에 고백이 되어야 합니다. 이러한 일을 가능하게 하시는 분이 바로 성령입니다.

제가 수차에 걸쳐 누차에 성령과 동행하는 것을 강조하고 있습니다. 성령이 우리의 마음에 없으면, 우리의 신앙고백은 그저 한낱 공허한 메아리 일뿐입니다. 아무런 감동도 없고 삶을 바꾸는 능력도 없습니다. 우리의 삶이 성령과 동행하면, 성령이 가르쳐 주시는 그 신앙 고백을 할 수 있습니다.

그 고백은 사람이 가르쳐 준 고백이 아닙니다. 베드로가 알려 줘 성경에 기록한 그 고백이 아닙니다. 온전히 내가 경험한, 내 가 만난 예수 그리스도에 대한 진솔한 나의 고백인 것입니다. 이런 고백이 있는 사람만이, 하나님을 알 수가 있습니다. 하나 님을 만났다 고백할 수 있습니다.

우리 주변의 많은 사람들은, 성경을 읽고 교회에서 가르쳐 주 어서, 주는 그리스도시라고 고백할 수 있습니다. 하지만, 부족 합니다. 그것으로 다가 아닙니다. 하나님이 알려주셔야 합니다. 성령이 우리 마음속에 감동을 주셔야 합니다. 그래야 우리의 신 앙고백이 진정한 신앙고백이 될 수 있다는 것입니다. 인간이 하 나님을 알 수 있는 방법은, 오직 성령이 알려주셔야만 가능하다 는 것을 말씀드리고 싶습니다.

그래서 우리가 경험하고 만난 그 예수님, 그 하나님을 고백하 여야 한다는 사실입니다. 베드로의 고백은 하나의 사례입니다. 하지만, 그러한 고백이 진정 나의 고백이 되어야만 한다는 사실 을 잊어서는 안 됩니다. 그렇지 않다면, 우리의 믿는 믿음은 거 짓 믿음이 될 수 있습니다.

이제 우리가 믿는 믿음이 진정한 믿음이라면, 우리는 베드로 의 고백과 같은 고백을 우리의 삶 속에 적용할 수 있어야 할 것 입니다. 아직은 우리가 서툴고 부족할지 모르지만, 우리는 우리 의 신앙 고백을 우리의 삶에 적용하여 살아야만 합니다.

사람들은 고난과 역경을 극복하고 버티어 낼 때 성취감을 느끼고 뿌듯해 한다 합니다. 마냥 좋은 날, 좋은 시절이면 잡생각이 드는 게 사람의 본성이라고 합니다. 우리들의 믿음이 진정한 믿음이라면, 고난과 역경을 버티어 내어야 합니다. 과연 우리는 어떻게 그 어려움과 역경을 버티어 낼 수 있을까요? 그 버티어 내는 힘은 과연 무엇일까요?

　　그 해답은 바로 예수 그리스도입니다. 바로 그 예수 그리스도가 구원자임을 고백하는 그 마음에 바로 희망이 있습니다. 왜일까요? 그 고백은 하나님이 알게 하여 주셨기 때문입니다. 하나님을 알게 되면, 우리는 진정한 희망을 깨닫게 되기 때문입니다. 우리에게 희망은 하나님이십니다. 또한 구세주 예수 그리스도입니다. 그분이 없다면 우리에겐 희망이 없습니다. 그 희망을 알려주신 분이 바로 예수님입니다. 그 희망을 가지고 살아야 합니다. 그래야, 고난과 역경을 버티어 낼 힘이 생깁니다.

　　오늘 성경 말씀에 베드로의 신앙고백에 대해서, 예수님은 이를 알게 한 이가 혈육이 아니고, 하늘에 계신 하나님이라고 하고 있습니다. 무엇을 말하고 있습니까? 내가 스스로 알고 깨닫고 버티어 내는 것이 아니란 얘기입니다.

　　하나님이 알게 해 주셔야, 우리가 하나님을 알고, 하나님의 존재 자체가 우리에게 희망이 되고, 우리가 그 희망을 가지고 버티어 내고, 또한 하나님의 영인 성령이 우리와 함께 하셔서, 우리에게 이 세상을 살아갈 힘과 용기를 주신다는 사실입니다.

우리의 믿음이 자기 확신이 되어서는 아니 됩니다. 오직 성령의 능력으로, 성령이 깨닫게 해주시는 바로 알게 해주시는 대로 그 확신으로 우리는 살아야 합니다.

오늘 우리들은 베드로의 고백을 살펴보았습니다. 우리가 너무나 잘 알고 있는 고백입니다. 우리가 이 구절을 외워서 입으로 고백할 수는 있지만, 하나님이 알게 하셔서 고백하지 않는 고백은 하나님과 아무런 관계가 없다는 사실을 알게 되었습니다.

하나님을 안다는 것이 무엇인가요? 그것은 지식적으로 아는 것이 아닙니다. 하나님을 직접 몸과 마음으로 경험하는 것입니다. 그렇다면 경험하고 나면 무슨 일이 일어날까요? 그것은 각 사람의 마음속에 하나님에 대한 고백이 생기게 된다는 사실입니다. 베드로가 그러했듯이, 우리들도 우리 각자의 고백이 있어야 합니다. 그래야만, 우리는 하나님의 자녀가 되고, 하나님의 나라를 소망할 수 있을 것입니다. 그렇지 않다면, 우리는 하나님의 나라와 아무 상관이 없는 사람이 될 것입니다.

정리를 하겠습니다. 하나님을 알 수 있는 방법은, 우리들이 하나님을 알고자 해야 한다는 사실입니다. 그러나 아이러니 하게도 우리의 인간적인 노력으로는 하나님을 알 수 없음을 또한 깨달아야 한다는 사실입니다. 그렇게 겸비한 사람에게, 하나님은 우리들에게 하나님의 놀랍고 신비한 비밀을 깨닫게 해 주신다는 사실입니다.

그러한 사람, 즉 하나님을 알게 된 사람은 베드로가 고백하여 성경에 기록된 그 고백이, 진정으로 자신의 속에서 우러나는 자신의 신앙고백을 하게 된다는 것이 오늘 본문의 말씀입니다. "이를 네게 알게 한 이는 혈육이 아니요, 하늘에 계신 내 아버지시니라."라고 하신 말씀의 의미가 바로 이것이라 생각해 봅니다.

우리 모두, 하나님을 경험하고, 하나님에 대한 우리 각자의 믿음의 고백이 있게 하시고, 우리의 삶이 하나님과 동행하는 삶이 되시는, 우리 모두에게 하나님의 크신 은혜가 함께 하시길 예수님의 이름으로 축복합니다.

사람이 실직, 재정적 손실, 자녀의 진로 실패같이 큰 고난을 겪으면 마음에 쓴 뿌리를 갖고 하나님을 향한 왜곡된 신앙을 갖기가 쉽습니다. 어떤 고난을 만나도 넉넉하게 승리하기 위해서는 하나님을 바르게 이해하고 있어야 합니다. 그렇다면 우리가 믿는 하나님은 어떤 분일까요?

첫째로 인생을 다 아시고 인도하십니다(시139:13~16절). 다윗은 하나님이 창조주로서 한 생명을 태어나게 하는 일에 관심이 많으시고 놀라운 지혜와 능력을 발휘하신다고 고백합니다. 다윗은 주께서 모태에서 자신을 지으신 것이 매우 경이로우며, 자기가 모태에서 임신되기 이전부터 주님이 자신을 돌보셨고, 자기 인생의 경로를 이미 설정해 놓으셨다고 고백합니다.

인생이 얼마나 신비롭습니까? 보통 인간은 4~5세 이전을 기억하지 못합니다. 자기가 어떻게 태어났으며, 출생 후 부모님으로부터 받은 돌봄을 기억하지 못합니다. 어린아이들이 어찌 부모님의 사랑에 대해 알겠습니까?

매우 보잘것없는 우리 각자를 향한 하나님의 사랑은 부모의 사랑보다 훨씬 큽니다. 우리 인생의 창조주요 주관자가 하나님이시며, 하나님이 우리를 출생 이전부터 지금과 영원까지 사랑으로 돌보신다는 것을 믿고 감사해야 합니다.

둘째로 놀라운 계획을 가지고 계십니다(시139:17~18절). 시편 저자는 자신에 대해 하나님의 계획이 얼마나 많은지 바다의 모래보다 많다고 말합니다. 도저히 세려고 해도 셀 수가 없다는 것입니다. 또한 자기가 잠에서 깨어날 때마다 하나님은 함께해 주시며 자기를 절대 포기하지 않으신다고 말합니다.

사랑의 아버지 하나님은 우리를 향해 선한 계획을 가지고 계십니다. 망하는 것 같아도 하나님은 우리가 거기서 살아날 계획을 가지고 계십니다. 우리는 어떤 일을 당해도 낙심치 말고 하나님을 믿고 찬송하며 나가야 합니다.

셋째로 악인을 심판하십니다(시139:19~22절). 저자는 악인들이 하나님과 그분의 은혜에 적극적으로 반대하며 하나님을 악담하는 등 폭력을 행한다고 고발합니다. 만약 그들이 회개하지 않는다면 하나님은 그들을 심판하실 것이라고 합니다.

다윗은 자신이 악인과는 단호하게 구별되어 살 것을 결단합니다. 지금도 구원의 하나님을 경외하지 않고 하나님에 대해 함부로 말하며, 하나님의 은혜를 거부하며 자기중심적으로 살아가는 자들이 있습니다. 그들이 회개하지 않으면 이 세상에서도 결국 불행한 인생을 살고, 내세에서도 영원한 심판을 받습니다. 우리는 그들의 모습을 절대로 닮지 말아야 합니다.

넷째로 우리가 거룩하게 살기를 원하십니다(시139:23~24절). 다윗은 자신이 죄인이며 죄를 범할 가능성이 있는 존재인지 알고 있습니다. 그는 주께서 자기의 마음과 뜻을 살피시고 아시기를 기도합니다. 그 결과 자기의 악함이 드러나 회개함으로써 하나님의 영원한 길로 인도되기를 바라고 있습니다.

사람들마다 다 죄 성이 있으므로 쉽게 죄를 범할 수 있습니다. 범죄를 막는 방법은 늘 하나님 앞에 나아가 자신을 살피며, 죄를 회개하고 거룩하게 사는 것입니다.

저와 여러분도 항상 말씀과 기도를 통해 주 앞에 나아가 우리 자신을 살피며, 죄악을 회개하면서 주님 보시기에 거룩한 삶을 살아가야 합니다.

우리가 믿고 있는 하나님은 어떤 분이시며 우리가 어떻게 살기를 바라실까요? 하나님은 인생의 창조주로서 인생을 다 아시며, 셀 수 없이 많은 놀라운 계획으로 인도하시고, 회개하지 않은 자를 심판하시는 분입니다.

그러므로 우리는 항상 주 앞에서 자신을 살펴 거룩한 삶을 살아야 합니다. 하나님의 은혜가 우리에게 있기를 바랍니다.

다섯째로 하나님은 불꽃같은 눈으로 성도들을 살피십니다
(시139:23). 우리에겐 보이는 것이 있는가 하면 볼 수 없는 부분도 있습니다. 수십억의 인간들이 지구 곳곳에 흩어져 사는 이들을 우리는 다 볼 수도, 알 수도 없습니다. 그러나 그것들을 지으신 하나님은 모든 사람 뿐 아니라 환경과 피조물들을 보시고 아시고 다스리십니다.

하나님은 모든 것을, 가능한 모든 부분도, 실제적인 모든 것을 아십니다. 모든 사건, 피조물, 과거와 현재와 미래를 아십니다. 하늘과 땅과 지옥에 있는 것도 구체적으로 아십니다. 그의 시선을 피할 수 없고 그는 잊어버리시거나 틀리거나 변하지도 않으시고, 못 보시고 넘어가는 것이 없습니다. 하나님은 누구로부터 배우거나, 노력 없이 모든 것을 즉각적으로 발견하시거나 놀라지 않으십니다. 하나님은 완전한 지식을 가지신 분으로 "주께서 나를 살펴보시고 나를 아시나이다." 내 생각을 아시고, 내 모든 행위를 아시고, 내가 한 말을 아시는 하나님의 지식이 너무 기이하고 높아 측량할 수 없다고 찬양합니다. "깊도다. 하나님의 지혜와 지식의 풍성함이여, 그의 판단은 헤아리지 못할 것이며 그의 길은 찾지 못할 것이로다"라고 사도 바울은 하나님의 지혜와 지식을 찬양합니다.

헬라어로 하나님을 세오스(Theos)라 합니다. 이 말은

Theisthai(세이스타이)에서 온 말로 하나님은 모든 것을 보시는 분(all-seeing One)이라는 뜻입니다. 전능하신 하나님은 본질상 전지(全知)하셔야 합니다. 하나님이 보실 수 없다면 시각 장애를 갖고 하나님이 되실 수 없습니다. 우상을 만들어 섬기는 이도 맹인 우상은 만들지 않습니다. 하물며 살아계신 하나님은 그가 만든 모든 피조물과 인간을 보시고 언제나 나를 살피시고 내 모든 것을 아십니다.

북한의 김정은이 핵을 폐기하겠다고, 한국과 미국 대통령에게 공약을 하면서 핵을 뒤로 감추고 있다는 미국 발 기사가 나왔습니다. 사람의 눈도 속이기 쉽지 않은데 우리를 불꽃같은 눈으로 완전히 겉과 속을, 행동과 마음을 계속 보시는 완전하신 하나님의 시선을 피할 수 있는 이는 없습니다. 내가 나를 본다고 하지만 내 속에 있는 기술과 재능을 보고 해석하려는 것이 인간이지, 하나님처럼 내 마음이 조성되기 전, 그 마음의 방향까지 정확하게 읽는 분은 하나님 외에는 아무도 없습니다.

문제는 하나님이 사람에 관해 모든 것을 완벽하게 보시고 알고 계십니다. 약점이 많은 인간들은 하나님에 대해 생각하기를 두려워하고 있습니다. 하나님이 우리를 아신다는 것은 컴퓨터와 같은 기계와는 다릅니다. 누가 열쇠 구멍으로 나의 모든 것을 들여다보는 이가 있다면, 우리는 불편해 하고 위기감을 느낄 것입니다. 우리의 알려져서는 안 될 비밀도, 죄도 다 아시는 하나님 앞에서 인간이 무엇을 할 수 있을까요?

진지한 눈을 가지고 하나님은 우리를 압박할 것 같으나 놀랍게도 하나님을 경외하고, 그를 의뢰하는 성도는 하나님을 두려워하거나 부담스럽게 여기기보다 오히려 하나님을 피난처와 방패로 삼습니다. 사람의 오해와 모함으로 울분과 탄식만 할 것이 아니라 "내가 앉고 일어섬을 아시고 내 생각을 밝히 아시오며, 내 모든 길과 눕는 것을 살피셨으므로 나를 익히 아셨나이다." 말한 시인처럼 어차피 모든 것을 아시는 하나님을 피하거나 두려워 말고, 그 앞에 감추인 죄를 회개하고, 그만 의지하면 감사와 찬양이 터질 것이고, 위로와 기쁨이 넘칠 것입니다. 하나님은 불꽃과 같은 눈으로 성도들을 살피시고 보호하고 계십니다. 이를 믿는 성도만이 하나님의 보호 속에서 살아갈 수가 있는 것입니다.

충만한 교회에서는 매주 토요일 10:00-12:30까지 1주전 예약하여 집중내적치유 시간이 있습니다. 대상자는 여기서도 저기서도 치유와 능력을 받지 못한 분/ 성령의 은사와 권능을 단기간에 받고 싶은 분/ 마음이 불안하고 두려워서 고통 하는 분, 불치병, 귀신역사를 빨리 치유 받을 분/ 목, 허리디스크, 허리어깨통증, 근육통, 온몸이 아프고 무거움에서 치유해방 받고 싶은 분/ 자녀나 본인의 우울증, 공황장애, 조울증, 불면증을 빨리 치유 받을 분/ 가슴이 답답하고 기도하기가 힘이 드는 분/ 생업과 목회로 영육의 탈진에 빠져서 고통당하시는 분/ 성령의 불세례를 체험하고 싶은 분/ 들입니다.

전화 예약하셔야 됩니다. 전화는 02-3474-0675

3장 신분을 성령으로 깨달으니 성전이 된다.

(엡 2:1-8)"그는 허물과 죄로 죽었던 너희를 살리셨도다 (2) 그 때에 너희는 그 가운데서 행하여 이 세상 풍조를 따르고 공중의 권세 잡은 자를 따랐으니 곧 지금 불순종의 아들들 가운데서 역사하는 영이라 (3) 전에는 우리도 다 그 가운데서 우리 육체의 욕심을 따라 지내며 육체와 마음의 원하는 것을 하여 다른 이들과 같이 본질상 진노의 자녀이었더니 (4) 긍휼이 풍성하신 하나님이 우리를 사랑하신 그 큰 사랑을 인하여 (5) 허물로 죽은 우리를 그리스도와 함께 살리셨고 (너희는 은혜로 구원을 받은 것이라) (6) 또 함께 일으키사 그리스도 예수 안에서 함께 하늘에 앉히시니 (7) 이는 그리스도 예수 안에서 우리에게 자비하심으로써 그 은혜의 지극히 풍성함을 오는 여러 세대에 나타내려 하심이라 (8) 너희는 그 은혜에 의하여 믿음으로 말미암아 구원을 받았으니 이것은 너희에게서 난 것이 아니요 하나님의 선물이라."

하나님의 성전으로 살아가려면 자신의 신분을 바르게 성령으로 깨달아야 합니다. 신분을 성령으로 깨달아 입술로 시인하며 하나님께 영광을 돌려야 성전으로 살아갈 수가 있습니다. 세상에서 죄인으로 살아가다가 예수님을 믿음으로 신분이 바뀐 것입니다. 하나님은 베드로전서 2장 9절에서 "그러나 너희는 택하신 족속이요 왕 같은 제사장들이요 거룩한 나라요 그의 소유가 된 백성이니 이는 너희를 어두운 데서 불러내어 그의 기이한 빛에 들어가게 하신 이의 아름다운 덕을 선포하게 하려 하심이라." 말씀하셨습니다. 예수님은 어두움의 세상에 참 빛으로 오셨다고 말하고 있습니다. '너희를 어두운 데서 불러내어 그의 기이한 빛에 들어가게 하셨다.'고 했습니다. 어두움은 죄와 두려움과 절망과 지옥의 세계를 지칭하는 단어입니다. 빛이 되신 하나님을 떠나 사는 자들은 어두움 가운데 속한 자들입니다.

이 어두움에 속한 자들의 모습에 대하여 엡2:1-3에서 "그는 허물과 죄로 죽었던 너희를 살리셨도다 (2) 그 때에 너희는 그 가운데서 행하여 이 세상 풍조를 따르고 공중의 권세 잡은 자를 따랐으니 곧 지금 불순종의 아들들 가운데서 역사하는 영이라 (3) 전에는 우리도 다 그 가운데서 우리 육체의 욕심을 따라 지내며 육체와 마음의 원하는 것을 하여 다른 이들과 같이 본질상 진노의 자녀이었더니"했습니다.

빛 되신 하나님을 떠나 사는 자들은 아무리 선하게 산다 해도 그의 신분은 죄와 허물로 죽은 자들이요, 공중 권세 잡은 사단의 종노릇 하며 사는 자들로 하나님의 긍휼을 입지 못하고 진노와 심판의 대상임을 말하고 있는 것입니다.

공중 권세 잡은 악한 영, 사탄은 온갖 영향력을 행사하여 자기 세력을 확장시키기 위해 죄와 허물로 죽은 사람의 영혼을 움켜잡고 하나님의 뜻을 거역하게 합니다. 하나님을 대적하게 합니다. 하나님 없이 살게 만듭니다. 하나님을 믿지 못하게 합니다. 비키니라는 작고 아름다운 무인도 섬이 있었습니다. 이 섬에는 매년 때가 되면 많은 거북이들이 와서 모래 속에 알을 낳고 돌아갑니다. 뜨거운 햇살이 모래를 달구고 이 열기로 알들이 부화하여 새끼 거북이가 태어나게 됩니다.

알에서 태어난 거북이는 누가 가르쳐 주지 않았는데도 본능적으로 자신들이 살아야 할 곳은 바다라는 것을 알고, 바다를 향하여 달려가 바다 속에 뛰어 들어 새로운 삶을 살게 됩니다. 그런데 어찌된 일인지 알에서 태어난 거북이들이 산으로 올라가는 것입니다. 바다를 만나서 새로운 삶을 시작해야 할 텐데 산으로 간 거북이는 결국에는 고통 가운데 죽고 마는 것입니다.

이 섬에서 얼마 전에 원폭 실험을 하였기 때문이었습니다. 방사능이 온 섬을 덮고 있습니다. 방사능에 오염된 거북이들에게는 바다를 찾아가는 감각 기관이 파괴되었던 것입니다. 그래서 바다로 가야 하는 거북이가 산으로 올라갔던 것입니다. 이처럼 사단은 세상을 온통 죄로 오염시켜 놓았습니다. 그 결과 우리 인간들에게도 원하는 바 선을 행할 마음은 있지만 선을 행한 능력이 상실되었습니다. 죄와 허물이 우리의 선한 양심을 파괴하였고, 우리의 선한 의지를 파괴하였기 때문입니다.

우주 만물에 나타난 하나님의 능력과 신성을 바라보면서도 마땅히 하나님께 나아와 하나님을 경외하며 믿는 대신에 하나님이 창조하신 자연과 짐승과 버러지를 하나님으로 섬기는 어리석은 우상 숭배의 생활을 하게 된 것입니다. 이런 모습으로는 아무리 착하게 살고, 선한 일을 많이 했어도 결코 하나님의 진노와 형벌을 피할 길이 없습니다. 이 모습이 하나님을 떠나 죄와 사단에 메어 종의 신분을 가지고 있는 자들의 모습입니다. 우리 가운데에는 그런 사람이 없기를 소망합니다.

사람은 제각기 자기 신분이 있습니다. 학생은 학생의 신분이 있고, 또 군인, 경찰, 공무원 등 다 자기 나름대로의 신분이 있습니다. 그 신분이 귀하기 때문에 신분증을 발급 받아서 달고 다니기도 하고 때로는 제시하기도 합니다.

하나님은 베드로전서 2장 9절에서 성도의 신분에 대한 것을 말씀하셨습니다. "택하신 족속이다", "왕 같은 제사장들이다", "거룩한 나라의 백성이다", 또 "그의 소유된 백성이다", "하나님의 아름다운 덕으로 선전할 책임자다"라고 하셨습니다.

"택하신 족속"이란 말씀은 하나님이 많은 인류 중에서 특별한 은혜를 주시려고 선택한 자라는 뜻입니다. 평범하던 사람이 대통령에 발탁되거나 왕비로 간택을 받거나 미스코리아가 되거나 탤런트에 뽑히면 금방 출세자로 변하고, 신분의 지위가 달라지는 것입니다. 이것들과 비교하면서 하나님께 뽑힘을 받은 것이 얼마나 더 귀한 것인가를 상상해 보셔야 할 것입니다. 하나님이 선택받은 자에게 주신 은혜가 많지만 본문에서는 "어두운 데서 불러내어 그의 기이한 빛에 들어가게 하실 것이라"고 하셨습니다.

"왕 같은 제사장이라" 하신 것은 하나님을 직접 상대할 수 있는 신분이 되게 하신 것입니다. 제사장은 하나님과 인간 사이의 중보자입니다. 그런데 성도를 "왕 같은 제사장이라" 하셨으니 이것은 최고의 존귀를 부여하신 말씀입니다. 모든 피조물 중에 하나님을 직접 교제할 수 있는 대상은 하나님이 특별히 세운 천사들과 성도뿐인 것입니다. 대통령을 직접 만날 수 있는 사람은 그의 가족뿐입니다. 다른 사람들은 다 비서실을 거쳐야만 혹 만날 수 있습니다.

"거룩한 나라"라고 하셨습니다. "거룩한 나라의 자녀"란 뜻입니다. 거룩한 나라는 깨끗한 세계를 뜻하고, 천국이나 지상의 순결한 세계를 의미합니다. 성경에 "예복 없이는 잔치에 못 들어간다"는 말씀이 있습니다. 그 예복은 예수님의 의의 은총을 의미합니다. 거룩한 백성은 곧 예수님의 의의 은총을 힘입고 천국에서 영원히 거할 자입니다. 미국의 시민권만 있어도 좋다고 하는데 성도는 천국의 시민권을 받았으니 얼마나 귀한 일입니까?

"그의 소유된 백성이라"고 하셨습니다. 이 말씀은 "왕을 잘 만난 백성, 부모를 잘 만난 자녀, 주인을 잘 만난 종"과 같은 것입니다. 어떤 집의 개는 주인을 잘 만나서 부잣집 외아들보다 더 호강하는 경우가 있습니다. "하나님이 소유하신 백성"이란 하나님이 특별하게 통치하실 대상이란 뜻입니다. 얼마큼 특별하게 통치하실까요? 가족처럼, 자식처럼 양육하시고, 통치해 주시는 것입니다(마 12:50).

우리 예수 믿는 성도들은 특별히 신앙인으로서의 신분이 있습니다. 본문에 보면 예수를 믿기 이전 즉 성도가 되기 전의 신분을 다섯 가지로 나타냈고, 또 예수 믿은 이후에 우리가 어떤 신분을 가진 자인가 하는 것을 다섯 가지로 구분해서 말씀하신 것을 깨달을 수가 있습니다.

첫째, 성도가 되기 전의 신분은 이렇습니다. 빛 되신 예수님을 떠나 사는 불신자들은 아무리 선하게 산다 해도 그의 신분은 죄와 허물로 죽은 자들이요, 공중 권세 잡은 사단의 종노릇 하며 사는 자들로 하나님의 긍휼을 입지 못하고 진노와 심판의 대상임을 말하고 있는 것입니다. 공중 권세 잡은 악한 영, 사탄은 온갖 영향력을 행사하여 자기 세력을 확장시키기 위해 죄와 허물로 죽은 사람의 영혼을 움켜잡고 하나님의 뜻을 거역하게 합니다. 하나님을 대적하게 합니다. 하나님 없이 살게 만듭니다. 하나님을 믿지 못하게 합니다.

①허물과 죄로 죽었던 자들이었습니다. "너희의 허물과 죄로 죽었던 너희를 살리셨도다"(1절). 그러면 죽은 것을 한번 생각해보십시오. 짐승도 죽으면 쓸모가 없고 생선도 죽으면 다 버리게 됩니다. 또 우리 사람이 아무리 존귀한 자이지만 생명이 떠나면 다 무용지물이 되어서 땅 속에 묻고 마는 것입니다.

육신의 죽음은 하나님의 법칙에 의해서 이미 정해진 것입니다. 우리가 예수 믿기 전에는 죄로 말미암아 하나님과 단절되어 영적으로 죽은 자들이었습니다.

②그리스도 밖에 있던 자였습니다. "그 때에 너희가 그 가운데서 행하여 이 세상 풍속을 좇고 공중의 권세 잡은 자를 따랐으니, 곧 지금 불순종의 아들들 가운데서 역사하는 영이라."(2절). 우리가 예수 믿기 전에는 공중의 권세 잡은 자를 따라 귀신의 가르침을 받고 악한 마귀의 유혹 가운데서 살았던 그리스도 밖에 있던 존재였습니다.

③언약에 대해서 외인이었습니다. "약속의 언약들에 대하여 외인이요"(엡 2:12). 성경에 기록된 모든 언약은 하나님께서 우리 모두에게 주신 약속입니다. 이 언약들을 다받아 성취하고 누리기를 축원합니다. 이것은 그림의 떡이 아닙니다. 어떤 진열장에 갖다 놓은 물품을 아이쇼핑하듯이 눈으로 보고 지나는 것이 아니라 바로 우리가 친히 체험하고 받을 수 있는 하나님이 허락하신 선물이요, 약속인 줄로 믿으시기 바랍니다.

그런데 우리가 그리스도 밖에 있었을 때는 언약에 대해서 외인이라고 했습니다. 이것은 무엇을 말합니까? 그리스도 밖에 있는 자에게는 이 약속의 언약이 하나도 해당되지 않는다는 말입니다.

④소망이 없는 자였습니다. "세상에서 소망이 없고"(엡 2:12) 우리가 예수 믿기 전에는 죄로 인해 하나님과 영적으로 단절되어 육체대로 행함으로써 본질상 진노의 자녀가 되었고, 따라서 하나님의 심판 외에는 아무것도 기대할 수 없는 소망이

없는 자였습니다. 내일의 소망이 있는 사람은 오늘의 어떠한 고난도 참고 견딥니다.

⑤하나님도 없는 자였습니다. "하나님도 없는 자이더니"(엡 2:12). 로마서 1:29-31에 보면 하나님이 없이 사는 자들에 대해서 구체적으로 기록되어 있습니다. "곧 모든 불의, 추악, 탐욕, 악의가 가득한 자요, 시기, 살인, 분쟁, 사기, 악독이 가득한 자요, 수군수군하는 자요, 비방하는 자요, 하나님의 미워하시는 자요, 능욕하는 자요, 교만한 자요, 자랑하는 자요, 악을 도모하는 자요, 부모를 거역하는 자요, 우매한 자요, 배약하는 자요, 무정한 자요, 무자비한 자라." 하나님 없이 사는 사람들은 양심이 화인 맞아서 도덕 윤리도 무시하고 무법천지처럼 아무 제재가 없이 살아갑니다. 육체의 정욕대로 삽니다. 혈기와 분노를 내며 살아갑니다. 하나님이 없는 세계는 무자비한 세계입니다. 인정도 없습니다. 우리가 예수 믿기 전에는 바로 이러한 신분을 가진 자였습니다.

둘째, 예수를 믿고 성도가 된 후의 신분입니다. 예수님 안에서 하나님의 자녀가 되는 신분으로 바뀌게 됩니다. 하나님의 크고 놀라운 사랑이 우리를 감싸고 있습니다. 엡2:4-5절에 "긍휼에 풍성하신 하나님이 우리를 사랑하신 그 큰사랑을 인하여 허물로 죽은 우리를 그리스도와 함께 살리셨다"고 말씀하십니다. 죄와 사단과 사망의 권세에서 벗어나는 길은 참 빛으로 오신 생명 되신 예수님을 믿음으로 가능합니다.

복음서 요1:11-13에 "자기 땅에 오매 자기 백성이 영접하지 아니하였으나 (12) 영접하는 자 곧 그 이름을 믿는 자들에게는 하나님의 자녀가 되는 권세를 주셨으니 (13) 이는 혈통으로나 육정으로나 사람의 뜻으로 나지 아니하고 오직 하나님께로부터 난 자들이니라"했습니다. 본문에 의하면 유대인들이 예수에 대해 거부를 했습니다. 그것은 엄청난 잘못 이었고, 그들에게는 돌이킬 수 없는 잘못된 선택을 한 것입니다. 왜냐하면 그분은 그들이 거부해서는 안 되는 내 인생에 가장 소중한 분이기 때문입니다. 그분은 그들이 그동안 애타게 기다려왔던 메시야였습니다. 그런데 그들은 막상 그들 앞에 오셨으나 그분을 받아들이기를 거부했습니다.

그러나 예수님을 믿고 영접한 자들이 있었습니다. 이들은 하나님의 자녀가 되는 권세를 얻은 자들이 됩니다. 세상에서 돈을 많이 벌어서 신분이 바뀐 것이 아니라, 세상에서 성공해서 신분이 변화 된 것이 아니라, 세상에서 명예, 권세를 얻어서 신분이 바뀐 것이 아니라, 예수님을 믿음으로 신분이 바뀐 것입니다. 예수님 안에는 진리와 생명이 있고, 권세와 존귀가 있고, 사랑과 은혜가 있고, 구원과 영생이 있고, 온갖 보화가 담겨져 있습니다.

이 예수님을 만나면 인생이 새로워지고, 절망이 변하여 소망이 되고, 미움이 변하여 사랑이 되고, 염려와 근심이 변하여 기쁨과 감사가 되고, 두려움이 변하여 평안이 넘치는 사람이 됩니다. 미국 아리조나의 피닉스에 살고 있던 사람이 일정한 기간의 징역을 살고 출감되어 나왔습니다. 이 사람은 자기가 형무소에서 나가는 날에는 반드시 자기를 형무소에 보낸 사람을 총으로 쏘아 죽이기로 작정하고, 하루, 하루 출감되는 날만 기다리고 있었던 사람이었습니다.

드디어 자유의 몸으로 풀려 나오는 날 집에 가보니 어린 아들 둘만이 있었습니다. 두 아들을 바라보는 이 사람의 마음에는 이제 자기가 한 사람을 쏘아죽이면 아이들을 다시는 볼 수 없게 된다는 사실을 알게 되었습니다. 그래서 자기는 불행한 운명으로 이러한 길을 가지만 자식들만은 잘 되기를 원해서 그날 저녁에 아이들과 함께 교회를 찾아갔습니다. 마침 '톰프손' 이라는 목사가 부흥집회를 인도하고 있는 교회를 찾아가게 되었습니다.

하나님의 말씀이 선포될 때에 생명의 말씀은 이 사람의 가슴을 파고들었습니다. 그는 주체할 줄 모르는 상태에 이르게 되었습니다. 이제 말씀을 끝낸 강사 목사는 그리스도를 모시고 새로운 인생으로 살 사람은 앞으로 나와서 주님을 영접하라고 했습니다. 성령의 감동을 받은 이 사람은 복음말씀에 순종하여 두 아들의 손목을 양편에 잡은 채로 중앙 통로를 걸어서 강단 앞으로 나아갔습니다. 하염없이 흐르는 눈물을 주르르 흘리며 이 사람은 품에 품고 온 권총을 꺼내서 목사에게 주었습니다.

그리고는 다음과 같이 말을 했습니다. "여러분, 나는 오늘 밤에 한 사람을 쏘아 죽이려고 총을 품에 품고 나온 악한 사람입니다. 그러나 하나님의 사랑의 복음은 나를 새 사람으로 만들어 주신다는 것을 깨달았습니다. 나는 이제부터 새롭게 살렵니다. 오늘 이후로 나는 권총을 들고 가는 것이 아니라, 하나님의 말씀인 성경을 들고 나를 감옥에 보냈던 사람을 계속 찾아다니겠습니다." 그가 빛 되신 예수님을 믿고 영접하므로 빛의 사람이 되고, 새 신분으로 변화가 된 것입니다.

서신서 본문에서 사도 베드로는 벧전2:9에서 새 신분으로 변화된 성도의 모습에 대해 이렇게 말하고 있습니다. "그러나 너희는 택하신 족속이요 왕 같은 제사장들이요 거룩한 나라요 그의 소유가 된 백성이니 이는 너희를 어두운 데서 불러내어 그의 기이한 빛에 들어가게 하신 이의 아름다운 덕을 선포하게 하려 하심이라." 그렇습니다. 성도는 하나님의 택하심을 입은 자들입니다. 왕 같은 제사장들입니다. 거룩한 나라요, 하나님께 소속 된 빛의 자녀들입니다. 우리 모두 예수님 안에서 새 신분을 가진 자들로 사시기를 소망합니다.

①그리스도의 피로 하나님과 가까워진 자입니다. "이제는 전에 멀리 있던 너희가 그리스도 예수 안에서 그리스도의 피로 가까워졌느니라"(엡 2:13). 하나님과 가까워지는 길은 자기의 어떤 의나 자기의 노력, 수단, 방법에 있는 것이 아니라 예수의 피로서만이 가능합니다. 그 피가 우리의 모든 죄를 속량해주시고 하나님과 가까워지게 하는 줄 믿으시기 바랍니다.

전지전능하신 하나님이 자신을 가까이하신다면 하나님께서 모든 일들을 맡아주는 해결사요, 보호자요, 인도자요, 목자요, 생명의 근원이 되셔서 필요로 하는 모든 일들을 도와주실 줄 믿으시기 바랍니다.

하나님이 자신과 함께 하시는 것을 체험하면 이 지구상에 어떤 곳에 있어도 절대 외롭지 않습니다. 하나님의 이름을 부르면 하나님의 위로가 임하고, 하나님의 평강이 자신 속에 임하게 됩니다. 하나님이 가까이해주시기 때문입니다. 예수 그리스도의 십자가 보혈로 죄를 씻음 받게 해서 가까이해주시는 것입니다.

②유대인과 이방인의 막힌 담이 없어진 자입니다. "그는 우리의 화평이신지라. 둘로 하나를 만드사 중간에 막힌 담을 허시고"(엡 2:14). 여기에서 "둘"은 유대인과 이방인을 가리킵니다. 예수님 당시의 성전 뜰에는 이방인의 뜰과 유대인의 뜰을 나누는 칸막이벽이 있었고, 그 담에는 이방인이 더 나아가는 것을 금지한다는 경고문이 붙어 있었다고 합니다. 이 담은 유대인과 이방인 사이의 갈등을 상징하는 것으로 그리스도께서는 십자가에서의 구속 사역을 통해 이러한 유대인과 이방인 사이에 막힌 담을 헐어 주신 것입니다. 예수 안에서 하나가 되는 것입니다.

하나님께서는 예수 그리스도의 피로 말미암아 하나님과 인간 사이에 크게 가로막힌 이 담을 헐어주셨습니다. "그러므로 형제들아 우리가 예수의 피를 힘입어 성소에 들어갈 담력을 얻었나니, 그 길은 우리를 위하여 휘장 가운데로 열어 놓으신 새

롭고 산길이요, 휘장은 곧 저의 육체니라"(히 10:19,20)

예수님이 십자가에 달려 운명하셨을 때 성소 휘장이 위로부터 아래까지 찢어짐으로 만민들이 은혜의 보좌 앞에 담대히 들어갈 수 있게 된 것입니다(막 15:38). 그래서 우리는 늘 하나님과 더불어 교제가 끊어지면 안 됩니다. 일을 하는 순간에도 숨쉬는 순간마다 늘 주님과 기도로 교통하시기 바랍니다.

③새사람이 된 자입니다. "원수 된 것 곧 의문에 속한 계명의 율법을 자기 육체로 폐하셨으니, 이는 이 둘로 자기의 안에서 한 새 사람을 지어 화평하게 하시고"(엡 2:15). 우리는 예수 안에서 새사람이 되었습니다. 고린도후서 5:17에도 보면 "그런즉 누구든지 그리스도 안에 있으면 새로운 피조물이라. 이전 것은 지나갔으니 보라 새 것이 되었도다."라고 말씀했습니다. 예수 안에 있는 사람은 다 새 사람입니다. 하나님의 성전이 된 자들입니다. 자기 자신에 대해서 회개한 죄나 또 지난날에 실패하고 두렵고 가슴 아픈 것이 주 안에서 다 사라진 것입니다.

우리는 뒤를 돌아보고 교만하거나 좌절해서는 안 됩니다. 앞을 바라보고 전진해야 됩니다. 앞에 있는 푯대를 향하여 끊임없는 전진이 있어야 되는 것입니다. 우리는 사도 바울과 같이 푯대를 향하여 그리스도 예수 안에서 하나님이 위에서 부르신 부름의 상을 위하여 좇아가는 자가 되어야 합니다(빌 3:14). 예수 안에 소망이 있습니다. 우리 성도들이 복을 받는 길은 하나님을 섬기고 사랑하는데 있는 줄 믿으시기 바랍니다. "여호와를 자기 하나님으로 삼는 백성은 복이 있도다"(시 144:15).

오늘날 역사를 통해서 보면 하나님외 다른 신 우상을 섬기던 나라는 다 망했습니다. 우상을 만드는 사람도 망합니다. 우상에게 절하는 사람도 망합니다. 우리는 나만 예수를 믿을 것이 아니라 저 죽어가는 영혼들에게 예수의 구원의 소식을 전해서 그 영혼도 구원받게 해야 될 줄로 믿습니다. 에스겔 36:26,27에도 보면 "또 새 영을 너희 속에 두고 새 마음을 너희에게 주되, 너희 육신에서 굳은 마음을 제하고 부드러운 마음을 줄 것이며, 또 내 신을 너희 속에 두어 너희로 내 율례를 행하게 하리니, 너희가 내 규례를 지켜 행할지라."라고 말씀했습니다.

④천국의 시민입니다. "그러므로 이제부터 너희가 외인도 아니요, 손도 아니요, 오직 성도들과 동일한 시민이요, 하나님의 권속이라."(엡 2:19) 그리스도인은 천국의 시민입니다. 이 세상을 떠나서 죽어서 천국의 시민이 되는 것이 아니라, 지금 살아서 천국 시민으로 하나님나라 천국을 누리는 것입니다. 하늘의 시민권을 가진 이 사실을 바울은 기뻐하고 자랑했습니다.

이 세상에는 군사 대국을 이룬 나라들과 경제 대국을 이룬 나라들이 목에 힘을 주고 그 국민이 된 것을 자랑하고 미개발국에 가서 큰소리를 치고 다니는 사람도 많이 있습니다. 정말 얼마나 그들이 가진 긍지입니까 그런데 우리는 한걸음 더 나아가서 하늘나라 천국의 시민권을 가지고 있습니다. 그러므로 우리는 천국의 시민답게 강하고 담대하게 살아야 됩니다.

⑤하나님의 성전이 된 자입니다. "그의 안에서 건물마다 서로 연결하여 주 안에서 성전이 되어 가고"(엡 2:21). 우리는 하나님의 성전이기 때문에 어느 곳에서 무엇을 하든지 우리 안에 성령님이 주인으로 항상 함께 하시는 것을 믿어야 합니다.

걸어 다니는 성전이 된 성도의 심령속에는 언제나 말씀이 있고, 기도가 있고, 찬송이 있듯이 마음속에 항상 말씀과 기도와 찬송이 있기를 바랍니다. 교회에 와서만 찬송을 부르는 것이 아닙니다. 우리는 자다가 깰 때에 찬송이 입에서 나와야 됩니다. 그리고 항상 말씀이 머리 속에서 떠나지 않아야 됩니다. 늘 무슨 일이 있으면 말씀으로 비추어보아야 됩니다. 불같은 시험이 와도 "시험 당할 때 피할 길을 주신다."(고전 10:13)고 하는 이 말씀을 생각하면 승리할 수 있습니다. 또 어려움이 있으면 어떻게 해야 됩니까 "구하라, 그러면 너희에게 주실 것이요"(마 7:7)라고 했습니다. 늘 깨어서 기도할 때 승리할 수 있습니다.

결론적으로 우리가 예수 믿기 전에는 허물과 죄로 죽었던 자였고, 그리스도 밖에 있던 자였으며, 언약에 대해서 외인이었고, 소망이 없고 하나님도 없는 자였습니다. 그러나 예수를 믿은 후로는 그리스도의 피로 하나님과 가까워진 자, 막힌 담이 없어진 자, 새사람이 된 자, 천국의 시민, 하나님의 성전이 된 자 즉 성도의 신분으로 바뀌었습니다. 하나님께서 예수 그리스도의 피로 말미암아 성도의 신분이 되게 해주신 것을 항상 감사하면서 늘 승리하며 사시기를 축원합니다.

4장 하나님의 성전은 지식으로 되지 않는다.

(요 2:18-22)"이에 유대인들이 대답하여 예수께 말하기를 네가 이런 일을 행하니 무슨 표적을 우리에게 보이겠느냐 (19) 예수께서 대답하여 이르시되 너희가 이 성전을 헐라 내가 사흘 동안에 일으키리라 (20) 유대인들이 이르되 이 성전은 사십육 년 동안에 지었거늘 네가 삼 일 동안에 일으키겠느냐 하더라 (21) 그러나 예수는 성전된 자기 육체를 가리켜 말씀하신 것이라 (22) 죽은 자 가운데서 살아나신 후에야 제자들이 이 말씀하신 것을 기억하고 성경과 예수께서 하신 말씀을 믿었더라."

하나님은 너희가 하나님의 집이요, 성전이라고 말씀하십니다. "…너희는 하나님의 밭이요 하나님의 집이니라"(고전 3:9). "너희는 너희가 하나님의 성전인 것과 하나님의 성령이 너희 안에 계시는 것을 알지 못하느냐"(고전 3:16). 이는 성령께서 깨달아 알게 하시고, 체험해보아야 인정할 수 있습니다. 많은 수의 목회자들과 성도들이 콘크리트로 지어진 교회만이 성전인줄로 알고 믿고 있기 때문입니다. 본문에 보면 유대인들도 하나님의 성전에 대해서 오해를 합니다. 돌로 지어진 교회만이 성전이라는 의식이 굳어서 일어난 오해입니다. 오해는 "그릇되게 해석하거나 뜻을 잘못 앎, 또는 그런 해석이나 이해"를 의미합니다. 왜 사람들은 오해를 하는 것일까요? 그것은 우리가 경험하는 사건이나 사상의 본질을 바로 알 수 없기 때문입니다. 이것은 또한 우리의 인식이나 지식의 한계일 수도 있습니다. 그러나 때때로 많은 지식이 있다고 할지라도, 그 지식 자체와 체계가 거짓되기 때문에 일어날 수도 있습니다.

아니면 편견이나 선입관에 의해서도 일어날 수 있습니다. 이러한 가능성을 보건 데, 우리는 오해를 할 가능성이 많다는 것을 알 수 있습니다. 실제로 우리는 수많은 오해로 인하여, 다른 사람들과 관계를 엉망으로 만드는 경우가 있지 않았습니까? 우리가 이 땅에서 사는 동안 오해로부터 완전히 벗어나기는 어려운 것 같습니다. 그래서 신중함이 지혜가 되는 것입니다.

오늘 본문을 보면, 우리는 유대인들이 건물로 지어진 하나님의 성전을 꼭 건물이어야 하는 것으로 지식적으로 알고 이해했다는 것입니다. 그들은 예수께서 하나님의 성전에서 소와 양과 비둘기를 파는 사람들을 모두 내쫓으시자, 예수께 따졌습니다. 그들은 예수께 무슨 표적을 보이겠느냐고 물었습니다. 왜 유대인이 그런 질문을 했을까요? 이것은 그들이 예수님을 어떤 분으로 알고 있었는가를 알려주는 단서입니다. 그들은 예수님을 선지자와 같은 부류로 알고 있었던 것입니다. 구약시대, 하나님께서 이스라엘 사람들에게 말씀하실 때, 선지자를 보내셨습니다.

특히 이스라엘이 부패하고 타락할 때, 하나님께서 자신의 종인 선지자나 제사장을 통해서 말씀하셨습니다. 그들에게는 하나님께서 그들을 부르시고 보내셨다는 뚜렷한 특징이 있었습니다. 때때로 그들을 통해서 하나님의 권능이 나타났습니다. 이런 삶에 익숙했던 사람들이 유대인들이었기 때문에 그들은 예수께 그런 표적을 구했던 것입니다. 즉 그것은 예수께서 그런 일을 행하실 수 있는 권위가 있느냐에 대한 질문이었습니다.

그러자 예수께서 그 성전을 헐면 그것을 삼일 동안 일으키시겠다고 대답하셨습니다. 이 말은 유대인들의 오해를 살만했습니다. 오랜 시간, 많은 자재로 건축한 성전을 삼 일만에 짓겠다니, 그들이 그 말을 쉽게 이해할 수가 있었겠습니까? 그들은 그 성전을 짓는데 사십육 년 기간이 걸렸는데 어떻게 삼일 동안 일으키겠느냐고 반문했습니다. 물론 하나님의 권능으로는 그렇게 하신다고 해도 가능합니다. 그러나 예수께서 대답하신 삼 일은 다른 의미였습니다. 우리는 여기서 유대인의 성전에 대한 개념과 예수님의 성전 개념이 다르다는 것을 알 수 있습니다.

그 개념의 차이는 무엇이었습니까? 그것은 하나님의 성전이 되게 하는 근본적인 원인이 무엇인가에 관한 차이였습니다. 유대인들은 어떤 것을 성전이라고 생각했습니까? 예, 그들은 진귀한 보석으로 꾸며진 건물만이 하나님의 성전이라고 생각했던 것입니다. 이에 반하여 예수께서는 성전의 개념을 하나님께서 계신 곳으로 생각하고 믿고 말하고 계셨습니다.

사실, 성전의 변화를 시대적으로 고찰해 보면, 예수님의 성전에 대한 개념이 옳습니다. 유대인들이 생각하고 있었던 성전의 모습으로 드러난 때는 솔로몬 왕 때부터였습니다. 그들의 성전에 대한 개념으로 이전 시대를 생각해 보면, 이전 시대는 그런 성전이 없었다는 말이 되는 것입니다. 정말 그렇겠습니까? 아닙니다. 그전에도 하나님의 성전은 있었습니다. 단지 그 겉모양만 달랐습니다.

최초의 하나님의 성전의 모습은 어떠했을까요? 성전이 하나님과 통하는 통로라는 관점에서 보면, 아벨이 처음 제사를 지낸 곳이었습니다(창 4:4). 그 후에 족장시대에 족장들은 하나님의 이름을 부르기 위해서 하나님 앞에서 재단을 쌓았습니다. 그들은 그곳에서 하나님께 제사를 드렸습니다. 노아는 홍수 후에 방주에서 나온 후에 하나님께 제단을 쌓고, 그곳에서 모든 정결한 짐승과 모든 정결한 새 중에 제물을 취하여 번제를 드렸고, 그곳에서 하나님의 말씀을 들었습니다(창 8:20-22).

아브라함과 이삭과 야곱도 역시 노아 족장처럼 하나님께 제단을 쌓고 하나님께 제사를 드렸습니다(창 12:7, 8, 13:18, 26:25, 35:7). 그리고 그곳에서 하나님의 말씀을 들었습니다. 이스라엘 민족이 애굽을 떠나 가나안으로 오는 여정 속에서는 하나님께서 성막을 계시하셔서, 그곳에서 자신에게 제사를 드리고 자신과 만나도록 하셨습니다. 이러한 성전이 다시 솔로몬 왕 때, 건물의 모양으로 된 하나님의 성전으로 바뀐 것입니다. 이런 성전의 변천을 생각해 보면, 성전의 본질이 무엇인지를 알 수 있습니다. 즉 성전은 하나님께 제사를 드리고 하나님과 만나는 곳인 것입니다. 이것은 다른 식으로 생각해 보면, 하나님께 계신 곳임을 알 수 있습니다.

이런 성전의 역사적인 변화를 깊게 고찰했다면, 유대인들은 예수님의 말씀에 무엇인가 다른 의미가 있다는 것을 알아차릴 수 있었을 것입니다. 그러나 그들은 하나님의 성전은 그들이 세운 성전이라는 고정관념을 가지고 있었습니다. 그래서 그들은 예수의 말씀을 부정하며 불가능하다는 것을 예를 들어서 설명했습니다. 그들은 사십육 년이라고 했는데, 이런 표현은 성전 건축을 위해서 많은 시간과 어려움이 있다는 것을 강조하기 위해 쓴 것입니다.

그런데, 그런 오해는 우리도 할 수 있습니다. 우리도 분별력이 없었을 때는 하나님의 성전은 벽돌로 지은 건물이 교회라고 생각한 적이 있지 않습니까? 우리가 하나님의 성전이라는 말씀을 깨닫게 되기까지 우리는 그렇게 알았습니다. 그래서 교회 안에서만 경건하면 된다고 생각했던 적이 있지 않습니까? 문제는 그런 오해가 우리의 신앙생활에 커다란 차이를 보인다는 것입니다. 즉, 예수님을 주인으로 영접한 우리 자신이 하나님의 성전이라고 인식하고 사는 것과 건물로 지어진 교회만이 하나님의 성전이라고 인식하는 것은 큰 차이가 있는 것입니다.

이런 사람들에게는 흔히 외식적인 신앙이 보이는 경우가 많습니다. 이런 사람들은 교회 안에서의 삶과 일상의 삶이 다를 수 있습니다. 이에 반하여 우리 자체가 하나님의 성전이라고 생각하는 사람들은 어떻겠습니까? 우리 몸 자체가 하나님의 성전이기 때문에 늘 하나님께서 우리와 함께 계신다는 의식을 하고 살 수밖에 없습니다. 대부분 인간은 남이 보지 않는다고 생각하면, 불의한 생각을 품고 불의한 행동을 과감하게 합니다. 이런 이유로 두 생각의 차이는 전혀 다른 삶을 연출하게 됩니다.

심지어 예수님의 제자들도 예수께서 죽은 자 가운데서 살아나신 후에야, 예수께서 하신 말씀을 믿었습니다. 그 당시 하나님의 성전을 건물로 생각한 사람들은 오해를 하지 않을 수 없었습니다. 이것을 보면, 우리도 수많은 영적인 진리에 대한 오해를 할 수가 있다는 것을 알 수 있습니다. 그러면 어떻게 이런 오해로부터 벗어날 수 있겠습니까? 그것은 바로 하나님의 말씀에 열려진 마음을 가지고 있어야 합니다. 실제로 경험하고 체험해 보아야 하고 성령께서 깨닫게 해야 이해할 수가 있는 것입니다.

다행이 우리의 시대는 율법이 예수님에 의해서 완성되었기 때문에 우리가 알고 있는 진리가 더 이상 변할 가능성이 없습니다(롬 10:4). 성경 66권에 기록된 말씀 속에 하나님께서 우리를 교훈하실 수 있는 충분한 내용이 들어 있기 때문에, 성경을 주의 깊게 읽고 묵상하고, 그 뜻을 모를 경우는 기도하고, 다른 사람들과 그 부분에 관하여 대화를 나눔으로 성경에 기록된 본래의 의미를 알면 됩니다. 이렇게 하면 우리 주변에서 일어나는 사건들에 대한 영적인 오해를 하지 않을 것입니다.

구약의 모세가 지은 성막이나 솔로몬의 성전이나 신약의 헤롯 성전은 예수님이 이 땅에 나타나시기 전까지의 그림자에 불과 한 것입니다. "내가 사흘 동안에 일으키리라" 이 말씀은 무덤 속에 무너지신 돌아가신 예수님께서 삼 일만에 다시 살아서 일어나셔서 영적인 새로운 성전으로 세워지는 사건입니다. 일으킨다는 단어는 죽음에 있는 예수님이 다시 살아서 일어나실 것을 말씀하신 것입니다. 성경을 참고하겠습니다.

(막14:58)"우리가 그의 말을 들으니 손으로 지은 이 성전을 내가 헐고 손으로 짓지 아니한 다른 성전을 사흘에 지으리라 하더라 하되" 우리 가는 두 사람의 거짓 증인들인데 바로 오늘날 이스라엘백성과 이방인인 두 분류를 말씀하신 것입니다. 내가 헐고 라는 것은 예수님자신이 스스로 돌아가시기 위하여 대적자들에 자기 몸을 내어주실 것을 말씀하시는 것입니다 예수님의 육신은 무너져도 장차 하나님이 손으로 짓지 아니한 다른 새로운 성전으로 다시 살아나실 것을 두 증인 통하여 미리 우리에게 보여 주시는 사건입니다. 계속해서 성경이 증거합니다.

(히9:11)"그리스도께서 장래 좋은 일의 대제사장으로 오사 손으로 짓지 아니한, 곧 이 창조에 속하지 아니한 더 크고 온전한 장막으로 말미암아" 위에 두 구절에 특이한 단어가 기록이 되어있는데 손으로 짓지 아니한 다른 성전이라는 단어입니다.

처음 율법아래서 태어나신 예수님은 하나님이 손으로 지은 육신적인 사람을 가리킨 것이고 창조에 속하지 않으신 분은 무덤 속에서 성령 세례를 받고 유일한 영적인 하나님의 몸을 가지신 부활하신 그리스도를 말씀하신 것입니다.

흙으로 손으로 지은 구절을 인용해 보겠습니다. (사64:8)"그러나 여호와여 주는 우리 아버지시니이다 우리는 진흙이요 주는 토기장이시니 우리는 다 주의 손으로 지으신 것이라"

예수님도 육신적으로는 손으로 지은 아담의 후손으로 태어나셨기에 손으로 지음을 받으신 분이 십니다. 그러나 두 번째 거듭 부활하신 분은 흙으로 손으로 지은 분이 아니시고 영적인 신령한 몸 하나님의 몸으로 부활하신분이 사흘 만에 지어진 새로운 새 성전이 되는 것입니다. 결론적으로 헐어진 성전은 율법에 돌아가신 예수님이시고 다시 일어난 성전은 부활하신 그리스도를 가리킨 것입니다. 상징적으로 예수님이 성령으로 기름 부음을 받으신 이 후 부터 새로운 성전이 되신 것입니다.

(고전3:16)"너희가 하나님의 성전인 것과 하나님의 성령이 너희 안에 거하시는 것을 알지 못하느뇨" 오늘날 성령이 역사하시는 교회시대에 새로운 성전은 성령께서 우리에게 가르쳐 주시고 깨닫게 해 주시는 이 말씀이 바로 하나님께서 주인으로 계시는 성전이 되는 것입니다. 왜냐하면 내 마음속에 성전이신 예수님의 말씀이 주인으로 역사하시기 때문입니다. 내 속에 성전이 되신 성령의 말씀이 들어있기에 하나님께서 주인으로 계시는 성전이 되는 것입니다. (요2:20)"유대인들이 가로되 이 성전은 사십육 년 동안에 지었거늘 네가 삼 일 동안에 일으키겠느뇨 하더라" 유대인들은 고정관념에 의하여 예수님의 말씀을 오해하고 있는 것입니다.

성경이 가리키는 46년은 율법시대 전체를 말씀하시는 것입니다. 예수님이 오셨을 때에 유대인들이 정말46년 동안 헤롯성전을 건축하는 중이였는지는 우리에게 중요하지 않습니다. 이스라엘 역사에는 헤롯성전 완공이 대략 75~80년 동안에 성전 건물이 완공이 되었다는데요. 이 46년이란 숫자 속에 우리 예수 그리스도가 비밀로 감추어져 숨겨져 있습니다. 이 46년의 비밀의 말씀은 구약성경 모세가 지은 성막 속에 감추어져 있습니다.

성막전체를 회막 또는 성막, 장막이라고 부릅니다. 그리고 성막 안에 지붕이 있는 성소와 지성소도 똑 같이 회막 또는 성막, 장막이라고 부릅니다. 우리에게 무얼 보여 주시는 것입니까? 바깥 지붕이 없는 성막은 이 땅에 사람으로 오신 율법에 예수님을 예표 적으로 보여주신 것이고 성막 속에 들어있는 다른 성소와 지성소는 예수님 마음속에 계시는 성령님을 가리키는 것입니다. 예수님과 성령님은 똑같은 한 분이시기에 바깥 성막과 안에 있는 성막이 이름이 같은 것입니다. 이는 성령님께서 깨닫게 해주셔야 믿을 수가 있는 것입니다. 사람의 지식으로는 믿어지지 않는 것입니다.

예루살렘 성전은 B.C 1,000년에 다윗왕의 아들 솔로몬 왕에 의해서 지어졌습니다. 솔로몬 왕이 예루살렘을 성전을 건축하는데, 사용한 건축자재로는 당시 최고의 목재로 알려져 있던 백향목을 사용하였습니다. 솔로몬 왕은 두로왕 히람에게 백향목을 벌목하도록 요청하여 무려 3만의 군인을 동원하였습니다. 그리고 석재를 확보하기 위하여 동원된 수는 약 8만 명이었고, 성전 공사에 투입된 사람들은 7만 명이나 되었습니다. 그러므로 그 모든 인부를 감독하는 감독관의 숫자가 3,300명이나 되었습니다. 그리하여 예루살렘 성전을 건축하는데 동원된 숫자는 무려 18만 3천,3백 명이나 되었던 것입니다. 그렇게 막대한 자재와 인력이 동원되어 장장 7년에 걸쳐 완공한 대 역사였습니다.

그리고 천년이 지난 후 예루살렘 성전은 이스라엘 백성의 환심을 사려 했던 헤롯 왕가의 대대적인 보수로 인해 모든 면에 걸쳐 예전의 성전에 비해 웅장하고 화려해졌습니다. 그러므로 당연히 이스라엘의 상징이요, 민족의 자존심이라고 하기에 손색이 없었습니다.

그러므로 이스라엘 사람들은 이 예루살렘 성전을 가리켜 '하나님의 집'이라고 불렀습니다. 이스라엘 백성들이 예루살렘 성전을 이렇게 여겼던 것은 '하나님께서 성전 속에 계신다.'고 믿었기 때문이었습니다. 그렇지만 이상한 것은 예수님께서 그 웅장하고 장엄한 예루살렘 성전을 조금도 기뻐하지 않으셨다는 것입니다. 도리어 마가복음 13장 2절에서는 "예수께서 이르시되 네가 이 큰 건물들을 보느냐 돌 하나도 돌 위에 남지 않고 다 무너뜨려지리라 하시니라"고 말씀 하셨던 것입니다. 이 말씀은 성전이 초토와 될 것이라는 말씀이었습니다. 그것도 다른 곳이 아닌 이스라엘 백성들이 하나님의 집이라고 여겼던 예루살렘 성전 안에서의 말씀이었습니다.

결국 예수님께서 예루살렘 성전에서 이렇게 말씀하시고 40년이 지난 후에는 그 말씀이 로마제국에 의해 역사적 사실로 입증되고 말았습니다. 바로 로마의 명장 티투스는 예루살렘 성전을 철저하게 초토화시켜 버렸던 것입니다. 그리고 더 어이없는 것은 예루살렘 성전을 하나님의 집이라고 믿어 의심치 않았던 이스라엘 백성들은 7만 명이나 티투스에 의해 포로가 되어 버렸고, 결국 그 이스라엘 백성들은 로마가 자랑하는 콜로세움을 건축하는데 동원되는 신세가 되고 말았습니다.

그 결과 지금은 그처럼 위용을 자랑하던 예루살렘 성전은 돌

위에 돌 하나도 남지 않고 완전무결하게 사라져버렸고 예루살렘 성전대신 도리어 그 자리에는 이슬람교도들이 생명처럼 소중히 여기는 이슬람 황금사원이 자리 잡고 있습니다.

그렇다면 질문이 생깁니다. 하나님의 집은 없어진 것입니까? 하나님께서 노숙자가 되신 것입니까? 아니라면 하나님께서는 어디에 계십니까? 그리고 하나님을 그렇게 사랑하던 이스라엘 백성들이 이렇게 수모를 당하도록 하나님께서 내버려두신 이유가 무엇입니까? 그것을 예레미야 7장 4절에서 말씀하시기를 "너희는 이것이 여호와의 전이라, 여호와의 전이라, 여호와의 전이라 하는 거짓말을 믿지 말라"라고 하셨습니다.

이렇게 말씀하신 이유가 있습니다. 이스라엘 백성들에게 예루살렘 성전은 이미 신성시하며 우상이 되어버렸기 때문입니다. 세월이 흐르면 흐를수록 하나님께 영과 진리로 예배드리기 위한 성전 건축의 동기를 망각하고, 무소부재하신 여호와 하나님을 예루살렘 성전 안에 가두어 두려 했기 때문입니다. 자기들의 하나님, 극히 일부의 기득권층들만의 하나님으로 만들려 했다는 말씀입니다. 그러므로 하나님께서 성전 안에만 계신다고 믿는 성전 안 사람들의 성전 안에서의 삶은, 성전 밖의 삶과 일치 될 수 없었습니다. 이런 상황이었으므로 하나님께서 보시기에 성직자에서부터 일반 백성에 이르기까지 모두 외식하는 자들이었고, 성직자들과 지도자들은 하나님께 영광을 돌리기보다, 자기들의 종교적 지위를 확보하고, 기득권을 유지하는 곳으로 이용하였기에 그들에 의해서 좌지우지되는 성전 안의 모습은 마치

장사치들의 소굴이요, 강도의 굴혈로 전락하고 말았던 것입니다. 그러므로 하나님의 집은커녕 하나님의 역사를 가로막는 장애물이며, 우상일 따름이었습니다.

그렇다면 참된 하나님의 성전은 어떤 곳입니까? 그리고 어느 곳에 있습니까? 이 대답을 주님께서 아주 명료하게 말씀하셨습니다. 요한복음 4장 21절에서 24절을 통해서 말씀하시기를 성전은 특정 공간이 문제가 아니라, 인간 중심의 문제라는 것이며, 인간 중심이 영과 진리로 하나님을 향해 있으면 우리가 어디에 있든 하나님께서 우리와 함께 계시며, 바로 그곳이 하나님의 성전이라는 말씀입니다.

그렇다면 우리도 마음으로 굳게 믿어 내 중심에 하나님으로 가득차고, 하나님을 향해 있으면 하나님께서 우리와 함께 하시며, 그렇게 될 때 우리가 하나님의 성전이 될 수 있다는 말씀입니다. 하나님을 나의 아버지로 고백하고, 예수 그리스도를 나의 구원자로 고백하는 사람들이 모인 집이 '교회당'입니다.

그리고 아버지이신 하나님 앞에 영과 진리로 예배드리기 위해 성도들이 모여 예배드리는 장소가 '예배당'입니다. 그러나 교회당, 예배당을 짓기 전에 먼저 지어야 할 것이 있습니다. 그것은 성전입니다. 그러나 성전은 이 땅 위에 세워지는 건축물이 아닙니다.

그렇다면 성전은 어디에 지어야 합니까? 바로 내 몸과 마음속에 지어야 합니다. 마음속을 성령으로 여호와 하나님의 법궤 즉 '말씀'으로 가득 채우고, 마음속을 '금 촛대'로 불을 밝혀, 성령의 빛을 비추어 어둠과 추악함을 몰아내고, 마음속에서 날마다 숨 쉬는 순간마다 하나님께 올려지는 기도로 '분향단'에 향을 피워 올리고, 마음을 넓혀서 이웃을 향하고, 작은 자를 향하여 함께 나눌 '진설병'을 진열할 자리를 만들어 우리가 성전으로 되어야 합니다.

그러므로 내가 나의 전인격이 온전한 성전이 되어진 후, 성전이 모인 '교회당'과 성전이 모여 예배하는 '예배당'을 지어야 할 것입니다. 우선순위가 먼저 내가 성전이 되어야 합니다. 그후 교회당과 예배당을 건축합시다. 예수님께서 너희(제자)가 하나님의 성전이 될 것이라고 말씀하십니다. 예수님이 전도를 하면서 사마리아 지방에 들어가셨는데, 야곱의 우물가에서 물 길러 온 사마리아 여인에게 물을 좀 달라 라고 하시니, 사마리아 여인이 "당신은 유대인인데 왜 사마리아 사람에게 물을 달라고 하느냐"라고 묻습니다. 예수님이 말씀하시기를 "물을 달라 라고 하는 사람이 누구인지 알았더라면 나에게 물을 달라 라고 했을 것이고 나는 목마르지 않는 생수를 주었을 것이다"라고 하셨습니다.

이런 저런 이야기를 하는 동안 사마리아 여자가 예수님께 묻는데, "우리 사마리아 인들은 이 산(그리심 산)에서 예배를 드려야 하는데, 유대인들은 예루살렘에서 예배를 드려야 한다던데, 어떤 것이 맞느냐"라고 물었습니다. 예수님은 "이 산에서도 말고 예루살렘에서도 말고 너희가 하나님께 예배를 드릴 때가 오나니"라고 말씀했습니다. 보통 교회 사람들은 예배를 드리러 성전에 간다고 생각합니다. 성전에 가야 하나님께 예배를 드리고 찬양하는 것으로 생각하고 있습니다. 지금 성도들 가운데도 그렇게 알고 있는 분들이 다수가 있습니다.

예수님이 말씀하시는 것을 보면 이 산에도 하나님이 없고, 예루살렘에도 하나님이 없는 것입니다. "너희 안에 하나님이 계셔서 너희가 하나님께 예배를 드릴 때가 온다"라는 것입니다. 너희 안에 하나님이 없으면 예배를 드릴 수 없는 것입니다. 하나님께 예배를 드리기 위해서는 하나님이 계시는 곳에 가야하는 것이 맞는 것입니다. 하나님이 계시지 않는 곳에 예배를 드릴 수 없는 것입니다. 그래서 예수님이 그렇게 말씀하신 것입니다.

즉 예수님을 주인으로 영접한 너희가 성전이 된다고 하신 것입니다. 예수님께서 십자가에 못박혀 죽으시고 부활하셔서 하나님 우편에 앉아 계셔서 성령을 보내주시면 믿는 성도가 땅에 있을지라도 한 사람, 한 사람 다 하나님의 집, 성전이 되어서 스스로 하나님께 예배를 드릴 때가 온다는 것입니다. 성도들이 모여서 예배를 드리되, 영(성령)과 진리(예수+말씀)으로 예배를 드리면 참 예배가 되는 것입니다. "신령과 진정으로"라는 말은 "마음을 정갈하게 하여"라는 의미가 아니라, 예수님으로 죽고 예수님으로 다시 태어난 성도가 성령의 역사하심과 하나님의 말씀이 밝히 드러나서 그 말씀으로 하나님의 영광이 나타나면 그것이 예배라는 것입니다.

하나님의 말씀을 성령의 가르침으로 깨닫게 해 주시면 그 깨달아진 결과로 말미암아 하나님께 영광을 돌리는 것입니다.

"아! 하나님 감사합니다."라는 고백이 나오는 그런 것이 예배인 것입니다. 예배당에 와서 엄숙한 순서를 해 나가면서 예배를 드리는 것이 예배의 진정한 의미가 아니라는 말씀을 하는 것입니다. 물론 순서를 진행하는 그 속에 하나님의 말씀을 깨닫고 하나님의 말씀이 깨달아지고 하나님께 영광을 돌리기 위한 순간은 있을 수 있으나 예배의 순서를 진행하는 자체가 예배는 아니라는 말씀입니다. 예배는 예수님의 말씀대로 너희가 예배를 드릴 때가 온다는 이 말은 꼭 모여서 함께 예배를 드려야 예배인 것은 아니고, 성령의 지배와 장악된 가운데 성령과 진리(예수+말씀)으로 예배를 드리는 가운데 성령의 은혜로 그 말씀을 깨닫게 해 주셔서, 그것이 깨달아지고, 감사하고 찬송이 나오면 그것이 진정한 예배라는 것입니다. 하나님의 말씀을 전혀 알 수 없는데, 하나님께 영광을 돌리는 것은 이치에 맞지 않는 것입니다.

사도바울은 예수님을 모퉁이 돌로 해서 돌을 쌓는 것 즉 예수님을 영접한 유대인과 이방인들이 성령의 인도를 받으면서 하나의 성전으로 지어져 간다라는 것입니다. 예수 그리스도를 믿는 각 사람들이 성령의 역사하심을 따라 성전으로 지어지고, 각 사람이 돌을 쌓듯이 쌓아갈 때 하나님의 나라가 완성된다고 말씀하시는 것입니다. 신약성경에서는 더 이상 벽돌로 지어진 건물을 성전이라고 하지 않고, 건물을 가리켜 교회라고도 하지 않습니다. 고린도전서 1장 2-3절에서 "고린도에 있는 하나님의 교회 곧 그리스도 예수 안에서 거룩하여지고 성도라 부르심을 입은 자들"이 교회라고 하는 것입니다.

5장 성전의 개념을 바르게 해야 한다.

(행 17:24-25)"우주와 그 가운데 있는 만물을 지으신 하나님께서는 천지의 주재시니 손으로 지은 전에 계시지 아니하시고, 또 무엇이 부족한 것처럼 사람의 손으로 섬김을 받으시는 것이 아니니 이는 만민에게 생명과 호흡과 만물을 친히 주시는 이심이라."

하나님의 집, 성전 된 그리스도인으로 믿음 생활을 하실 분들은 성전의 개념을 정확하게 해야 합니다. 예배당과 성전의 개념을 분명하게 구분할 줄을 알고 믿음생활을 해야 합니다. 하나님은 손으로 지은 전에 계시지 않습니다. 분명하게 교회는 건물이 아니고 사람이니 날마다 우리의 삶의 자리에 하나님과 동행함으로 우리 삶이 예배가 되고, 우리 삶의 자리가 교회가 되는 것입니다. 우리를 바꿔놓지 못하는 죽은 제물 죽은 제사는 이미 지나갔습니다. 우리는 예수 안에서 예수님과 함께 죽고, 예수님과 함께 부활함으로 우리의 몸이 주님의 몸 된 교회와 거룩한 성전이 되었습니다. 우리들이 가는 곳이 교회입니다. 가정이 교회이고 직장이 교회이고 일터가 교회입니다. 진짜 교회는 우리 안에 세우는 것입니다. 진짜 예배는 삶으로 드리는 예배입니다.

저는 지금 한국교회의 침체하고 쇠락하는 가장 큰 원인은 복음에 대한 오해, 곧 교회에 대한 오해에서 비롯된 것이라고 생각합니다. 또한 성도들이 변화되지 못하고 영적으로 바뀌지 못하는 것도 역시 예배당과 성전에 대한 오해 때문이라고 생각합니다. 교회가 무엇이라고 생각하십니까? 쉽게 대답하실 것입니다. 교회는 주님의 몸입니다. 그런데 정말로 주님의 몸이라고 생각하십니까? 하나님께서 이 땅에 세우신 기관이 둘이 있습니다. 하나는 가정이고 하나는 교회입니다. 그런데 이 둘은 다 하나님 나라를 '예표'합니다. 주님과 한 몸 되어 영원히 함께 사는 하나님 나라의 삶을 '예표'하는 것입니다. 그래서 어떤 목사님은 "가정은 작은 교회요, 교회는 큰 가정입니다"라고 말합니다. 맞는 말입니다. 둘 다 하나님 나라를 맛보고 누리며 그 나라를 소망하도록 만드신 것이기 때문입니다. 그래서 천국에는 가정도 교회도 없습니다.

오늘 한국교회는 교회가 사람이어야 하는데 그렇지 못하고 건물이 교회입니다. 그래서 교회를 '성전'이라고 하고, '제단'이라고 부르면서 크고 화려한 성전을 지어서 하나님 앞에 영광을 돌리자는 것이 구호입니다. 교회와 세상을 이분법적으로 구별해버렸습니다. 그래서 모든 것을 교회 안으로 끌어 모으는데 온 힘을 쏟습니다. 더 크고 더 화려한 건물을 짓는 것이 우상이 되고 목회 성공의 잣대가 되어버렸습니다. 그런데 세상 사람들은 우리를 개독이라고 조롱하고, 하나님의 이름과 영광을 땅에 떨어지고 짓밟히고 조롱당하고 있습니다. 하나님을 이야기하면 "하나님 좋아하고 있네!"라고 조롱합니다. 왜 그럴까요? 건물은 크고 화려한 데 하나님의 살아계신 역사가 나타나지 않습니다. 자기들하고 별로 다를 것이 없으니까요. 그래서 교회가 "모여라. 돈 내라. 집짓자."하는 곳으로 이해하며 조롱합니다.

하나님은 사람의 손으로 지은 건물에 계시지 않습니다(행 17:24). 그래서 건물로 지어진 교회가 성전이 아니라, 하나님께서 성전인 자신 안에 주인으로 계시다는 의식을 가져야 합니다.

우리는 참 하나님과 자기의 하나님을 분명히 구별해야 하며 참 예수님과 거짓예수를 분별해나가야 합니다. 무엇이 성경적인 진리인지, 유사 진리인지 알아가야 하며, 무엇이 교회인지 무엇이 교회가 아닌지 분명히 알아야 합니다. 어떤 일이 하나님께 충성하는 일인지? 어떤 일이 인간에게 이용당하는 것인지? 알아야만 합니다. 우리는 거짓된 교회 개념에 세뇌 당한 채 묶여 있어서는 안 됩니다. 성경적인 교회 개념을 정확히 알게 될 때 비로소 걸어 다니는 성전의식을 가지고 하나님께 충성하고, 주의 뜻을 행하는 것이 무엇인지 분별할 수 있게 될 것입니다.

첫째, 교회(Ecclesia=에클레시아)란, "하나님의 자녀들의 공동체" 혹은 "불려 내어진 무리"라는 뜻입니다(무리, 공동체). 예수를 영접한 사람이외의 그 어떤 것도 교회가 될 수 없습니다. 흔히 너무도 많은 사람들이 교회라고 착각하고 있는 교회건물은 교회당, 예배당일 뿐이지 정확한 의미에서 교회당은 교회가 아닙니다. 뿐 만 아니라, 인간이 만든 조직이나 제도 역시 그 자체가 교회는 아니며, 그 자체가 신성한 것도 아닙니다(그것은 대치적 교회구조일 뿐, 결코 교회 본질의 일부가 될 수 없습니다). 뿐만 아니라, 교회당 건물을 "성전"이라고 부르는 것은 우민화된 증거이자, 무지의 소치이며, 반성경적인 것이기도 합니다. 교회당 건물을 "주님의 집"이라고 하는 것은 부당합니다. 왜냐하면 교회란 곧 믿는 사람들이기 때문입니다.

분명하게 하나님은 "우주와 그 가운데 있는 만물을 지으신 하나님께서는 천지의 주재시니 손으로 지은 전에 계시지 아니하시고, 또 무엇이 부족한 것처럼 사람의 손으로 섬김을 받으시는 것이 아니니 이는 만민에게 생명과 호흡과 만물을 친히 주시는 이심이라(행 17:24-25)"

"너희가 하나님의 성전인 것과 하나님의 성령이 너희 안에 거하시는 것을 알지 못하느뇨(고전3:16)" "너희 몸은 너희가 하나님께로부터 받은바 너희 가운데 계신 성령의 전인 줄을 알지 못하느냐 너희는 너희의 것이 아니라(고전6:19)" "하나님의 성전과 우상이 어찌 일치가 되리요, 우리는 살아 계신 하나님의 성전이라(고후6:16)" "그의 안에서 건물마다 서로 연결하여 주 안에서 성전이 되어 가고 너희도 성령 안에서 하나님의 거하실 처소가 되기 위하여 예수 안에서 함께 지어져 가느니라(엡 2:21-22)" "만일 내가 지체하면 너로 하나님의 집에서 어떻게 행하여야 할 것을 알게 하려 함이니 이 집(성도)은 살아 계신 하나님의 교회요 진리의 기둥과 터이니라(딤전3:15)"

건물 성전 시대는 이미 지나갔으며 폐지되었습니다. 진정한 기독교는 더 이상 거룩한 장소나 건물을 갖고 있지 않고 오직 거룩한 사람들만 소유하고 있습니다. "교회 건물을 건축해야 한다!"는 성경적 근거를 찾아내기는 대단히 어렵습니다. 성경적 근거가 있기는 고사하고 성전에서 행해지던 피의 희생제도와 제사장직도 이미 지나갔으므로 이제 교회는 건물이 필요하지 않다고 성경은 명백히 주장하고 있습니다.

사도행전7장 44~60절을 보면 스데반은 건물 성전이 더 이상 필요 없다고 주장하다가 순교했습니다. "그러나 지극히 높으신 이는 손으로 지은 곳에 계시지 아니하시나니 선지자가 말한 바(행 7:48)" 그러나 신약성경에는 십일조제도가 있습니다(마 23:23). 초대교회에는 오직 연보만 존재했었는데 그때 연보를 건물이나 회당 건축용도로 사용했다는 기록이 없습니다. 초대교회는 교회당 건물들을 건축하지 않았습니다. 하나님께 드려진 헌금(연보)를 건축으로 낭비하지 않았다는 의미입니다. 그들은 가정에서 모였고, 성령의 친교 (Koinonia)로 개방적이었으며 영적 은사를 행사함으로 세포 분 방식으로 정신없이 성장해 갔습니다.

이와는 대조적으로 중세시대에서는 크고 화려한 교회 건물을 짓기 시작했으며, 건물에 비중을 두게 됩니다. 기득권의 탐욕과 명예를 위해 성경의 자의적 해석했으며 강단에서 비진리가 진리 인 냥 선포되었고, 부와 명예, 권세가 종교 지도자들에게 집중되었으며 이것으로 인해 자연스럽게 극심한 부패와 타락을 초래했습니다. 중세는 기독교 역사상 -암흑기-로 불리워집니다. 교회 건물은 성공과 부와 명예를 상징하게 됩니다. 큰교회일수록 성공과 부와 명예는 더 커집니다. 개 교회 건물들은곧 바로 건물 지상주의, 계급주의, 제도주의, 교권주의, 물질만능주의, 차별주의, 배타주의로 연결됩니다. 지금 우리는 어떻습니까?

지금의 한국교회 역시 큰 자나, 작은 자나, 다 탐람하여, 크고화려한 건물과 성공을 위해 장사진을 이루어 일제히 빨리 달리기 시합을 하는 것 같습니다. 교회 건물을 짓는 것이, 하나님께충성하는 것이라고 믿었던 중세시대 성도들이 자신들의 오류나맹종을 눈치 챘을까요? 어쩌면 지금도 많은 사람들이 동일한(愚)우를 범하고 있는지도 모르겠습니다. 어떤 교회 건물도 기능적(Functional)이여야 하며, 수단일 뿐이어야 하며, 결코 목적(an end)이 되어서는 안 됩니다.

성경적이고 올바른 교회관은, 우리 믿음의 집을 짓는데 중요한 요소입니다. 내 영혼과 교회가 중세기의 암흑시대로 돌아가기를 원한다면 그것은 너무나 간단합니다. 건물이나 제도나 감투에 집착하는 것입니다. 더 이상 주객이 전도된 채, 헛된 노력을 경주해서는 안 될 것입니다. 우리는 사도바울처럼… 넘치는지혜와 분별력으로 건물을 세우려 할 것이 아니라, 사람을 세워나가야 할 것입니다.

둘째, 예수 믿은 우리 자신이 성전이다. 성전보다 더 크신 분(마12:6)이신 예수께서는 왜? 성전을 허무시고(행6:14), 또, 왜? 우리를 하나님께서 친히 거하실 성전으로 삼으셨을까요?(요2:21,고전3:16). 구약에서의 하나님은 사람과 멀리 떨어져 계신 분이셨습니다. 이사야의 표현을 빌리자면 "숨어계신 하나님"(사45:15)이셨습니다. 그러나 하나님의 처소(Habitation of God)는 (거주지 혹 임재장소)로서 ① 성막(Tent)에서, ② 성전으로(Temple), ③ 인간의 육체로 변해왔습니다. 지금은 예수를 믿은 사람 안을 성전삼고 임재하여 계십니다.

하박국 2:20절에서 ☞고전 3장 16절이 된 것입니다. 하나님께서는 모형과 그림자에 지나지 않았던 구약의 건물성전을 인간의 몸으로 완성시키신 것입니다. 지구상에서 단 하나뿐이어야 했던 "건물성전"에서 행해지던 제사장직과, 희생제도는 이미 지나간 것이며, 장막의 모형도십자가에 의해 실체로 완성 되었습니다. "너희는 이것이 여호와의 전이라, 여호와의 전이라, 여호와의 전이라 하는 거짓말을 믿지 말라"(렘7:4)는 새 계약을 완성하신 것입니다. 이제 하나님의 성령은 "모든 육체에 임하시며"(행 2:17), "이 산에서도 말고 예루살렘에서도 말고 너희가(자신이)"(행4:21), "영(Spirits)과 진리(Truth)로 아버지께 예배하게 된 것입니다"(요4:24). "너희가(자신이) 하나님의 성전인 것과, 하나님의 성령이 너희 안에 거하시는 것을 알지 못하느냐?"(고전3:16)고 사도바울은 반문하며, 이 중요한 사실을 거듭 강조하고 있습니다.

"의문(문서 법)에 속한 계명의 율법을 자기 육체로 폐하셨으니"(엡2:15), 의문은 죽이는 것이요, 영은 살리는 것이기 때문입니다(고후3:6). 이제 하나님께서는 더 이상 벽돌로 지어진 건물(교회당이나 건물성전)에 임하여 계시지 않으며 오직 예수를 영접한 사람 안에 거하시게 됩니다. 사람이 지은 건물이 아닌 예수를 믿는 무리들이 모인 곳에 하나님께서 임재하십니다. 예배를 드릴 때에 임재하여 계시고 예배를 드리고 집으로 가면 동행하십니다. 사람이 지은 교회당에 하나님이 계신다고 믿는 사람은 아무리 기도해도 하나님의 역사가 나타나지 않는다고 해도 과언은 아닙니다. 이렇게 잘못알고 기도를 하니까, 예수를 30년을 믿어도 자신의 전인격과 환경이 변화되지 못하는 것입니다. 자신 안이 아닌, 보이는 것에 치중함으로 자신의 내면에 변화가 일어나지 않는 것입니다

그러므로 내 안에 계시는 하나님… 다시 말하면 내 안에 사시는 그리스도(갈2:20)가 실제와 사실로써 체험되지 않는 믿음이란 부질없는 말(입술)만의 믿음이요, 공허한 이론(지식)에 불과합니다. "내 양은 내 음성을 듣고, 나는 저희를 알며"(요10:27). "누구든지 내 음성을 듣고 그 마음 문을 열면 그에게도 들어가 그와 함께 거하시겠다고"(계3:20), 주 예수께서는 직접 말씀하시고 계십니다. 사도 바울 역시 자기 자신이 산 것이 아니라 "오직 내 안에 계신 그리스도께서 사신 것이라"(갈2:20), 고백하게

됩니다. 바로 이런 관계가 기독교 믿음의 핵심이며 또, 사람 자신(개인)이 곧, 성전이 되고, 교회가 되는 이유입니다.

셋째, 교회건물을 성전이라 부르지 말라. 교회건물과 교회라는 의미는 다릅니다. 교회 건물을 성전이라고 해서는 안 된다는 것은 이미 칼빈이 "기독교 강요"에서 밝힌 내용입니다. 그 당시 권력 화되고 건물을 신성시하는 카톨릭이 성경에도 없는 개념을 넣는 것을 경계해서 분명히 밝힌 내용입니다. 그런데 지금 그런 용어가 교회의 큰 건물이라는 겉모양을 자랑하는 인간의 못된 심성을 따라 다시 생긴다는 것은 중세시대개념으로 돌아가는 시대 퇴보적 가치관입니다.

그래서 우리라도 용어를 바로 써야겠습니다. 교회의 본래 의미는 "하나님의 부름 받은 백성(에클레시아)", 즉 건물이 아니라 예수를 믿는 사람입니다. 교회건물이라는 것은 우리가 공동체적 신앙을 같이 합력하고, 영적성장을 기하기 위한 공적이면서 부수적인 도구이지, 그 자체가 공동체나 성전이 아닙니다. 구약의 성전은 신앙의 본질에 대한 실체가 아니라 모형이요, 그림자 적 역할을 한 것입니다. 교회를 구약의 물리적인 성전과 동일시하면, 우리는 아직도 그런 구약의 희생제사와 제사장을 똑같이 세우고 제사해야 합니다. 신약에서는 그 성전과 희생제사의 실체가 예수그리스도라고 하고 있습니다.

성전은 예수그리스도를 상징하면서 또 예수그리스도를 믿는 성도들을 상징한다는 것이 신약의 기본원리입니다(요2:21,계 21:22,고전3:16). 교회건물은 성전이 아니라, 공적인 예배와 모임, 성례의 집행 장소, 성령의 체험과 영적성장으로써의 부수적인 도구로 쓰일 뿐입니다. 지금 성전은 우리 예수님을 믿는 신자 자신입니다. 즉 크리스천입니다. 즉, 물리적 성전은 사도시대 이후로 신약에선 존재하지 않습니다. 다만 그것이 영적인 의미로 상징화나 더 풍성히 승화가 되는 것입니다. 예수님은 큰 성전을 가지고 자랑하는 유대인들과 제자들에게 돌 하나도 돌 위에 남지 않고 무너진다고 했습니다(마24:1-2).

그것은 유대인들의 종교적 위선을 고발하면서 동시에 이제는 물리적 건물로써의 성전이 아니라, 우리 안에 거하시는 성령으로 말미암아 우리 자신이 성전이 되는 본질적 성전이 세워진다는 의미입니다. 또한 그것을 잘 나타내는 사건이 AD70년 로마 디도장군의 예루살렘함락과 더불어 된 성전 무너짐입니다. 그것은 유대인들의 죄악에 대한 심판이기도 하지만, 동시에 이제는 구약 적 물리적 성전의 시대가 공식적으로 끝났다는 의미입니다. 성경은 성전건물을 통해 보이는 것을 중시하는 인간의 사고를 경계하고 있습니다(행17:24).

솔로몬도 성전을 지으면서도 그런 것을 백성들에게 경계시키고 있습니다(왕상8:27-49). 그리고 사실 초대교회 때 핍박 받을 때 권력자들의 핍박을 피해 소규모의 가정규모의 교회들이 있거나, 여러 군데 동굴을 파놓고 군인들을 피해 여러 군데 도망 다니면서 예배를 하기도 했습니다. 그 당시 그런 교회모습은 물리적 성전과는 확실히 거리가 멉니다. 지금 너무 겉 숫자만 늘어서 건물가지고 성전이라고 자랑하는 사역자들이 바로 유대인들이 범했던 우를 똑같이 범하고 있는 것입니다. 건물 속에서 성령으로 거듭난 자들이 모여서 예배하면 하나님의 임재가 있겠지만, 그것이 건물자체에 성스러움이 있어서 성전을 의미하는 것이 아니라, 성령이 내주하는 신자들이 모여 있기 때문입니다.

넷째, 내 몸이 성전이라. 전 3장 16-17절에 "너희가 하나님의 성전인 것과 하나님의 성령이 너희 안에 거하시는 것을 알지 못 하느뇨 누구든지 하나님의 성전을 더럽히면 하나님이 그 사람을 멸하시리라 하나님의 성전은 거룩하니 너희도 그러하니라" 성전 안에 있는 나의 모습은 어떤 모습이어야 하는가? 또 성전이 된 내 몸의 모습은 어떤 상태이어야 하는가? 우리 몸은 어떤 몸인가? "그러므로 형제들아 내가 하나님의 모든 자비하심으로 너희를 권하노니 너희 몸을 하나님이 기뻐하시는 거룩한 산, 제사로 드리라 이는 너희의 드릴 영적 예배니라(롬 12:1)" 일상 사석 같은 자리에서 구린내 나는 몸으로 예배드리지 말라고 합니다. 성령의 지배를 받아 영과 진리로 예배를 드리라는 것입니다. 거룩한 산 제물이 되라는 것입니다.

성경이란 성령의 거울을 통해서만 그것을 알 수 있습니다. 세상은 철저하게 사단이라는 또 하나의 거울을 통해서 우리의 진실을 거짓으로 바꾸어 놓게 만드니까? 사도 바울 조차도 이런 현실 속에서 고통스럽게 외치는 한마디를 하십시오. "오호라 나는 곤고한 사람이로다. 이 사망의 몸에서 누가 나를 건져내랴(롬7:24)"

하나님은 오직 마음이 성전으로 거룩하게 구별된 심령에게만 거하십니다. 오직 성전으로 거룩하게 구별된 심령만이 하나님의 처소입니다(고전3:16,6:19,고후6:16). 그리스도인은 그리스도인의 행복이 있어야합니다. 복의 개념이 세상 사람과 같아서는 행복 할 수가 없습니다. 죄지은 인간의 심령은 에덴동산을 상실한 상태입니다. 에덴동산은 하나님의 말씀을 듣고 순종하는 영적인 세계입니다. 우리는 주님의 새 생명을 받아야만 하나님 나라에 들어 갈 수 있습니다(중생). 주님의 십자가는 아버지의 계명을 지키는 자리였습니다. 신앙 양심에 걸리는 것을 찾아내야합니다. 성령으로 하는 기도는 자신이 성전으로 견고하게 지어가는 수단이 되어야 합니다. 그래서 카리스마가 분출되는 기도를 해야 합니다. 카리스마가 분출될 때에 세상에 물러가기 때문입니다. 바르게 알아야할 것은 방언 기도 유창하게 하는 것이 문제가 아니고 방어기도하면서 자신의 전인격이 변화되는 방언기도를 해야 합니다.

말씀을 정리합니다. 교회란 무엇일까요? 많은 사람들은 교회를 십자가 종탑이 있는 건물로 생각합니다. 그러한 건물은 교회라는 말보다는 예배당이라는 말이 더 정확한 표현입니다. 그렇다면 교회의 참 의미는 무엇일까요? "고린도에 있는 하나님의 교회 곧 그리스도 예수 안에서 거룩하여지고 성도라 부르심을 받은 자들과 또 각처에서 우리의 주 곧 그들과 우리의 주되신 예수 그리스도의 이름을 부르는 모든 자들에게(고전 1:2)" 이처럼 엄밀한 의미에서 교회란 거룩한 성도들 혹은 예수 그리스도를 믿는 사람들과 그 단체를 의미합니다. 우리가 교회에 나와야 하는 이유도 바로 거룩한 성도, 즉 거룩한 교회가 되기 위해서입니다.

교회란 ①주님의 나라 하나님의 자녀를 가리키는 말입니다. ②예수님을 믿는 사람들의 공동체입니다. ③구원받은 사람들의 단체입니다. ④세상에서 불러낸 하나님의 자녀들의 모임입니다. ⑤교회=(헬)에클+레시아= 밖에서(세상) + 불러내다를 뜻하는 것입니다.

그러므로 엄밀한 의미에서 교회는 건물이나 눈에 보이는 사람들의 모임이 아니라, 그 안에 존재하는 예수님을 믿는 믿음의 공동체(사람)가 되는 것입니다. 단순히 교회에 나온다고 해서 교회가 되는 것이 아닙니다. 불신자들이 볼 때 때때로 교회에 나오는 교인들 중에서 위선자가 있는 것처럼 보이는 이유도 교회에 나오는 교인들이 아직 참된 교회로 변화하지 못한 경우가 많기 때문입니다

교회란 예수님을 믿는 사람이 교회입니다(몬1:2). 예수님이

오시기전엔 하나님을 예배하는 장소가 교회였으나 예수님이 오시고, 죽으시고, 부활하신 이후부턴 예수님을 믿는 사람이 교회이며, 주위에 보이는 건물은 교회들이 모여 예배드리는 장소, 건물인 것입니다. 교회들마다 하나님을 예배하는 모습과 하나님과 교재 하는 방식이 서로 다릅니다. 하나님은 광대하시기에 그 광대하신 하나님을 더 알기위해 그리고, 주일성수를 위해교회들이 한자리에 모여 하나님을 더 아름답고 영화롭게 하기 위해 모이는 것입니다. 우리는 성전을 재건하는 사람들입니다. 범죄로 깨어진 성전을 다시 건축하는 신령한 건축가들입니다. 그 일은 바로 내 믿음의 순금등대에 불을 붙이는 것입니다. 우리 각자가 거룩한 성전으로 재건될 때, 나의 앞날을 밝히는 소망의 등불이 밝혀지게 되는 것입니다.

우리가 바르게 알아야할 것은 예수님이 십자가에서 생명을 버리신 것도 사람(성전)을 구원하시기 위함입니다. 예배당의 조직이나 제도 건물을 구원하지 않습니다. 하나님은 인격이시라, 사람이 지은 예배당의 조직이나 제도 건물과 교통할 수가 없으십니다. 교회는 건물이 아니라 사람입니다. 교회는 건물이 아닙니다. 예수님을 주인으로 믿는 우리가 성전이요, 우리가 교회입니다. 아무리 건물이 화려해도 그 안에 있는 사람들이 아니면 하나님께서 성전의 문을 닫으시는 것입니다.

2부 왜 하나님의 성전이 되지 못할까?

6장 영적인 기초 작업을 바르게 못해

(살전 5:23)"평강의 하나님이 친히 너희를 온전히 거룩
하게 하시고 또 너희의 온 영과 혼과 몸이 우리 주 예수 그
리스도께서 강림하실 때에 흠 없게 보전되기를 원하노라"

성도가 하나님의 집과 성전으로 살아가지 못하는 것은 지식
적이고 관념적으로 믿음생활을 하기 때문입니다. 지식적이고
관념적인 믿음생활이란 성령의 인도와 성령의 깨달음으로 믿음
생활하지 아니하고, 사람의 가르침과 전례 전통에 고착되어서
행위적으로 육체적으로 믿음생활을 하는 것을 말합니다. 처음
예수를 믿고 교회에 출석하면서부터 성령으로 깨달아 알면서
하나님을 만나는 체험적인 신앙이 되면 영적인 기초가 든든하
여 웬만한 세파에도 흔들리지 않을 것입니다. 성령님이 인도하
시고 역사하시는 실제적인 신앙으로 영-혼-육의 균형을 유지하
면서 환경을 장악하면서 살아갈 수가 있습니다. 하나님께서 주
인 된 성전이 되어 자신 안에서 올라오는 성령의 권능으로 살아
가기 때문입니다. 자신의 전인격이 성전 되지 못하면 내면세계
가 부실하여 육적이고 정신적인 문제가 발생합니다. 내면세계
가 부실하다는 것은 초자연적인(5차원) 성령님이 자신을 전인
격을 장악하시지 못하고, 상처 뒤에서 역사하는 초인적인(4차

원) 존재인 마귀 귀신이 자신의 전인격을 장악하게 되기 때문입니다. 내면세계를 강하게 하는 것은 생명의 말씀과 성령으로 충만해지는 것입니다. 내면을 강하게 하는 다른 방법이 없습니다. 오로지 생명의 말씀과 성령으로 충만 받는 것입니다. 성령 충만은 성령으로 기도하는 것입니다. 영과 진리로 예배를 드리는 것입니다. 걸어 다니는 성전이 되는 것입니다. 크리스천이 영적인 기초를 든든하게 하기 위하여 이렇게 하시기를 바랍니다.

첫째, 성령으로 세례를 받아야 한다. 성도들은 물세례 받는 것으로 만족하면 안 됩니다. 반드시 성령으로 세례를 받아야 합니다. 그래야 잠재의식이 정리되기 때문에 무기력이나 탈진을 예방할 수가 있습니다. 교회는 성도들을 성령으로 세례를 받게 하는 곳입니다. 성령세례는 성령세례 받은 사람(담임목사)을 통하여 전이 됩니다. 필자는 성령세례에는 관념적인 성령세례와 체험적이고 실제적인 성령세례가 있다고 생각합니다. 예수를 믿을 때에 성령님께서 믿게 하셨기 때문에 믿을 때 성령세례를 받았다고 하는 것은 관념적인 성령세례입니다. 우리는 체험적이고 실제적인 성령세례를 받아야 합니다. 예수님을 믿을 때 우리 안에 오신 성령께서 전인격을 장악하시는 것을 실제적 체험적인 성령세례라고 하는 것입니다. 성령세례를 받은 사람은 자기가 성령세례를 받았다는 것을 압니다. 다른 사람도 자신이 성령으로 세례를 받는 것을 볼 수가 있습니다. 성령세례는 우리가 의식할 수 있는 의식적 체험입니다.

오순절 성령강림이 있을 때 성령이 제자들 각 사람 위에 임하였습니다. 그리고 제자들은 나가서 복음을 증언하기 시작했습니다. 제자들에게 '여러분들은 언제 성령세례를 받았습니까?' 라고 물으면 '오순절입니다' 라고 분명히 대답할 것입니다. 사도바울이 갈라디아교회에 편지를 씁니다. "너희가 성령을 받은 것이 율법의 행위로냐 혹은 듣고 믿음으로냐?"(갈 3:2). 사도 바울이 이 질문을 하는 것은 갈라디아교회가 성령 받은 것을 알고 있었다는 것입니다.

성경은 성령 받은 것에 대해서 많은 기록을 남기고 있습니다. 빌립이 전도했던 사마리아교회, 고넬료의 가정, 에베소교회 등 성령 받은 교회나 가정들은 성령을 받은 것을 정확히 알고 있습니다. 성령세례는 우리가 알 수 있는 분명한 체험입니다. "당신은 성령을 받았습니까?"라는 질문에 대해서 딱 부러지게 "예" "아니오"로 대답할 수 있는 체험입니다. 아울러 성령세례는 하나님과 그리스도에 대한 감사와 사랑을 불러일으킵니다.

성령세례는 예수를 믿을 때 영 안에 임재하신 성령께서 순간 전인격을 장악하는 것입니다. 성령으로 세례를 받을 때 하나님의 영광과 그분의 존재의 실상을 전인격이 자각하는 것을 의미합니다. 살아계신 성령의 역사를 몸으로 느끼고 눈으로 볼 수 있는 현상이 일어나는 것입니다. 물론 다른 사람도 자신이 성령으로 세례를 받는 것을 눈으로 볼 수가 있는 것입니다. 그래서 성령세례 받은 사람들은 이렇게 말합니다. "(벧전 1:8)예수를 너희가 보지 못하였으나 사랑하는 도다. 이제도 보지 못하나 믿고 말할 수 없는 영광스러운 즐거움으로 기뻐하니" 교회는 성도들이 성령으로 세례 받아 권능 있는 삶을 살게 하는 곳입니다. 성령으로 세례를 받아야 성도가 진정한 하늘의 사람으로 변화되기 시작합니다. 성령세례는 참으로 중요한 체험입니다.

둘째, 기도를 바르게 해야 한다. 일부 크리스천들이 기도를 대수롭지 않게 여깁니다. 자신은 기도하고 있다고 생각하기 때문입니다. 그러나 기도는 바르게 해야 합니다. 기도가 바르지 못하니 내면이 정화되지 않는 것입니다. 기도는 영혼의 호흡이요, 하나님과의 대화라 합니다. 이것은 가장 깊숙한 곳에 거하는 영의 흐름이 외부적으로 흘러나오는 것입니다. 영력이 흘러나오고 영적 생명이 흘러나옴으로 영에 몰입됨으로 인하여 성령 안에서 기도할 수 있게 되는 것입니다. 영력은 우리 몸의 지성소인 영속에 임재 하여 계시는 하나님의 능력입니다. 우리가 지성소에 계시는 하나님을 만나기 위해서는 성령의 인도를 받는 깊은 영의 기도가 되어야합니다. 이 기도를 통하여 하나님으로부터 주어지는 각종 은혜와 능력과 응답을 받게 됩니다. 이러한 기도를 통하여 하나님으로부터 주어지는 생명이 우리의 심령을 거룩하게 만들어가고, 영적인 생명과 능력을 키워 나가는 것입니다. 열매가 맺어지고 영적인 지각이 예민해지고 영성이 개발되어집니다.

그러므로 성령 안에서 기도하는 훈련이 필요합니다. 우리의 간구는 마음의 소원이나 원하는 바를 구함으로 성령 안에서 기도하기가 심히 어렵습니다. 그러나 영으로 기도하고 마음으로 기도하면 성령 안에서 기도하기가 쉬워집니다. 성령에 몰입되어 아무런 자신의 생각이나 욕심도 없이 오로지 하나님으로부터 주어지는 것을 받게 되는 기회가 되기 때문에 영으로부터 주어지는 각종 은혜와 능력과 은사가 넘치게 됩니다.

영적인 기능과 지각이 발달됨으로 성령의 인도함을 따르는 성도가 됩니다. 성령 안에서 기도하기 위하여 성전 뜰에서 먼저 육신의 생각으로 기도하지만, 시간이 흐르고 마음이 안정이 되고, 생각이 주님의 사랑과 말씀을 묵상하면서 진지하고 순전한 마음으로 하나님의 성소에서 깊어지는 영의기도를 하게 됩니다.

그리고, 영으로 사는 삶을 통하여 성령의 인도를 받아야 합니다. 하나님은 데살로니가 전서 5장 17-18절에서 "항상 기뻐하라. 쉬지 말고 기도하라. 범사에 감사하라 이는 그리스도 예수 안에서 너희를 향하신 하나님의 뜻이니라." 고 말씀하십니다. 항상 영의 상태가 되게 하라는 것입니다. 영의 상태가 되어야 영이신 하나님과 동행하며, 교통하기 때문입니다. 기도에 대하여는 "기도 쉽게 바르게 하는 방법"과 "응답받는 기도 습관 20가지"을 참고하시기를 바랍니다.

셋째, 예배에 빠짐없이 참석해야 한다. 크리스천에게 예배당에서 드리는 예배는 참으로 중요합니다. 영과 진리로 예배를 드리면서 자신이 성전으로 견고해지는 것입니다. 교회예배당에서 하나님께 영과 진리로 예배드리면서 자신의 몸과 마음에 있는 성전이 잘되기 위해서 나가는 것입니다. 자신의 몸과 마음에 있는 성전이 잘되어 영혼의 만족을 누릴 수 있는 교회를 찾아야 할 것입니다. 자신의 영혼이 잘되게 하는 건물교회를 찾는 것은 정말로 중요한 일입니다. 예배당을 찾아가서 예배를 드리는 것은 자신이 잘되기 위해서 성전 되기 위해서 만사를 뒤로하고 찾아가서 예배를 드리는 것입니다.

하나님은 이렇게 말씀을 하십니다. "아버지께 참되게 예배하는 자들은 영과 진리로 예배할 때가 오나니 곧 이 때라 아버지께서는 자기에게 이렇게 예배하는 자들을 찾으시느니라. 하나님은 영이시니 예배하는 자가 영과 진리로 예배할지니라"(요 4:23-24). 온 몸과 마음이 하나님만을 주목하는 예배, 하나님께 참되게 예배하는 것은 무엇을 의미합니까? 어떻게 드리는 예배를 가리켜 아버지께 참되게 예배하는 것입니까?

하나님께 참되게 예배하는 자는 영으로 예배합니다. 영으로 드리는 예배가 무엇입니까? 우리가 이를 바르게 알기 위해서는 먼저 성경말씀을 바르게 알아야 합니다. 원래 헬라어 성경을 보면 24절에서 "하나님은 영이시니… 영으로 예배하라." 하는 구절의 '영'을 가리켜 '성령'(pneuma)으로 표기했습니다. 복잡하게 설명하지 않겠습니다. "하나님은 영이시니." 즉 하나님은 성령 하나님이십니다. 그러므로 "영으로 예배할지니라." 즉 성령 하나님으로 예배하라는 말씀입니다. 더 쉽게 설명을 드리면 '성령의 인도함 가운데, 성령님 안에서 예배하라.'는 것입니다.

하나님은 자신 안에 계십니다. 하나님은 고린도전서 3장 16절에서 "너희는 너희가 하나님의 성전인 것과 하나님의 성령이 너희 안에 계시는 것을 알지 못하느냐" 하나님은 영이시기 때문에 보이는 성전(건물교회)에 거하시는 것이 아니고, 성도의 마음과 몸의 성전에 임재 하여 계십니다. 영이신 하나님은 특정한 장소(건물교회)에 거하기 않으시고, 예수를 주인으로 영접한 사람의 심령에 좌정하고 계신다는 말입니다. 그래서 자신 안에 임재 하여 계신 하나님과 교통해야 합니다. 그래야 하나님과 항상 동행할 수 있습니다.

그렇다고 보이는 교회예배당이 필요가 없다는 것이 아닙니다. 자신 안에 있는 성전을 깨끗하게 하려면 교회예배당에 나와서 생명의 말씀을 들어야 합니다. 성령의 역사가 심령에서 일어나게 해야 합니다. 이렇게 자신의 심령이 생명의 말씀을 듣고 깨어나게 하려면 교회예배당에 가서 예배를 드리면서 목사님으로부터 진리의 말씀을 들어야 합니다. 성령으로 기도하여 성령 충만을 받아야 합니다. 이렇게 자신의 영을 깨우고 성령으로 충만 받으려면 자신의 능력으로는 한계가 있습니다. 한계를 극복하기 위하여 교회예배당이 있는 것입니다. 성도 간에 친교를 하고 모여서 말씀을 배우고 영성훈련을 하기 위하여 건물교회가 필요한 것입니다. 깊은 영성을 유지하고 영적으로 자라야 하나님과 동행하며 친밀하게 지낼 수가 있습니다. 자신이 영적으로 자라는 만큼씩 하나님의 복이 따르는 것입니다.

자신의 믿음이 자라게 하기 위하여 보이는 건물교회가 필요한 것입니다. 건물교회에서 깊이 있는 생명의 말씀을 듣고, 성령으로 기도하며 성령 충만 받아 세상에서 살아가면서 자신 안에 계신 하나님과 끊임없이 교통하며 친밀하게 지내야 합니다. 그렇기 때문에 건물교회와 성도의 몸과 마음의 성전 모두가 잘되어야 하는 것입니다. 건물교회에 가서 목회자로부터 체험적인 진리의 말씀을 듣고 성령으로 기도하여 자신의 믿음이 자라기 위하여 보이는 교회가 잘 되어야 합니다. 그런데 하나님을 섬기기 위하여 신앙생활을 하는 신자들은 하나님을 섬기기 위하여 보이는 교회만을 생각하고, 보이는 교회 중심으로 믿음 생활을 하게 됩니다. 보이는 건물교회중심으로 믿음 생활을 하다가 보면 자신에게 중요한 자신의 몸과 마음의 성전에 관심을 갖지를 못합니다. 자연스럽게 중요한 자신의 몸과 마음의 성전관리에 등한하게 됩니다. 이런 이유로 인하여 예수를 십년을 믿어도 믿음이 자라지 않고, 전인격이 변하지 않는 것입니다. 성도는 심령이 거하신 성령님이 자신을 완전하게 장악할 때에 예수님의 인격으로 변화되는 것입니다. 그런데 보이는 성전에만 관심을 가지고 자신의 몸과 마음의 성전에 관심을 등한히 합니다. 자연스럽게 자신 안에 성령하나님과 관계가 막혀서 예수를 믿어도 오만가지 문제로 고통을 당하면서 세상을 살아가는 것입니다.

넷째, 말씀 안에서 살아야 한다. 우리가 성경말씀을 배우는 목적이 무엇일까요? 머리에 저장하여 자랑하려고 하는 것은 아닐 것입니다. 성경말씀을 배우는 목적은 하나님의 뜻을 깨달아서 삶에 적용하여 풍성한 열매를 맺게 하기 위함입니다. 그러나 성경지식이 해박한 사람들도 하나님의 뜻을 삶에 적용하며 살아가는 이들은 보는 게 어렵습니다. 그 이유는 성경지식을 그냥 머리에 저장하는 데 그치기 때문입니다. 성경지식을 적지 않게 알고 있지만, 정작 삶에서 어떻게 적용할지 모릅니다.

　건물교회에서는 적용하는 것 같은데 세상에 나가서는 다른 방식으로 살아갑니다. 예를 들어, 학교나 직업, 직장의 선택, 사업이나 투자에 대한 성경의 원칙, 성경적인 배우자의 선택, 자녀교육, 자녀의 인생이나 학업진로의 조언, 친구의 사귐, 돈의 사용 등 삶에 적용하는 하나님의 뜻에 대해 무지합니다. 그래서 일상의 삶에서 다양한 선택을 하고 결정을 할 때, 하나님의 뜻이 아니라, 세상풍조나 세상의 지혜에 따라 결정하며 살아갑니다. 말하자면 성경지식은 적지 않은 데, 하나님의 뜻에 무지한 채 살아가고 있는 현상입니다. 그래서 삶에서 아무런 열매가 없는 이들이 허다합니다. 사업과 투자와 직장에서 형통하지 못하고, 자녀들도 세속적인 사람들이 되고, 가정생활이나 가족관계도 평안하지 못하고 기쁨이 없습니다. 성경은 많이 배우고 알아서 비밀이 열리는 것이 아니라, 말씀을 삶에 적용함으로 깨달음을 통해서 비밀이 열리는 것입니다. 하나님의 뜻을 깨달아서 삶에 적용하려면 성령이 주시는 지혜가 있어야 가능합니다. 말하자면 성경을 읽거나 배울 때, 성령이 내주하는 기도의 습관을 들여서 성령께서 지혜를 주셔야 합니다. 성령이 주시는 지혜가 없다면 아무런 열매도 없으며 형통한 삶도 내 것이 아닙니다.

　지혜가 있다는 것은 하는 일에 풍성한 열매가 있어 사람들이 칭찬해야 증명이 되는 것입니다. 또한 예수님도 종을 선택하는 조건으로 충성과 지혜를 들고 있습니다. 충성이란 하나님의 뜻에 순종하는 믿음직스러운 성품을 말하며, 지혜란 성령이 주시는 분별력, 통찰력, 이해력, 리더십 등으로 하는 일마다 풍성한 열매를 맺어야 합니다.

그러므로 성경말씀을 삶에 적용하려면 성령이 주시는 지혜가 있어야 하고, 지혜가 탁월한 성경교사로부터 삶에 적용하는 하나님의 원칙을 배워야 할 것입니다. 교회에서 하나님의 원칙을 알려주지 않으니 교회를 오래 다녔지만 삶에 힘이 없고 하는 일마다 형통한 열매가 없는 이유입니다. 삶에 적용하지 못하는 성경지식은 아무짝에도 쓸모없는 쓰레기일 뿐입니다. 성경말씀이 곧 하나님이라는 말을 곱씹어 보시기를 바랍니다. 하나님은 전지전능한 능력으로 자신의 존재감을 드러내시는 분이십니다. 그러므로 자신의 머리에 성경지식을 많이 쌓아두고 있지만, 삶에서 살아계신 하나님을 증명하지 못하는 이유를 찬찬히 생각해보기 바랍니다.

다섯째, 혈통(아담)을 정리해야 한다. 영의 세계는 육적인 눈으로 볼 수가 없고, 영의 눈으로만 볼 수 있는 세계입니다. 보이지는 않지만 빼앗고 빼앗기는 실제적인 역사가 일어나는 세계입니다. 물론 혈통의 문제가 아무런 문제를 일으키지 않는다면 들추어내서 해결하려고 할 필요가 없습니다. 무엇 때문에 아무런 문제를 일으키지 않는데 잠재의식을 터치하면서 해결하려고 하겠습니까? 그런데 분명하게 문제를 일으키고 영적인 성장을 하지 못하도록 방해하기 때문에 성령으로 형통을 정리하는 사역을 하는 것입니다.

우리가 마땅히 '세대적 악령'에게 관심을 가져야 하는 이유는 그 악령으로 인해서 사람들이 당하는 고통이 너무도 크기 때문입니다. 세대적 악령이 일으키는 많은 문제들은 겉으로 보아서 우리의 기질과 연관이 있거나 부모로부터 유전된 것처럼 보이기 때문에 영의 문제를 소홀히 하고, 오로지 의학적으로 또는 심리학적으로 접근하고 다루는 실수를 할 위험이 많기 때문입니다. 영의세계를 보이는 방법으로 해결하려고 합니다. 실제로 영의 일에 관심이나 지식이 전혀 없는 세상 사람들은 물론이고, 대부분의 그리스도인조차도 세대적인 악령에 대해서 그 이름조차 들어보지 못하고 신앙생활을 하는 것이 일반입니다. 그러니 영적인 눌림이나 탈진의 어려움을 겪으면서도 적절한 대응을 하지 못할 뿐만 아니라 예방을 위해서 악령을 추방하는 일은 더욱 하지 않습니다.

악령이 병을 일으키는 능력은 우리의 신체구조 뿐만 아니라 유전인자에도 영향을 줄 수 있다고 보아야 할 것입니다. 악령이 우리의 죄를 틈타서 들어온 후에 우리를 괴롭게 할 권리를 확보한 후에 우리의 신체의 어떤 부분을 공격하면 질병이 생기며, 정신에 지속적으로 영향을 주면 생각이 바뀌게 되고, 죄의 충동을 받아서 그 행동을 하게 되는 것입니다. 세대적인 악령은 한번 침투하면 영적치유를 할 때까지 대를 이어서 계속 그 사람을 괴롭게 하게 됩니다. 부모 가운데 한 사람이 무당이 되면 그 자녀는 끊임없는 악령의 괴롭힘을 받아서 결국에는 무당이 되고 말듯이 악령이 계속 충동함으로써 그 유혹이나 충동을 이기지 못하고 행동에 옮겨 마침내 불행한 결과를 만들어냅니다.

세대적인 악령이 저지르게 하는 비행은 '간음' '폭행' '이혼' '낙태' '사기' '절도' '불륜' '성추행' '집착' '게으름' '가난' 등과 같이 많은 종류의 비행과 연관이 있습니다. 이런 죄얼들은 세대를 이어서 계속 이어지기 때문에 유전적인 것으로 오해하기 쉽습니다. 혈통의 문제에 대하여 바르게 알고 해결하실 분은 "가계가 축복받는 선포기도문"과 "가계의 고통을 끊고 축복받는 비결", 그리고 "가계저주와 영원히 이별하는 길"를 참고하시기를 바랍니다.

여섯째, 성령의 지배와 인도를 받아야 한다. 하나님은 모든 성도들이 성령의 지배를 받기를 소원하십니다. 영적인 무기력과 탈진을 예방하려면 영혼에 만족을 누려야 합니다. 영혼의 만족은 성령의 지배를 받아야 가능합니다. 왜 예수를 믿으면서 영혼의 만족을 누리지 못하는가? 자신의 전인격이 성령의 지배를 받지 못하기 때문입니다. 한마디로 세상 것이 섞여있기 때문입니다. 세상 것이 섞여서 방해함으로 영혼의 만족을 누릴 수가 없는 것입니다. 이것은 아주 심각하게 받아드려야 합니다. 그래야 성령의 역사에 관심을 가져서 성령의 지배를 받는 성도가 될 수 있기 때문입니다. 전인격이 성령의 지배를 받지 않고는 영혼이 만족을 누릴 수가 없기 때문입니다. 우리 예수 믿는 사람들의, 삶의 특징이 있다면, 그것이 무엇이라고 생각하십니까? 입으로만 예수를 믿는다고 시인하는 그런 보통의 신앙의 삶이 아니라, 예수를 믿고 난 다음에 변화된 삶을 살아가는 성도들의 특징을 말하는 것입니다. 이러한 성도들의 삶의 특징이 무엇이겠습니까? 그것은, "영-혼-육 전인격이 성령의 지배를 받는 삶"이라, 그렇게 말 할 수 있습니다.

그러면, 성령의 지배를 받는 삶이란, 또 무엇을 말하는 것입니까? 전인격이 성령께 사로잡혀 사는 것을 말하는 것입니다. 성령을 주인으로 모시고 세상을 살아가는 것입니다. 매사를 성령님과 의논하고 성령의 뜻을 따라 사는 것을 성령의 지배를 받는 삶이라고 말할 수 있습니다. 성령의 인도함을 받아, 성령의 능력에 의해서 살아가는 삶을 말하는 것인 줄로 믿습니다. 성령님이 나를 지배하고 다스리는 삶, 이전에 우리의 삶이, 육체의 본능이 지배하는 삶이었고, 죄가 지배하는 삶이었다면, 이제 예수를 믿고, 변화를 받고 난 다음에 나타나는 삶은, 성령에 의해서 지배를 받는 삶이 되어야 합니다.

성령님의 인도를 받아야 합니다. 성령님은 우리를 가르치면서 함께 하십니다. 아무리 함께 하셔도 지식이 없는 동행은 의미가 없습니다. 서로를 알고, 서로의 필요를 알고, 그 가르침이 따르는 것은 말할 수 없는 도움인 것입니다. 성령님은 결코 우리가 무지 속에 있기를 원하시지 않는 분이십니다. 성령님은 가르쳐 주시면서 우리와 함께 하시는 것입니다. 성령님은 지혜와 지식 그리고 모략의 신이신 것입니다. 성령님이 가르쳐 주시는 대로 나아가는 사람은 초자연적인 위대한 삶을 살아가게 됩니다. 이런 사람을 기뻐하시기에 하나님은 세상 끝날 까지 영원히 함께 하시는 것입니다. 성령의 인도를 받으시기 바랍니다.

7장 성도의 마음을 세상이 장악하여

(롬 9:12-14)"리브가에게 이르시되 큰 자가 어린 자를 섬기리라 하셨나니 기록된바 내가 야곱은 사랑하고 에서는 미워하였다 하심과 같으니라. 그런즉 우리가 무슨 말을 하리요 하나님께 불의가 있느냐 그럴 수 없느니라."

성도들이 하나님의 집과 성전으로 살아가지 못하는 이유 중에 하나는 마음을 세상에 장악을 했기 때문이라고 생각을 합니다. 마음 중심이 어디에 있느냐에 따라서 성전이 될 수도 있고 안 될 수도 있는 것입니다. 하나님은 우리 개인을 만드시고 우리의 중심이 되시고 우리를 다스리시는 하나님이신 것입니다. 하나님을 중심으로 모시고 섬기면 하나님은 우리의 삶과 환경을 친히 다스려 주시는 것입니다. 시편 100편 3절에 보면 "여호와가 우리 하나님이신 줄 너희는 알찌어다 그는 우리를 지으신 자시요 우리는 그의 것이니 그의 백성이요 그의 기르시는 양이로다"라고 했습니다. 우리는 착각하지 말아야 합니다. 인간은 스스로 존재하는 자가 되지 못합니다. 인생은 사람 스스로 존재하는 것이 아니라 하나님이 지으신 존재요, 하나님이 인생의 중심이지 인간이 스스로 중심이 되지 못합니다.

아담과 하와가 왜 큰 비극을 맞게 되었습니까? 그것은 하나님 중심을 떠났기 때문인 것입니다. 인본주의적 자기중심으로 돌아서자 그 삶은 평형을 잃어버리고 그냥 기우뚱거리다가 나동그라지고 만 것입니다. 마귀와 죄, 세속과 질병, 저주와 죽음 속에 뒹굴게 된 것은 바로 아담과 하와가 중심을 잡지 못했기 때문인 것입니다. 예레미야 2장 19절에 "네 악이 너를 징계하겠고 네 패역이 너를 책할 것이라 그런즉 네 하나님 여호와를 버림과 네 속에 나를 경외함이 없는 것이 악이요 고통인줄 알라 주 만군의 여호와의 말이니라" 하나님을 버리고 하나님을 중심에 섬기지 아니한 그것이 악이요, 고통이요, 절망인 것입니다. 중심을 잃어버리고 기우뚱거리는 사람이나 사물은 위험하기 짝이 없는 것입니다.

시편 127편 1절로 2절 말씀대로 "여호와께서 집을 세우지 아니하시면 세우는 자의 수고가 헛되며 여호와께서 성을 지키지 아니하시면 파숫군의 경성함이 허사로다 너희가 일찌기 일어나고 늦게 누우며 수고의 떡을 먹음이 헛되도다 그러므로 여호와께서 그 사랑하시는 자에게는 잠을 주시는도다" 하나님을 중심으로 섬기고 모시는 사람은 하나님이 주인 되어 돌봐주기 때문에 평안하게 잠을 잘 수가 있는 것입니다. 인생이 주님 중심의 삶을 버리면 삶의 집을 세우는 것이 헛됩니다. 하나님 없이 돈이나 지위나 명예나 권세로 행복한 집을 세우겠다고 생각하는 사람은 헛된 망상을 가지고 있는 것입니다.

아무리 인간의 수단과 방법과 노력으로 집을 세워도 하나님이 허시면 어떻게 인간의 힘으로 성공할 수가 있겠습니까? 우리 한국 속담에도 화무십일홍 권불십년이란 말이 있습니다. 이 말은 열흘 넘게 피어있는 꽃이 없고 십 년 넘게 가지는 권세가 없다는 뜻입니다. 하나님 없이 인간 자신의 힘으로 세운 세상의 권세와 부귀와 영화는 헛된 것입니다.

하나님께서는 마음이 하나님을 향한 택한 사람과 하나님을 찾는 사람과 하나님의 말씀에 순종하는 사람과 함께하십니다. 에서와 야곱은 전형적으로 비교가 되는 사람들입니다. 에서는 자신의 재능과 힘만을 의지하는 인간적인 사람이었습니다. 마음을 세상에게 빼앗긴 사람이었습니다. 하나님을 찾지 않는 전형적인 아담이었습니다. 하나님 없이도 살수 있다는 자만심이 풍성한 아담입니다. 하나님은 야곱과 에서가 출생하기 전부터 각기 어떠한 품성을 가지고 성장할 것인가를 아셨습니다. 그는 에서가 당신께 순종하고자 하지 않을 것도 아셨습니다. 하나님께서 리브가의 근심어린 기도에 응답하시고 리브가가 두 아이를 낳을 것과 형이 아우를 섬길 것도 리브가에게 알려 주셨습니다. 또 그녀의 두 아들의 장래 즉, 그들이 두 민족을 이룰 것이며 한 민족이 다른 민족보다 강할 것이며, 형이 아우를 섬길 것이라고 말씀하셨습니다. 장자(長子)는 가족 중 어느 누구도 가질 수 없는 지위와 특권을 가지게 되어 있었습니다.

이삭은 에서가 사냥한 고기로 그를 공양(供養)하기 때문에 야곱보다 에서를 더 사랑하였습니다. 이삭은 에서가 들짐승을 사냥할 때에 나타내는 대담하고 용감한 정신을 좋게 여겼습니다. 야곱은 어머니의 사랑을 받았습니다. 그는 성질이 온순하며 자기 어머니를 더욱 기쁘게 하려고 했습니다. 에서는 외형적인 성향의 사람이요, 야곱은 내형적인 성향의 사람입니다. 야곱은 어머니로부터 하나님께서 그 어머니에게 말씀하신 첫째가 둘째를 섬기리라는 말씀을 전해 듣고, 에서가 장자의 명분을 가지고 있는 한 이 약속은 성취되지 않을 것이라고 결론을 내렸습니다. 야곱은 하나님의 은혜와 축복을 사모했습니다. 어찌 하든지 하나님으로부터 장자의 축복을 자기 것으로 삼아야 하겠다는 의지가 강했습니다. 그는 어찌하면 장자의 축복을 자기 것으로 삼을까 관심을 집중하며 하나님의 지혜를 구했습니다. 때마침 에서가 배고파 피곤하여 들에서 돌아왔을 때, 야곱은 에서의 곤궁함을 이용하여 자기의 이익을 얻으려는 심산에서, 만일 그가 장자의 명분을 포기하면 먹을 것을 주겠노라고 제의하였습니다. 이리하여 에서는 장자의 명분을 야곱에게 팔았습니다.

에서는 우상 숭배하는 두 아내를 맞이했는데 이것은 이삭과 리브가에게 큰 근심거리가 되었습니다. 그럼에도 불구하고 이삭은 에서를 야곱보다 더 사랑하였습니다. 이삭은 자기의 죽음이 가까웠다고 느껴지자 죽기 전에 에서를 축복하기 위하여 그에게 별미를 만들어 오라고 하였습니다. 에서는 자기가 장자의 명분을 야곱에게 팔고 그것을 맹세로 확약했다는 사실을 아버지에게 말하지 않았습니다. 리브가는 이삭의 말을 듣자 "큰 자는 작은 자를 섬기리라" 하신 태중에서의 여호와의 말씀을 기억하였으며 에서가 장자의 명분을 경히 여겨 야곱에게 판 것도 알았습니다. 리브가는 야곱에게 아버지를 속이고라도 몰래 아버지의 축복을 받으라고 권고하였는데 다른 방법으로는 도저히 얻을 수 없다고 생각했기 때문이었습니다. 야곱은 처음에는 이

기만 행위가 내키지 않았지만 마침내 어머니의 계획에 따르게 되었습니다.

리브가는 이삭이 에서를 편애하는 것을 잘 알고 있었으며, 따라서 말로 따져서는 이삭의 생각을 바꿀 수 없다고 판정했습니다. 리브가는 모든 일을 주관하시는 하나님을 믿는 대신에 야곱을 부추겨 아버지를 속이라고 권함으로써 자기 믿음의 결핍을 드러냈습니다. 야곱의 이와 같은 행동을 하나님께서는 인정하지 않으셨습니다. 리브가와 야곱은 하나님께서 미리 말씀해 주신 것을 기만 수단에 의하여 이루려고 하지 말고, 하나님께서 그분의 뜻을 그분의 방법대로 그분이 정하신 시간에 이루시기를 기다려야 했었습니다.

만일 에서가 장자로서의 축복을 그 아버지에게서 받았다 하더라도 그의 번영은 하나님께로 부터만 오는 것이어서 에서의 추구하는 행동에 따라 형통이나 혹은 불행을 주셨을 것입니다. 만일 그가 의인 아벨처럼 하나님을 사랑하고 공경한다면 하나님의 인정을 받아 축복을 받을 것입니다. 그러나 악한 가인과 같이 하나님과 그의 명령을 존중하지 않고 그 자신의 타락의 길을 따른다면 하나님의 축복을 받지 못하고 가인처럼 버림받을 것입니다. 만일 야곱이 일반적으로 받는 장자의 축복과 특권을 누리지 못할지라도 그가 가는 길이 의롭고, 그가 하나님을 사랑하고 경외한다면 하나님의 축복을 받을 것이며 하나님의 번성케 하시는 손이 그와 함께 있어서 그를 형통하게 할 것입니다.

첫째, 에서와 야곱의 다른 점이 무엇일까요? 그들은 하나님을 향한 신앙심에 있어서 크나크게 대조되게 다른 점이 있었습니다. 에서는 하나님께 대해서 전혀 관심이 없었다는 것입니다. 이것이 창세기를 읽어보면 에서의 생애 속에서 충격적으로 느껴지는 것입니다. 에서는 사냥꾼이었습니다. 아침에 일찍 일어나서 전통을 걸어 메고 화살을 잔뜩 넣은 다음에 활을 들고 나가면 하루 종일 산과 들로 뛰어다니면서 창을 던지고 활 쏘고 그렇게 해서 짐승을 잡아옵니다. 그걸 요리해서 자기도 맛있게 먹고, 아버지도 드리니 아버지는 에서의 사냥요리 때문에 에서를 좋아했었습니다만, 에서의 생애를 통해서 볼 때 그가 하나님에 대한 말을 한 번도 한 적이 없고, 에서가 기도했다는 말 한 마디도 없습니다. 에서는 도무지 하나님께 관해서 무관심했습니다. 기도나 신앙생활이라는 것은 그에게는 아무런 관계도 없었습니다.

야곱은 교활하고 꾀가 많은 사람이었으나, 그는 하나님께 대하여 깊은 관심을 가졌습니다. 야곱의 생애는 늘 하나님이라는 말이 그 주위에서 떠나지 않았고, 야곱은 기도생활을 했으며, 야곱은 어머니와 함께 집에 있으면서 어머니를 통해서 많은 하나님에 대한 말씀을 들었습니다. 그때는 라디오도 없고 텔레비전도 없고 신문도 없고 잡지도 없고 소설책도 없기 때문에 듣는 이야기라는 것은 어머니가 이야기 들려주는 조부 아브라함에 대한 이야기, 아버지 이삭이 어떻게 신앙적인 체험을 하셨는가, 이런 이야기를 들을 것 밖에 없었습니다.

그러므로 어릴 때부터 야곱은 그 마음속에 어머니를 통해서 깊은 신앙심을 얻었습니다. 이러므로 하나님께서는 하나님께 대해서 전혀 무관심하고 하나님에 대해서 사랑이 없는 에서는 미워하고 무관심하고 버렸습니다만, 비록 교활하고 성격이 꾀가 많은 약삭빠르며 인격적인 결점이 많아도 하나님은 하나님에 대한 관심을 가지고 하나님을 사랑하고 끊임없이 하나님에 대한 생각으로서 그 삶이 전개되어 가는 야곱을 사랑했습니다. 왜냐하면 하나님의 손위에 얹히면 어떠한 사람의 인격도 변화될 수 있는 권능이 하나님께 있기 때문에 사람의 성격은 문제가 아닙니다. 사람에게 행위도 문제가 아닙니다. 하나님의 손에 얹히면 성격과 행위는 하나님께서 토기장이가 진흙을 변화시키듯이 변화시킬 수 있기 때문입니다.

성경 잠언서 8장 11절에 "나를 사랑하는 자들이 나의 사랑을 입으며 나를 간절히 찾는 자가 나를 만날 것이니라"고 말씀하고 있는 것입니다. 예수님은 요한복음 14장 21절에서 "나의 계명을 지키는 자라야 나를 사랑하는 자니 나를 사랑하는 자는 내 아버지께 사랑을 받을 것이요, 나도 그를 사랑하여 그에게 나를 나타내리라" 우리 하나님께서도 하나님을 사랑하는 자를 사랑하고 하나님을 찾는 자에게 하나님이 나타내십니다. 사랑도 안 하고 찾지도 않는데 하나님이 사랑해 주고 하나님이 내가 여기 있다고 당신이 스스로 걸어오실 리는 만무한 것입니다. 그러므로 우리는 오늘 이 시간에 이 자리에서 배워야 할 것은 우리의 현실적인 윤리나 도덕적이나 우리의 행위가 중요한 것이 아니라, 우리의 마음속에 하나님을 믿고 사랑하느냐 안 하느냐가 이것이 중요한 것입니다. 하나님을 믿지 않고 아무리 윤리나 도덕적으로 완전한 삶을 살아도 하나님은 그 사람을 버리는 것입니다. 그러나 윤리나 도덕적으로 부실한 사람일지라도 하나님을 사랑하고 하나님을 찾으면 하나님은 그 사람을 사랑하고 붙잡아 주셔서 끝까지 따라가서 하나님께서는 윤리와 도덕적으로 온전한 사람으로 변화시켜 버리고 마는 것입니다. 하나님 손에는 변화시키시는 위대한 능력이 있습니다. 가나의 혼인 잔치에 가서 물을 변하여 포도주로 만드신 하나님께서는 오늘날 우리 인생을 변화시키지 못할 리가 만무한 것입니다. 우리가 하나님 품에 안기면 하나님은 우리를 새 사람으로 변화시켜 주시는 것입니다. 이렇기 때문에 하나님께서 야곱을 사랑하고 에서를 미워하는 것은 야곱은 마음중심으로 하나님을 사랑했고, 에서는 마음이 세상으로 향해 있었기 때문입니다.

둘째, 하나님 중심으로 사는 자와 세상 중심으로 사는 자로 대조할 수 있습니다. 아버지 이삭과 어머니 리브가는 두 아들에게 그들의 조부 아브라함의 소명과 하나님께서 주신 약속이며 그 약속이 대를 이어 아버지 이삭이 물림 받았고, 또 이삭의 장남 에서가 하나님의 약속을 대물림 받아야할 장남임을 늘 말해 주었습니다. 그러므로 그들 식구들은 저녁 먹을 때는 반드시 밥상에 둘러앉아서 아버지 이삭과 어머니 리브가가 하나님에 대한 이야기를 하는 것을 계속 들었습니다. 그래서 하나님께서는 아브라함의 하나님, 이삭의 하나님이 되었고 이제는 장남인 에서의 하나님이 마땅히 될 것이고, 그리고 하나님은 그 광대한 가나안 땅을 이스라엘 백성들에게 선물로 주셨다는 이러한 이야기를 할 때 야곱은 눈이 샛별처럼 빛났습니다. 야곱은 그 마음속에 꿈을 꾸었습니다. 야곱은 이미 내일을 바라보았습니다. 이스라엘 백성들이 와서 가나안 땅을 점령하고 거대한 나라를 세울 것을 꿈꾸고, 그는 마음속에 영광이 꽉 들어찼으나 에서는 아버지, 어머니가 그 말을 할 때 한 말도 듣지 않고 그 마음속에는 뛰어가는 노루를 따라간다고 그것만 생각하고 활을 쏘아 돼지를 관통시켜서 돼지가 꿀꿀거리고 곤두박질치는 그런 것만 생각했습니다.

야곱에게는 하늘나라에 대한 거대한 찬란한 꿈이 있었지만 에서는 전혀 하늘나라에 대한 꿈이 없었습니다. 하나님을 향한 꿈은 물론이요, 내일에 대한 꿈이 없어요. 현재 창 던지고 활 쏘고 짐승잡고 먹고 마시는 그 취미 이외에는 에서에게는 아무 것도 없는 것입니다. 그래서 하나님께서는 이렇게 꿈이 없는 에서를 좋아할 턱이 없습니다.

예를 들어 말하면 한번은 에서가 사냥을 하고 배가 고파서 왔는데 야곱이 열심히 팥죽을 끓이고 있었습니다. 야곱은 마음에 꿈이 있었습니다. "야! 아브라함의 하나님, 이삭의 하나님, 에서의 하나님이 되면 안 되겠다. 반드시 야곱의 하나님이 되어 내가 대물림을 받고 내가 하나님이 세우는 하늘나라의 조상의 반열에 들어가야겠다는 그 꿈이 불타 있었습니다. 언제고 내가 에서에게서 장자의 명분을 취해야 되겠다." 계획을 세우고 있었는데 에서가 와서 "야~ 배고프다. 그 팥죽 좀 내놓아라.", "아 형님, 공짜가 어디 있습니까? 형님, 그 장자의 명분을 내게 팔아요. 그러면 내가 팥죽 한 그릇 줄 테니까." 형이 하늘을 쳐다보고 허허허 너털웃음을 지었습니다. "배가 고픈데 뭐 장자의 명분이 무슨 소용 있나? 옜다. 팔았다." 야곱은 얼른 팥죽을 잔뜩 담아서 형에게 주고 형에게 장자의 명분을 받았습니다. 그때 하나님이 보좌에 앉아서 보고 난 다음 "이 바보 멍청이 같은 놈아! 장자의 명분이 어떤 것인 줄 아느냐. 바로 아브라함에게 주신 약속, 이삭에게 주신 약속, 너에게 주실 약속이다. 이것을 야곱에게 팔아먹다니 네가 장차 어떻게 위대한 축복을 빼앗긴지 아느냐? 이렇게 꿈도 없고 망나니 같은 짓을 하는 놈아. 아이고, 이 자식아." 그러나 야곱을 보고는 "이 나쁜 고약한 놈아. 형에게 그렇게 사기를 쳐서 장자의 명분을 빼앗는 법이 어디 있느냐. 그러나 기특하다, 기특해. 하나님의 그 거대한 나라에 대해서 너는 꿈을 가지고 기대를 가지고 좌우간 팥죽 한 그릇을 가지고도 형의 장자의 명분을 사겠다고 한 그 마음의 꿈이 있어 장하다." 그래서 비록 에서는 윤리나 도덕적으로 나쁜 짓을 한 적이 없지만 그 마음속에 하나님의 계획에 대한 꿈이 없었습니다. 그는 내일이나 미래를 바라보는 눈이 없어요. 현재 밖에 못봐요. 그러나 야곱은 내일과 장엄한 미래를 바라보고 있는 눈이 있었습니다. 그래서 하나님께서는 꿈이 없는 에서는 버리고 꿈이 있는 야곱을 비록 그가 사기를 쳤더라도 야곱을 하나님이 사랑하고 선택한 것입니다.

셋째, 하나님을 향한 거룩한 야심이 다릅니다. 야심이란 말을 나쁘게만 종종 쓰기 때문에 억양이 좋지 않지만 그러나 좋은 야심이 없는 사람은 쓸모없는 사람인 것입니다. 종종 우리는 이런 말을 많이 듣습니다. "야 그 사람 법이 없어도 살 사람이다 그 사람 호인 아닌가." 그러나 법이 없어도 살 사람, 호인을 만나 보십시오. 어떠한 사람이냐 자기 밥벌이도 못하는 무능력자인 것입니다. 오늘날 호인이나 법이 없이도 사는 사람이라면 그 사람 야심이 없는 사람이기 때문에 모든 사람에게 좋게 하고 바람 부는 대로 물결치는 대로 떠내려가는 사람인 것입니다. 야곱은 하나님의 축복 속에서 살겠다는 거룩한 야심에 있어서 에서와는 틀립니다. 왜냐하면 에서는 하나님의 축복에 대한 야심이 없어요. 그렇기 때문에 팥죽 한 그릇에 장자의 명분을 팔아먹다니…. 야심이라고는 털끝만치도 없습니다.

장자가 되면 아버지의 축복을 받고 아버지의 재산을 상속으로 받는데 거기에 대한 야심도 없습니다. 그는 전혀 하루하루 쾌락만 위해서 사는 사람인 것입니다. 이렇기 때문에 장자의 명분에 아무런 미련도 두지 않았던 에서는 하나님의 후사가 되는 야심도 없었습니다. 그러나 야곱은 너무 교활하고 사기성조차 있었지만, 그러나 거룩한 야심에 불탔습니다. "나는 어찌하든지 장자가 돼야 되겠다. 아버지에게 장자의 명분을 받아야 되겠다. 하나님 앞에서 장자로서의 복을 받아야 되겠다. 하나님의 은혜로 살아야 되겠다."는 그 야심이 마음속에 이글이글 불탔습니다. 그렇기 때문에 그 야심이 좀 빗나가서 팥죽 한 그릇으로 형에게 장자의 명분을 사고 혹은 형의 옷을 대신 입고 가죽털을 손에 붙이고 목에 붙여서 털이 부슬부슬 나게 해서 눈이 어두운 아버지에게 자기가 에서라고 해서 기어 들어가서 장자의 명분의 축복도 받고 그것 자체는 잘못된 것이지만 그러나 그 마음속에 거룩한 야심이 불타고 있었다는 것입니다.

오늘날 학생들도 그렇습니다. 마음속에 거룩한 야심이 있는 사람은 불철주야 애를 쓰고 공부를 하고 노력합니다. 부모님이 "야 공부해라. 공부해라. 잠만 자지 말고 놀지만 말아라." 그런 말 할 필요가 없어요. 그 마음속에 야심이 있는데 그 야심이 있기 때문에 그는 앞으로, 앞으로 뛰는데 부모가 말릴 필요가 없습니다. 그러나 야심이 없는 사람은 앞에 태산 같은 문제가 다가오는데 밤늦게 놀고 아침에 해가 중천에 뜨도록 잠을 자고 공부는 안 하고 책에 먼지가 쌓이고 그런 자식을 가진 부모는 죽을 지경입니다. 아무리 타일러도 소용이 없어요. 그 마음속에 야심이 없기 때문인 것입니다.

추운데 사는 민족들이 잘 살고 더운데 사는 민족들이 대개 못 삽니다. 북방 경제가 남방 경제보다 발달한 이유는 추운데 사는 사람은 야심이 있습니다. 왜냐하면 겨울에 처자와 더불어서 따뜻한데서 살고 따뜻한 옷 입고 잘 먹고 살아야겠다는 그 마음속에 욕망과 야심이 있기 때문에 열심히 일을 합니다. 그러나 더운데 사는 사람은 365일 늘 덥고 뭐 걱정할 것 없으니까 잠자다가 야자나무에 올라가서 야자 턱 따 가지고 깨서 물 쭉 마시고 바나나 턱 쳐서 바나나 먹고 일할 필요 없습니다. 옷이란 것은 셔츠 하나에 팬티 하나면 365일 그대로 지나가는 것입니다 그러니까 자동적으로 게을러지고 일하지 않기 때문에 낙후되고 마는 것입니다.

하나님께서는 하나님을 향한 야심이 없는 사람을 저 버립니다. 그리고 야심이 있는 사람을 택해서 쓰시는 것입니다. 야곱은 거룩한 야심에 불타는 사람이었기 때문에 하나님이 그를 들어 사용했지만 에서는 야심이 없고 그냥 현실적인 생활에 안주해서 바람 부는 대로 물결치는 대로 살았기 때문에 하나님이 저를 버린 것입니다.

넷째, 야곱은 마음 중심이 하나님을 향해 있었다는 것입니다.
야곱은 하나님의 집이 되어있습니다. 야곱은 항상 하나님을 생각했습니다. 하나님께서 자신의 주인이 되면 다 된다는 믿음이 있었습니다. 그런데 에서의 생활을 보면 에서는 마음이 세상으로 향해있었습니다. 하나님을 알지 못했습니다. 모든 것이 남의 탓이지 자기 탓이 아닙니다. 장자의 명분을 빼앗은 것도 야곱이 교활하게 나의 장자의 명분을 빼앗았으니 야곱 탓이다. 그 다음에 장자의 축복을 받은 것도 야곱이 형을 속이고 형의 옷을 입고 나가서 아버지께 받았으니 야곱 탓이다. 야곱을 죽여 버려야 되겠다. 동생을 죽이려고 하매 할 수 없이 어머니가 외삼촌의 집으로 피난 보낸 것입니다. 동생이 돌아올 때까지 이십 년 동안 에서는 동생 탓으로 내가 이렇게 되었다고 하고서, 그는 동생을 죽이려고 칼을 갈고 동생이 온다는 말을 듣자 사백 명의 군대를 거느리고 동생을 죽이려고 나갔었습니다.

에서는 자기의 처지를 살펴보고 자기의 잘못을 회개하고 깨어지고 하나님 앞에서 떨고 우는 마음이 전혀 없었기 때문에 하나님은 에서 편에 서서 일하지 않으셨습니다. 그러나 야곱은 비록 교활하고 사기성이 있고 잘못된 놈이지만, 그러나 그는 마음이 가난했고 통회하고 자복할 줄 알고 하나님 말씀 앞에 떨고 울 줄 아는 사람이었습니다. 야곱이 얍복 나루터에서 밤새도록 하나님과 씨름을 하고 난 다음 하나님이 그를 치매 허벅지 관절이 어그러지므로 하나님 앞에 크게 회개하고 하나님을 붙잡고서 "나를 축복해 주지 않으면 당신을 놓지 않겠나이다." "너 이름이 뭐냐?", "야곱, 사기꾼입니다.", "이젠 네 이름을 이스라엘이라 하라. 하나님과 씨름해서 이긴 자라고 하라. 하나님과 대면하여 산자라 하라" 그렇게 이름조차 바꾸어 주어서 하나님이 같이 하므로 형이 아무리 동생을 죽이려고 사백 인 군대를 가지고 와도 하나님이 야곱과 같이 행하매 형이 동생을 죽이지 못하고 그 마음이 녹아져 버려서 오히려 동생을 호위하고 가게 된 것입니다. 이와 같이 무엇이든지 남의 탓으로 돌리고 자기가 회개하고 깨어지지 않으면 그 사람은 희망이 없습니다.

하나님께서는 마음이 가난하고 겸손하며 자기가 모든 일에 통회하고 자복할 줄 알고 하나님 말씀 앞에 떨고 말씀대로 살려고 애를 쓰는 이런 사람은 귀하고 아름답게 생각해서 전능한 하나님이 뒤에서 손으로 밀어 주시는 것입니다. 이러한 사람은 내일이 약속되는 것입니다. 사랑을 받고 미움을 받는 것은 다 자기 탓이라는 것을 깨달아야 합니다. 에서가 버림받은 것도 자기 탓이요, 야곱이 사랑 받는 것도 자기 탓인 것입니다.

우리는 항상 하나님께 관심을 가지고 24시간 무엇을 하든지 하나님을 인정하고 하나님께 기도하고 하나님과 함께 사는 그런 마음의 태도를 가져야 될 것이요, 우리는 모든 일에 내일을 바라보고 먼 장래를 바라보는 눈을 가지고 성령의 인도를 받으며 성경을 읽고 장차 다가올 새 하늘과 새 땅과 새 예루살렘을 바라보고 장차 강림하실 예수님을 바라보고 거기에 비추어서 오늘 우리 현실을 살아야 되는 것입니다.

그리고 우리의 모든 삶 자체도 생활도 사업도 현재 당장 일확천금할 것을 생각지 말고 내일을 바라보고 멀리 눈을 바라보고 먼 미래 큰 수확을 얻을 수 있도록 지금부터 천천히, 천천히 단계적으로 일해 나가는 그러한 꿈이 있는 삶을 살아야 될 것이요, 우리는 마음속에 거룩한 야심을 가지고 기도하고 힘쓰고 애쓰고 노력하고 땀을 흘려 항상 발전하겠다는 야심을 저버리면 안 되는 것입니다. 야심이 없으면 하나님도 저버리는 것입니다. 그리고 늘 회개하고 깨어지고 하나님 말씀 앞에 떨면서 하나님 앞에 겸비하게 낮아져서 하나님의 집, 성전으로 살게 될 때 하나님은 우리들을 사랑하시고 우리와 같이 계시고 야곱을 높이 들어 하나님의 위대한 종으로 삼은 것처럼 아브라함의 하나님, 이삭의 하나님, 야곱의 하나님은 자신의 하나님이 될 것입니다.

8장 자신의 마음이 성전 되지 못하여.

(롬10:10)"사람이 마음으로 믿어 의에 이르고 입으로
시인하여 구원에 이르느니라."

크리스천이 하나님의 집과 성전으로 살지 못하는 것은 마음
이 하나님을 떠나있기 때문이라고 생각합니다. 필자는 가끔 이
런 전화를 받습니다. "목사님! 여기 지방인데요. 하루 동안 가서
치유 받으면 되지 않습니까?" 저는 이렇게 대답을 합니다. "하
루 가지고 무엇을 한다는 말입니까? 경비만 들어가니까, 오시
지 마세요. 적어도 3일은 성령으로 치유를 받아야 효과가 있습
니다. 그렇지 않으면 토요일 날 개별집중정밀치유를 예약하여
몇 번 받으세요." 영적인 생활과 상처치유를 이렇게 쉽게 생각
하는 것이 문제입니다. 학교 공부를 생각하시면 쉬울 것입니다.
하루 공부해가지고 무엇을 하겠단 말입니까? 성령으로 장악되
고 지배를 받아야 상처에서 해방된 의인으로 살아갈 수가 있습
니다. 영적인 중요성과 상처에 대하여 바르게 알고 있으면 그렇
게 쉽게 생각하지 않을 것입니다.

첫째, 자신 안에 계신 주님께 집중하라. 하나님께 집중하며
레마를 구하는데 자신의 삶을 만족하기 위해 구한다면 잘못 구
하는 것입니다. 자신을 실현하기를 원하는 욕망에서 구하기 때
문입니다. 하나님의 뜻을 알아 순종하기 위하여 집중하고 구해

야 합니다. 자신은 온 맘을 다해 하나님을 찾습니까? 아니면 고통을 느낄 때야 하나님을 찾습니까? 마음을 다해 자신의 관심을 하나님께로 집중하십시오. 자신 안에 계신 하나님께 집중해야 하나님으로부터 오는 것들을 자신의 것으로 만들 수가 있습니다. 하나님을 닮아갈 수가 있습니다. 하나님은 영이십니다. 살아계십니다. 찾고 집중하는 자에게 나타내시는 분입니다. 찾고 집중하여 하나님께서 자신에게 나타내게 하십시오. "너희 목마른 자들아 물로 나아오라"(사55:1). 목이 마릅니까? 아니면 신앙체험에 만족하여 하나님께로부터 원하는 것이 없는 것처럼 안일합니까? 신앙체험은 시작입니다.

체험으로 만족하지 마십시오. 주님의 형상으로 온전하게 바뀌어야 합니다. 믿음을 신앙의 체험 위에 세우지 않도록 주의하십시오. 그렇지 않으면 차가운 잔소리와 비판의 소리만 하게 될 것입니다. "문을 두드리라 그러면 너희에게 열릴 것이니"(눅11:9). 문을 두드리십시오. 잠겨 있는 문을 두드릴 때 가슴이 두근거릴 것입니다. 더 시끄럽게 두드려 보십시오. 자신이 더럽다는 것을 발견하기 시작합니다. 자신을 바르게 보는 눈이 열릴 것입니다. 그러면 하나님께서 자신을 통하여 나타나시기 시작할 것입니다. 전인격을 하나님의 속성으로 닮아가라는 것입니다. 하나님을 닮아야 합니다. "마음을 성결케 하라"는 말씀이 마음에 다가옵니다. "울지어다."(약4:9).

자신 안에 계신 하나님 앞에서 자신의 내면 상태 때문에 울어본 적이 있습니까? 이런 슬픔은 자신이 어떤 사람인가를 깨닫고 가슴이 찢어지는 고통을 당하는 것입니다. 그러면서 하나님의 형상으로 바뀌는 것입니다. 하나님께 집중하면서 문을 두드리는 것은 자기를 낮추는 일입니다. 십자가에 달린 도둑과 함께 주님의 문을 두드려야 합니다. "두드리는 자에게 열릴 것이니라"(눅11:10).

둘째, 항상 마음으로 주님을 찾아라. 마음 안에 계신 주님께 집중할 뿐만 아니라, 마음으로 항상 주님을 찾아야 합니다. 길을 걸어가면서도 찾고 물어야 합니다. 화장실에서 볼일을 볼 때에도 집중하고 찾아야 합니다. 습관이 되어야 합니다. 기도는 하나님께 집중하는 것이라고 생각합니다.

세상에 나가서 관광을 하더라도 하나님께 감사하고 집중해야 합니다. 하나님! 정말 신묘막측 하십니다. 하나님께 감사하면서 자연을 즐기시기 바랍니다. 그래야 하나님과 관계가 열립니다. 하나님과 관계가 열려있으면 절대로 영육의 무기력이나 눌림이나 탈진으로 고통당하지 않습니다. 하나님께 집중하면서 기도하는 것을 쉬지 마십시오.

셋째, 마음의 상처가 쌓이지 않게 하라. 영육의 무기력이나 탈진은 전적으로 스트레스와 마음의 상처로 발생합니다. 스트레스와 상처는 우리의 모든 부분에 영향을 미치면서 잠재의식 밑에 가라앉아서 계속 우리에게 나쁜 영향을 끼치게 됩니다. 상처를 모르면 영혼의 만족을 누릴 수가 없습니다. 스트레스와 상처가 해결되지 않으면 영육의 무기력이나 눌림이나 탈진에서 해방될 수가 없습니다. 외부의 상처는 쉽게 치유되나 마음에 받은 상처는 쉽게 치유되지 않습니다. 사라지지 않고 깊은 곳에 남아서 계속 나에게 영향을 주며, 나의 삶을 좋지 못한 쪽으로, 파괴적인 쪽으로 이끌어갑니다. 나이가 들어도 사라지는 것이 아니라, 오히려 절제력이 약해짐으로 더욱 강하게 자신의 삶에 역사 합니다. 그래서 노인들이 더 섭섭해 하고 고집을 부리는 것입니다.

잠재의식의 상처는 잠복기간이 지나면 꼬리를 들고 일어납니다. 상처는 상처를 주는 상대방보다, 쉽게 상처를 받는 자신에게 문제가 있는 것입니다. 이 사실을 인정해야 자신을 치유할 수 있습니다. 평안과 행복은 환경이 이를 주거나, 느끼는 것이 아니라, 내가 그렇게 느끼는 것입니다. 주체는 나입니다. 자신의 마음입니다. 자신의 마음이 치유되어 있으면 늘 평안과 행복을 느낄 수 있게 됩니다.

그리고 더 나가서 남에게 상처주지 않도록 주의하고, 또 다른 상처받은 이들을 치유할 수 있게 됩니다. 이것이 복음의 화평케 하는 의미입니다. "우리에게 화목하게 하는 직책을 주셨으니. 화목하게 하는 말씀을 우리에게 부탁하셨느니라(고후18-19)" 우리는 누구나 무한하게 발전할 수 있는 가능성을 가지고 있습니다. 우리의 삶이 모든 면에서 풍성해 지기를 하나님은 원하십니다. 우리는 내적치유를 통하여 풍성한 삶을 누릴 수 있습니다. 예수님을 누려야 합니다. 이것이 우리를 향한 주님의 뜻입니다.

우리가 예수를 믿고 신앙생활을 할 수 있음은 우리의 영혼이 하나님의 은혜로 치유를 받았기 때문입니다. 예수를 영접함으로 병들고 상처받은 우리의 영혼이 하나님과 관계를 회복함으로 치유 받게 된 것입니다. 대부분의 크리스천들은 영적인 분야만의 치유, 즉 구원만을 받고 다음 단계인 마음, 성품, 상한 감정, 육체적 치유에 관해서는 무지하며, 필요성을 느끼지 못합니다. 그리고 육신의 어느 부분이 병들면 고통을 받기에 그 부분의 치유에 대해서만 관심을 가집니다.

구원은 순간적인 사건이나, 성화는 평생을 두고 내면의 치유를 통하여 일어납니다. 예수를 믿고 구주로 영접하는 순간에 우리의 영이 거듭납니다. 순간적입니다. 그러나 그 후의 성화는 평생을 두고 이루어가야 합니다. 마음이 치유를 받아야 성령 충만을 받으며, 상한 마음이 치유 받지 못하기 때문에 신앙인은 되었으나 삶의 본질이 변화 받지 못한 종교인으로 머물게 됩니다.

상처를 받으면 제일 먼저 마음이 감정이 상처를 입습니다. 그리고 감정의 상처는 마음을 굳게 합니다. 유아기의 부드러운 마음이 성장하면서 상처를 받으므로 점점 굳게 됩니다. 점점 강퍅해집니다. 그러면서 자기도 모르게 다른 사람에게 상처를 주면서 삽니다. 이런 상태에서 찾아오신 주님이 믿음으로 우리의 마음속에 들어오시는 것이 구원입니다. 그러나 아직 마음은 굳어진 그대로입니다. 굳어진 상태로는 하나님-자신-이웃과의 관계가 제대로 되지 않습니다. 그리고 이러한 상태를 바꿀 생각이나, 필요성을 느끼지 못하고 있습니다. 그냥 현실을 그대로 받아들이며 세월이 약인 줄 알고 그냥 세월을 보냅니다. 그럴수록 마음속의 상처는 더욱 굳어지고 치유가 어렵게 됩니다.

우리 마음은 눈으로 볼 수 없으며, 만져지지도 않습니다. 그러나 우리의 삶을 총체적으로 지휘하는 마음은 우리의 삶에 있어서 가장 중요한 존재입니다. 특히 신앙생활의 영역에 있어서는 절대적입니다. 하나님은 이렇게 말씀하십니다. "너는 마음을 다하고 성품을 다하고 힘을 다하여 여호와를 사랑하라(신 6:5)" 사랑은 마음에서 우러나와야 진정한 사랑입니다. 하나님은 그러한 사랑을 요구하시는 것입니다. 마음과 성품은 긴밀한 관계가 있습니다. 마음이 굳어지면 성품이 굳을 수밖에 없습니다. 그리고 돌같이 굳어진 마음, 굳어진 성품으로는 하나님이 요구하시는 사랑을 할 수 없습니다. "무릇 지킬만한 것보다 더욱 네 마음을 지키라. 생명의 근원이 이에서 남이니라(잠4:23)" 그러므로 하나님은 '마음을 지키라.' '마음을 새롭게 하라.'(롬 12:2)고 하시는 것입니다. 그런데 마음을 지키지 못함으로 굳어지게 되면 사람들은 위로와 기쁨을 얻기 위해서 밖으로 나갑니다. 그리고 이렇게 밖으로 나간 마음은 다시 상처를 입고 더 굳어지게 됩니다.

마음을 지키지 못하면 스트레스가 쌓입니다. 모든 질병의 원인이 마음에 쌓이게 됩니다. 사고의 원인이 마음에 쌓이게 됩니다. 가정과 육신이 건강과 모든 것에 대한 강건함이 마음에서 시작됩니다. 하나님의 축복도 마음에서 시작됩니다. 마음이 굳어지면 하늘과 막히고, 사람과도 막히고, 자신과도 막힙니다. 그러면서 서서히 죽어갑니다. 자기도 모르게 마귀의 밥이 되어 갑니다.

그래서 하나님은 우리에게 새 마음을 주시기를 원하십니다. 새 마음을 주시려고 우리 속에, 우리 마음속에 임마누엘의 하나님으로 들어 오셨습니다. 우리를 떠나지 않고 영원히 거기에 거하시면서 우리의 마음을 새롭게, 부드럽게 변화시키려고 하십니다. 마음을 부드럽게 함으로 우리 속에서 역사하시는 이 하나님을 느껴야 합니다. 육신은 날로 후패해져가지만 마음은 늘 새로워져야합니다. 육은 내려가고 쇠해지지만, 마음은 늘 새로워지고, 늘 위로 올라가야 합니다.

넷째, 하늘의 사람으로 바뀌려고 하라. 달인의식을 가지라는 것입니다. 하나님께서 원하시는 사역에 집중하라는 것입니다. 최고가 되려고 해야 합니다. 요즈음 성도들이 자신의 육적이나 정신적으로 편안하게 이성적으로 은혜 받으면서 믿음생활을 하려고 합니다. 마음의 상처로 고통을 당하는 분들도 쉽게 편안하게 해결하려고 합니다. 다시 말해서 다른 능력자의 힘을 빌려서 마음의 상처에서 해방을 받으려고 합니다. 자칭 능력이 있다는 분들이 자신이 기도하면 마음의 상처에서 해방된다고 감언이설로 속입니다. 순진한 성도들과 목회자들이 이런 사람의 말에 현혹이 되어서 자신의 상처 뒤에 역사하는 귀신의 저주를 다른 사람의 힘을 빌려서 해결하려고 합니다. 그리고 내적치유의 이론을 많이 알고 내적치유 기도문을 줄줄 외우면 상처에서 해방되는 줄로 착각하고, 주문을 외우는 것과 같이 기도문을 외웁니다. 죄송합니다만 이렇게 기도문을 외운다고 가계에 저주하는 귀신이 물러가지 않습니다. 이렇게 세상에서 삶을 마감하고 죽을 때까지 떠나가라. 떠나가라. 해도 상처에서 해방이 안 됩니다. 인간적인 차원에서는 마음의 상처에서 역사하는 살아있는 존재들이 꿈적하지도 물러가지도 않기 때문입니다. 마음의 상처 뒤에서 문제를 일으키는 존재들은 살아있는 존재이면서 무의식과 잠재의식에 숨어서 역사합니다. 이들은 사람보다 강한 존재들입니다. 기도문을 외운다고 자신보다 강한 존재가 꿈적이나 하겠습니까? 오히려 더 악랄하게 역사할 지도 모릅니다. 보이지 않기 때문에 더 강하게 역사해도 알아낼 도리가 없는 것입니다. 자꾸 보이는 면만 가지고 문제를 해결하려고 합니다.

다른 사람을 이용해서 마음의 상처를 치유 받으려는 것도 마찬가지입니다. 자기 안에서 성령의 권능이 나오지 않기 때문에 설령 떠나갔다고 하더라도 다시 들어옵니다. 자신이 하나님의 나라가 되지 않아 여전하게 땅의 사람이기 때문입니다. 그럼 어찌해야 할까요? 자신이 성령으로 세례를 받고 마음 안에 계신 하나님께서 자신의 영-혼-육을 지배하게 해야 합니다. 자신의 마음 안에 계신 하나님을 주인으로 인정해야 합니다. 관심을 가지고 자신 안에 성령님께서 전인격을 지배 받기 위하여 노력을 해야 합니다. 특별한 사람에게 의지하여 상처에서 해방을 받으

려고 하지 말고 자신이 특별한 사람, 성령의 지배를 받는 사람
이 되려고 해야 합니다.

　예수를 믿은 성도는 모두 특별한 사람들입니다. 자신 안에
하나님이 임재 하여 계시기 때문입니다. 자신의 마음이 하나님
께서 계시는 성전이기 때문입니다. 자신 안에 계신 하나님께
서 혼과 육체를 점령하여 밖으로 나오시기 해야 합니다. 일반
적으로 성도들에게 임재하신 성령님께서 주무시는 경우가 많
습니다. 자신 안에 임재하신 성령님이 주무시기 때문에 종교인
이 되는 것입니다. 자신 안에 계신 성령님께 관심을 가지고 부
르짖고 찾아서 성령님이 잠에서 깨어나시게 해야 합니다. 마
치 예수님이 거라사인의 지방에 군대 귀신들린 자를 구원하시
려고 갈릴리 호수를 지날 때에 제자들이 예수님께 관심을 두지
아니하고 자기들끼리 세상이야기를 할 때 주님이 주무신 것과
같은 이치입니다.

　성경은 이렇게 말하고 있습니다. "그 날 저물 때에 제자들에
게 이르시되 우리가 저편으로 건너가자 하시니, 그들이 무리를
떠나 예수를 배에 계신 그대로 모시고 가매 다른 배들도 함께
하더니, 큰 광풍이 일어나며 물결이 배에 부딪쳐 들어와 배에
가득하게 되었더라. 예수께서는 고물에서 베개를 베고 주무시
더니 제자들이 깨우며 이르되 선생님이여 우리가 죽게 된 것을
돌보지 아니하시나이까 하니, 예수께서 깨어 바람을 꾸짖으시
며 바다더러 이르시되 잠잠 하라! 고요 하라! 하시니 바람이 그
치고 아주 잔잔하여지더라. 이에 제자들에게 이르시되 어찌하

여 이렇게 무서워하느냐 너희가 어찌 믿음이 없느냐 하시니, 그들이 심히 두려워하여 서로 말하되 그가 누구이기에 바람과 바다도 순종하는가 하였더라(막4:35-41)" 성도들도 마찬가지입니다. 예수님이 자신 안에 주인으로 임재 하여 계셔도 찾지 아니하고 관심을 두지 아니하면 자신의 삶에 일진광풍이 일어날 수도 있는 것입니다. 그렇기 때문에 자신 안에 예수님이 주무시지 못하도록 관심을 가지고 찾아야 합니다. 자신 안에 계신 주님과 관계를 열어야 합니다. 자신 안에 계신 예수님을 찾고 찾아야 합니다.

많은 성도들이 영의통로를 열겠다고 능력자에게 안수를 받습니다. 사람을 의지하여 영의통로를 열겠다는 것입니다. 그러나 하나님은 자신과 직접적인 관계를 열기를 소원하십니다. 다른 사람을 이용해서 어느 정도까지는 될 수가 있습니다. 분명하게 다른 사람을 의지해서 하나님께서 원하시는 수준에 도달할 수가 없습니다. 하나님은 직접 관계를 열리기를 원하십니다. 그래서 하나님과 대면할 수 있는 영적인 사람으로 변화되기를 원하십니다. 그렇기 때문에 자신이 생명의 말씀과 성령으로 변화를 받아 성령의 지배와 인도와 동행하는 사람이 되어야 마음의 상처에서 영원히 해방이 될 수가 있습니다. 일부 성도들의 의식이 하루에 10분 기도하고, 쉽게 성령체험 한번하고 영적인 사람이 되려고 합니다. 그러나 하나님은 온전히 지배를 받기를 원하십니다.

필자는 TV에서 나오는 달인을 아주 좋아합니다. 이분들은 자신이 추구하는 분야에 10년 이상을 집중하고 몰입하여 눈을 감고도 할 수 있는 수준에 이른 것입니다. 밤잠을 설 쳐가면서 오로지 한 분야에 집중한 결과 달인이 된 것입니다. 하나님께서도 이렇게 집중하기를 원하십니다. 이렇게 되어야 가계저주에서 해방이 될 수가 있는 것입니다. 그래서 아브라함은 25년, 야곱은 20년, 요셉은 13년, 모세는 40년, 다윗은 13년이 걸린 것입니다. 우리가 생각하는 것과 같이 쉽게 하나님의 사람으로 변화되지 못합니다. 자신의 온몸과 마음과 정신과 영이 하나님 화되려고 관심을 가져야 합니다. 어렵다고 생각하면 어려운 것이고, 쉽다고 생각하면 쉬운 것입니다. 달인을 생각하고 자신이 온전하게 하나님의 형상으로 변화되는 것을 목적으로 마음의 상처에서 해방되려고 하시기를 바랍니다.

성경에 보면 이런 말씀이 있습니다. 하나님께서는 "오직 내 종 갈렙은 그 마음이 그들과 달라서 나를 온전히 좇았은즉 그의 갔던 땅으로 내가 그를 인도하여 들이리니 그 자손이 그 땅을 차지하리라(민14:24)"고 말씀하셨습니다. 하나님은 갈렙의 마음이 멸망했던 다른 사람과 완전히 달랐다고 말씀하신 것입니다. 온전하게 하나님을 쫓았다는 것입니다. 온전하다는 것은 인간적인 것이 전혀 섞이지 않고, 하나님의 수족 같이 하나님을 쫓는 성도는 마음의 상처에서 영원히 해방이 되는 것은 물론이고, 인생살이의 만사가 형통하다는 것입니다. 하나님은 온전하게 변화되기를 원하십니다. 마음의 상처에서 해방만 받으려고 노력하지 말고 자신의 전인격이 하나님의 형상으로 변화되려고 노력하시기를 바랍니다.

다섯째, 자신의 관리에 힘쓰라. 자신은 자신이 관리해야 합니다. 일부 목회자가 자신의 건강을 하나님께서 책임져 주실 것이라고 하면서 관리를 등한히 하다가 영육의 무기력이나 눌림이나 탈진이 찾아오면 하나님을 원망하기도 합니다. 바르게 알아야 할 것은 자신의 몸은 자신이 관리해야 합니다. 우리는 청지기입니다. 몸도 하나님께서 맡겨주셨으니 자신이 관리를 해야 합니다. 사역을 하시는 목회자라면 자신의 영성을 위하여 일주일 중에 하루는 투자해야 합니다.

자신이 자신의 영성을 관리할 수가 없다면 다른 전문적인 목회자가 사역하는 장소에 가서서 영적 충전을 받아야 합니다. 그것이 겸손한 것입니다. 일부 목회자분들이 자신보다 목사안수를 늦게 받은 목회자에게 안수 받는 것을 꺼려합니다. 이는 교만한 것입니다. 후배 목회자가 안수하는 것이 아니라, 예수님이 안수하는 것입니다. 이렇게 열려있어야 자기를 관리할 수가 있다는 것을 알고 순종해야 합니다. 그래야 목회사역을 하면서 영육의 눌림이나 무기력이나 탈진의 고통을 당하지 않습니다.

여섯째, 멘토를 잘 만나라. 사람을 잘 만나는 것입니다. 하나님은 사람을 통하여 역사하십니다. 자신이 추구하는 분야의 일인자를 만나라는 것입니다. 관심을 가지면 만날 수가 있습니다. 목회자의 관심이 중요합니다. 목회자가 종교적이면 성도들도 종교적이 되기 쉽습니다. 종교적이라는 것은 행위와 열심과 말씀을 인간적인 수준에서 해석하는 것입니다. 말씀은 분명하게 성령의 임재가운데 성령으로 해석을 해야 합니다. 그래야 정확합니다. 영적인 믿음 생활은 성령의 인도와 지배를 받으면서 하나님의 자녀로서 동행하는 믿음 생활을 말합니다. 목회자가 성령의 인도를 받으면서 하나님의 자녀로서 살아있는 믿음 생활을 하면 성도들도 성령의 인도를 받으면서 살아있는 크리스천이 되는 것입니다. 필자는 항상 이렇게 생각을 하고 실천하려고 노력을 하고 있습니다. 담임목사는 한 성도를 살릴 수도 있고 죽일 수도 있다는 것입니다. 성도들은 담임목회자의 영성을 넘어설 수가 없다는 것입니다. 담임목사의 성령 충만이 성도들의 성령의 충만의 수준이 동일하게 되는 것입니다.

　필자가 그동안 나름대로 체험한 바로는 담임목사의 영적인 깊이만큼 성도들이 되어 진다는 것입니다. 그래서 일부성도들이 영적인 깊이가 있는 목사가 집회하는 곳에 가서 영을 깨우고 성령 충만을 받으려고 하는 것입니다. 이와 같이 담임목사가 중요합니다. 담임목사가 예수만 믿으면 새사람이니까, 마음의 상처에서 해방되는 것이다. 하면 성도들이 그대로 믿는 것입니다. 마음의 상처는 신앙생활 열심히 하면 해결이 된다고 말하면 상처의 문제에 관심을 두지 않습니다. 관심을 두지 않으니 고통을 당하는 것입니다. 그러면서 이유를 모르는 것입니다.

9장 마음이 하나님의 집이 되지 못하여

(고전 3:9)"우리는 하나님의 동역자들이요 너희는 하
나님의 밭이요 하나님의 집이니라"

하나님의 성전으로 살아가려면 마음이 하나님의 집이 되어
야 합니다. 하나님의 집이 되려면 하나님과 관계가 무엇보다도
중요합니다. 하나님과 관계가 열려야 영-혼-육이 건강할 수가
있습니다. 하나님께서는 하나님과 관계를 여시기 위하여 예수
님을 보내주셨습니다. 그리고 믿는 자들에게 성령이 마음 안에
임재 하도록 하셨습니다. 성령을 통하여 하나님과 관계를 열기
위한 하나님의 깊은 배려입니다.

그만큼 하나님은 자녀들과의 관계를 중요하게 생각을 하십
니다. 하나님과 관계가 열려야 자신 안에 임재하신 성령으로부
터 영력을 공급받음으로 영-혼-육이 건강할 수 있는 것입니다.
그런데 안타까운 것은 일부 그리스도인들이 자신 안에 계신 하
나님과 관계를 열어야 한다는 것을 이해하지 못합니다. 하나님
은 영이시기 때문에 쉽사리 이해하기가 힘이 들기 때문입니다.
그러나 영이신 하나님과 말씀과 성령으로 관계가 열리면 하나
님으로부터 모든 것을 공급받을 수 있습니다.

예를 들어서 설명하면 세상에서 불신자로 살다가 예수를 영
접하는 분들이 정상적인 생활을 하는데 천국가려고 예수를 믿
는 사람이 별로 없습니다. 모두 세상에서 영육의 문제로 고통을

해결하려고 이 방법 저 방법 별 방법을 다 동원했으나 해결하지 못합니다. 그러다가 예수를 믿으면 문제가 해결이 된다는 말을 듣고 예수를 영접하고 교회에 들어옵니다. 교회에 들어와서 문제만을 해결하려고 예배도 참석하고 봉사도 하고, 헌금도 하고, 철야기도도 합니다. 그런데 문제가 해결이 안 됩니다. 불평불만을 토로하거나, 믿음에서 떠나거나, 예수를 믿어도 소용없더라 하면서 원망을 하기도 합니다. 그런데 바르게 알아야 할 것은 이렇게 자신의 문제만 해결하려고 하니 문제가 해결이 안 된다는 것입니다. 육적인 상태로서는 영-혼-육의 건강도 장담할 수가 없는 것입니다. 건강도 자신 안에 계신 하나님으로부터 은혜가 올라와야 가능하기 때문입니다.

하나님은 분명하게 "그런즉 너희는 먼저 그의 나라와 그의 의를 구하라 그리하면 이 모든 것을 너희에게 더하시리라(마 6:33)"말씀하셨습니다. 자신 안에 하나님의 나라가 먼저 이루어지게 하라는 말씀입니다. 그래서 교회에 들어오면 먼저 예배를 드리면서 기도하고 찬양하다가 성령으로 세례를 체험해야 합니다. 성령으로 세례를 받으면 성령께서 자신이 살아오면서 받은 상처를 치유하십니다. 말씀과 성령으로 자아를 부수십니다. 그러면서 자신 안에 계신 하나님과의 관계가 열립니다. 하나님과 관계가 열리니 심령이 점차로 하늘나라가 이루어집니다. 하늘나라가 이루어지면서 혈통에 역사하던 귀신이 떠나갑니다.

귀신이 떠나가니 하나님과 친밀한 관계가 됩니다. 친밀한 관계가 되니 하나님으로부터 은혜가 올라와 영-혼-육이 건강해지는 것입니다. 그리고 기도할 때마다 하나님께서 음성이나 감동이나 꿈이나 환상을 통해서 자신의 문제를 해결하는 지혜를 주십니다. 주신 지혜대로 순종하니 문제가 해결이 됩니다. 마음 안에 계신 성령님의 역사로 귀신이 떠나가기 때문입니다. 그러므로 예수를 믿었으면 성령으로 세례를 받아 하나님과 관계를 먼저 열어야 합니다.

우리가 바르게 알아야 할 것은 예수만 믿으면 모든 문제가 해결이 되고 만사가 형통한 것이 아닙니다. 예수를 믿으면 원죄가 해결이 됩니다. 자범죄와 상처는 자신이 성령의 인도를 받아가며 해결해야 합니다. 예배를 드리며 말씀 듣고 기도하며 찬양하다가 성령으로 세례를 받게 됩니다. 성령으로 세례를 받은 후에 자신이 인생을 살아오면서 지은 자범죄를 해결합니다.

조상들이 지은 죄도 해결합니다. 왜냐하면 죄를 지으면 반드시 죄를 타고 귀신이 들어왔기 때문입니다. 인생을 살아오면서 받은 상처를 치유해야 합니다. 상처 뒤에는 귀신이 역사하면서 하나님의 말씀을 듣지 못하게 하거나 이해하지 못하는 문제를 발생하게 하거나 믿음이 자라지 못하도록 방해합니다. 하나님으로부터 영력을 공급받지 못하게 방해합니다. 이와 같은 방해 요소들을 말씀과 성령으로 몰아내야 하나님으로부터 영력을 공급받아 영-혼-육이 건강해지는 것입니다.

영-혼-육이 건강하게 지내려면 이것을 이해해야 합니다. 아브라함은 25년간 하나님의 인도를 받으면서 하나님께서 원하시는 영적인 사람으로 변했습니다. 그러므로 자신이 성령의 인도를 받으면서 변화되려고 관심을 가져야 합니다. 하나님께서 원하시는 사람으로 변했을 때 하나님으로부터 영력을 공급받을 수가 있는 것입니다. 성령으로 섞인 세상적이고 육적이고 혼적인 것을 정화해야 영-혼-육이 건강해지는 것입니다.

　크리스천들이나 목회자나 할 것 없이 예수를 믿는 순간 죽었습니다. 그리고 다시 예수로 태어났습니다. 예수를 믿고 성령으로 거듭난 성도가 인생을 살아가면서 일어나는 모든 일은 자신의 일이 아닙니다. 죽은 자는 일을 할 수가 없는 것입니다. 다시 사신 예수님의 일입니다. 예수를 믿을 때, 자신은 죽고, 예수로 다시 태어났기 때문입니다. 이제 자기가 세상을 사는 것은 자신 속에 주인으로 임재하신 예수님이 사시는 것입니다. 성도는 자신 앞에 있는 문제를 자신의 능력이나 힘이나 지혜로 해결하려고 하지 말아야 합니다. 크리스천이 영-혼-육의 고통을 당하는 것은 매사를 자신의 힘으로 하다가 상처를 받기 때문입니다. 예수님의 일이므로 예수님께 문의하여 예수님께서 하라는 대로 순종하면 믿음을 보시고 예수님이 하십니다.

　일부 크리스천들이나 목회자들이 자신 앞에 일어나는 일을 자신의 힘으로 하려고 합니다. 하나님의 일을 인간인 자신의 힘으로 하려고 하니 얼마나 힘이 들고 스트레스를 받겠습니까? 자신의 힘으로 인생을 살아가려니 힘이 들고 버거워서 탈진이 찾아오기도 합니다. 탈진에 대하여는 "카리스마 극대화와 탈진 극복" 책을 참고 하시기를 바랍니다. 건강에 문제가 생기기도 합니다. 목회자들도 마찬가지입니다. 목회는 예수님의 일인데 자신의 힘으로 하려고 합니다. 그러다가 힘들어서 목회를 포기하기도 합니다. 예수님을 믿고 성령으로 거듭난 크리스천이나 목회자나 할 것 없이 하나님과 관계를 열어, 성령의 인도를 받으면서 문제를 해결하는 것입니다. 성령님께 질문하여 지혜를 받아 해결하는 것입니다.

푯대를 향하여 가는 길에 부딪치는 모든 일은 예수님의 일이라고 믿는 믿음이 중요합니다. 문제가 나타나거든 하나님께 기도하는 것입니다. 하나님 이 문제를 어떻게 해결해야 합니까? 기도하여 성령께서 감동하시는 대로 순종하면 성령께서 문제를 해결하시는 것입니다. 문제를 만나거든 하나님께 기도하여 알려주신 지혜대로 순종하여 통과하시기를 바랍니다. 그러면 스트레스를 받지 않아 영-혼-육이 건강하게 지내는 것입니다.

우리는 모두 관계 속에 살아가고 있습니다. 관계를 떠나서 존재하는 사람은 한 사람도 없습니다. 관계 속에서 태어나 관계 속에서 살아갑니다. 관계를 떠나서는 삶의 의미나 가치를 찾을 수 없습니다. 가장 아름다운 사랑도 관계를 떠나서는 생각할 수 없습니다. 이 세상은 관계를 맺으려고 애를 씁니다. 좀 더 유익을 얻으려고, 좀 더 덕을 보려고 보다 나은 사람이 있으면 관계를 맺으려고 합니다. 국가적인 차원에서도 마찬가지입니다. 외교라고 하는 것 역시 관계입니다. 관계라는 말은 대단히 중요합니다.

실제로 영향력 있는 사람과 관계를 잘 맺으면 덕을 보는 경우가 있습니다. 동창관계라든지, 친구관계라든지, 선후배관계라든지 이 세상을 살아가는 데는 관계가 중요합니다. 그러나 이보다 더 중요한 관계는 하나님과의 관계입니다. 영-혼-육이 건강하게 지내려는 분들은 무엇보다도 하나님과 관계가 열리는 것이 중요합니다. 하나님과 관계가 열려서 성전이 되면 모든 것이 잘 되는 것입니다.

첫째, 하나님을 주인으로 모시는 삶이다. 하나님은 말씀으로 세상을 만드시고 빛과 어둠, 궁창과 바다 모든 것을 창조하셨습니다. 그 분은 모든 만물의 주인이십니다. 사람을 만드신 하나님은 당신이 주인이라는 것을 우리에게 나타내시고, 우리로 하여금 하나님을 주인으로 삼기를 원하십니다. 그래서 우리는 주인이신 하나님께 무엇이든 여쭤보며 살아가야 하는 것입니다. 묻지 않고 내 마음대로 하는 것이 죄에 죄를 더한다고 성경은 말씀하고 계십니다. 우리가 하나님께서 주인 되심을 인정한다면 우리의 모든 행동은 주님께 묻고 행동해야 한다는 것입니다. 내 심령의 주인은 내가 아닌 하나님이 되셔야 한다는 것을 우리는 알아야 합니다. 주인이신 하나님의 뜻대로 하는 것이 가장 중요하다는 것입니다. 우리가 성경 속의 선지자들과 사도들을 살펴보면 그들은 모두 하나님께서 뜻하시는 대로 행동하였고, 그 뜻대로 하는 자들을 하나님은 크게 쓰시고, 기사와 이적을 행하셨다는 것을 알 수가 있습니다.

주님은 우리의 왕이시고, 우리를 만드신 주인이신데, 우리가 마음대로 살았기 때문에 인류에게 죄와 사망이 들어왔다고 성경을 말씀하십니다. 하나님은 질투의 하나님이십니다. 우리가 그 분의 뜻대로 하지 않았을 때, 하나님은 풍랑도 일으키시는 분이십니다. 요나는 니느웨로 가라 명하심을 받았는데 다시스로 하나님의 낯을 피해 도망을 하다가 풍랑을 만나게 됩니다. 풍랑도 주인이신 주님은 못하시는 것이 없으십니다.

이스라엘 백성들은 가나안 복지를 인도하심을 따라 들어갔어도 하나님 말씀에 청종치 않아 바벨론으로 끌려가는 역사를 우리는 볼 수 있습니다. 하나님께서는 우리에게 좋은 것만 하라고 말씀하지 않으십니다. 아브라함이 이삭을 칼로 잡았을 때 인정하심을 받았듯이 상함도 해함도 받으라 하실 때에 그 명령을 순종하고 시험을 통과하는 자에게 여호와 이레로 준비하시고, 은총을 내려 주시는 것입니다. 영-혼-육이 건강하게 살아가는 축복도 주시는 것입니다. 하나님께서 자신의 주인이 되셨는데 영-혼-육이 건강하지 않을 수가 없는 것입니다. 모든 순간순간마다 하나님의 뜻대로 하는 것이 주인을 인정하는 것이고, 왕으로 인정하는 것입니다. 하나님은 당신을 왕으로 삼는 자의 앞에 나가 싸우시고 그의 팔을 돕는 것입니다.

둘째, 하나님을 영화롭게 하는 삶이다. 하나님은 이렇게 말씀하십니다. "그런즉 너희가 먹든지 마시든지 무엇을 하든지 다 하나님의 영광을 위하여 하라"(고전 10:31). 예수님께서도 "아버지께서 내게 하라고 주신 일을 내가 이루어 아버지를 이 세상에서 영화롭게 하였사오니."(요17:4). 라고 했습니다. 우리 믿는 자들의 삶은 하나님의 영광을 위해서 사는 것입니다.

영광이란 말은 히브리 원문 카보드(dwObK(kabod), 헬라 원문은 '독산 또는 독사조($\delta o \xi \alpha \nu$, $\delta o \xi \alpha \zeta \omega$)'란 말로 나타냅니다. "기쁘게 하다. 광채 나게 하다. 위엄 있게 하다. 명성을 높이다. 찬양하게 하다." 등의 뜻을 가지고 있습니다.

믿는 자는 하나님 나라 백성으로 하나님의 아들로서 하나님을 영화롭게 하는 것이 믿는 자들의 삶의 목적입니다. 아들로서는 자연히 아버지를 영화롭게 해야 합니다. 백성으로서는 당연히 임금을 영화롭게 하여야 합니다. 이것이 절대적인 진리입니다. 이유는 영-혼-육의 축복을 누리는 은혜를 입고 살기 때문입니다. 영화롭게 한다는 말은? 보이지 않는 하나님을 자신으로 하여금 나타내는 생활을 말하는데 하나님의 높으신 이름이 드러나게 하는 것이며, 자신으로 하여금 하나님의 이름이 빛나게 하는 것이며, 자신의 생활로 하여금 하나님이 찬양을 받으실 분임을 알게 하는 것이며, 그리고 자신의 생활이 하나님이 기뻐하시는 생활을 하는 것입니다.

자신으로 하여금 하나님의 이름이 높아지게 하는 것이며, 귀하게 여겨지는 것이며, 사람들의 마음이 하나님의 참된 사랑과 은혜의 하나님으로 향하도록 하는 생활을 하는 것이며, 나로 하여금 하나님의 진실하심과 거룩하심과 선하심이 나타나는 것을 말합니다. 하늘의 천사들이 하나님의 영광을 드러내었고 동방의 박사들이 하나님의 영광을 드러내었습니다. "지극히 높은 곳에서는 하나님께 영광이요 땅에서는 하나님이 기뻐하신 사람들 중에 평화로다 하니라(눅 2:14)" "집에 들어가 아기와 그의 어머니 마리아가 함께 있는 것을 보고 엎드려 아기께 경배하고 보배 합을 열어 황금과 유향과 몰약을 예물로 드리니라(마 2:11)" 우리가 영-혼-육의 건강을 누리며 살아가려면 하나님의 영광을 드러내는 삶을 살아야 합니다. 한번 생각해보시기를 바랍니다. 자신이 하나님의 영광을 드러내는 삶을 사는데 영-혼-육에 문제가 생길 이유가 없는 것입니다.

셋째, 하나님과 동행하는 삶이다. 하나님과 관계가 열려서 영-혼-육이 건강한 삶을 살아가려면 하나님과 동행하는 삶을 살아야 합니다. 동행 한다는 말은 히브리 원문으로 '하라크'이며, 헬라 원문으로 '오이 페리'라고 합니다. 또는 '수네코데모스'로서 '함께 여행하다.'라는 뜻과, '동료, 여행자'란 뜻도 됩니다. '수네시다'란 표현으로, '함께 여행하다, 동반하다, 얽히다, 함께 살다,' 란 뜻입니다. 에녹과 같은 삶을 살아야 합니다. 창세기 5장 24절에서 "에녹이 하나님과 동행하더니 하나님이 그를 데려가시므로 세상에 있지 아니하였더라." 에녹은 도덕적 능력이 매우 약한 부패한 세대에 살았습니다. 그의 주위는 더러움이 만연하였으나 그는 하나님과 더불어 동행하였습니다.

에녹은 마음을 하나님께 바치도록 교육받았기 때문에 순결하고 거룩한 사물들을 생각하였습니다. 그러므로 에녹은 거룩하고 신령한 사물에 관하여 이야기하였습니다. 에녹은 하나님의 동료가 되었습니다. 에녹은 하나님과 동행하였으며 그의 권면을 받았습니다. 에녹은 우리와 마찬가지로 우리가 만나는 동일한 시험들과 더불어 싸우지 않으면 안 되었습니다.

에녹을 둘러쌌던 사회는 현재 우리를 둘러싸고 있는 사회보다 더 의롭지 못하였습니다. 에녹이 숨을 쉬는 분위기는 우리의 분위기와 마찬가지로 죄와 부패로 더럽혀져 있었습니다. 그러나 에녹은 그가 살았던 세대의 만연된 죄로 인하여 더럽혀지지 않았습니다. 그러므로 우리도 충실한 에녹이 행한 것처럼, 순결하고 부패되지 않은 채 남아 있을 수 있습니다.

하나님과 동해하려면 하나님을 알길 열망해야 합니다. 하나님의 길을 따라가야 합니다. 성령의 인도를 받으라는 말입니다. 그래서 늘 성경을 가까이 하고 성경을 볼 때에도 하나님의 관점에서 하나님이 무엇을 말씀하시고자 하는 지에 초점을 두어야 합니다. 하나님의 뜻대로 행하는 것이 의무가 아니라, 하나님과 교통하는 것이 즐거움이 되어야 하나님과 동행합니다. 주님과 동행하니 그 어디나 하늘나라가 됩니다. 자연스럽게 영-혼-육이 건강하게 되는 것입니다.

넷째, 순종하는 삶이다. 하나님과 관계가 열려서 영-혼-육이 건강한 삶을 살아가려면 순종하는 삶을 살아야 합니다. 사실 '하나님의 선택을 받았다'는 사실보다 '하나님께 순종한다'는 사실이 더 큰 축복을 불러옵니다. 하나님의 선택이란 사명을 맡기는 선택이지 물질과 지위를 주는 선택이 아닙니다. 그 하나님의 선택을 잘못 이해하면 이스라엘 백성들처럼 선택받은 것 때문에 더 고난을 당합니다. 축복은 '선택된 사람'보다는 '순종하는 사람'에게 주어집니다. 하나님은 선택받고 불순종하는 사람보다 선택과 상관없이 순종하는 사람을 더 기뻐하십니다. 하나님은 어린 시절 부모에게 순종 잘하는 사람을 찾고 계십니다.

10장 영혼 건강검진을 소홀하게 생각해서

(요삼 1:2)"사랑하는 자여 네 영혼이 잘됨 같이 네가
범사에 잘되고 강건하기를 내가 간구하노라"

하나님은 예수를 믿고 성령으로 거듭난 크리스천들이 영육
으로 건강한 삶을 살아가기를 소원하십니다. 영육이 건강하게
하려고 하나님의 성전으로 살아가는 것입니다. 건강하게 살기
위해서 주기적으로 건강진단을 받아야 하는 것처럼, 건강한 영
적 삶을 살기 위해서는 주기적으로 영적 진단을 받을 필요가 있
습니다. 필자는 주기적인 영적진단을 아주 많이 강조합니다. 예
방신앙이 되어야 하기 때문입니다. 몸속의 독소가 쌓이지 않게
하기 위해서입니다. 성령의 역사가 강한 장소에 가서 자신의 영
적인 상태를 주기적으로 진단하는 것입니다.

암은 조기에 진단하면 100% 치유가 되지만, 검진을 하지 않
으면 말기가 될 때까지 우리 몸은 암을 느끼지 못합니다. 그래
서 의사들이 하는 말이 암을 발견하는 것은 주기적인 검진 밖에
없습니다. 라고 합니다. 영적인 병도 이렇습니다. 병의 바이러
스인 마귀나 귀신이 들어왔는데도 우리의 몸이 느끼지 못하는
경우가 많습니다. 영은 신호를 보내는데도 무지해서 그 신호를
놓치는 경우가 많습니다. 그러므로 주기적으로 자신의 영적인
상태를 점검할 필요가 있습니다. 주기적인 영적 상태 점검은 무

엇보다 중요합니다. 세대에 역사하는 영적인 존재들은 태중에서 들어옵니다. 이것들이 평소에는 잠복하여 있다가 스트레스를 받고 몸속에 독소가 쌓여서 취약한 시기가 되면 고개를 들고 일어나 문제를 일으키는 것입니다. 이를 예방하기 위하여 주기적인 영적 검진이 필요한 것입니다.

저는 평소에 이렇게 말합니다. 예수를 믿고 교회에 들어오면 먼저 성령으로 세례를 받아야 합니다. 성령으로 세례를 받은 다음에 말씀과 성령으로 내면의 상처를 치유하는 것입니다. 상처를 치유 받으면서 병행하여 자아를 십자가에 매다는 것입니다. 몸속의 독소를 녹여서 배출하는 것입니다. 성령의 역사가 자신 안에서 일어나면 성령께서 몸속의 독소를 배출하십니다. 어려울 것이 없습니다. 문제는 자신이 다니는 교회에 성령의 역사가 일어나느냐 일어나지 않느냐가 문제입니다. 성령의 역사가 일어나면 성령께서 몸속의 독소를 배출하십니다. 성령님은 우리 개인의 심령의사로 오셔서 주인으로 계시기 때문입니다. 자신의 마음 안에서 성령의 역사만 일어나면 몸속의 독소는 녹아지고 배출이 됩니다. 성령께서 성도들의 몸속에 독소가 쌓이는 것을 불허하기 때문입니다.

교회에 나와서 예배드리면서 자신의 영적 상태를 진단받는 것입니다. 자신이 마음만 열면 성령께서 하십니다. 물로 처음 성령을 체험하는 분은 거북스러울 수가 있습니다. 초자연적인 성령님이 자신을 지배하고 장악할 때 일시적으로 일어나는 현상입니다. 이는 누구나 필연적으로 체험하는 것입니다. 자신이 영이시고 권능이신 하나님께서 지배하고 다스리게 됨으로 일어나는 현상입니다. 이런 살아계신 초자연적인 성령의 역사가 일어나야 몸속의 독소가 녹아지고 배출되는 것입니다.

교회에 나와서 졸기나 하고 예배드리지 않으면 문제가 생길지도 모르기 때문에 의무로 생각하고 예배에 참석하면 안 됩니다. 교회에 나와서 예배를 드리는 것은 담임목회자에게 얼굴 도장 찍기 위해서 교회에 나오면 안 됩니다. 이런 의식을 가지고 있으면 예배시간에 졸음이 오고 졸다가 예배 끝내는 것입니다. 예배는 자신을 살리는 것입니다. 자신을 위하여 드리는 것입니다. 예배를 통하여 모든 것이 이루어집니다. 마음을 열고 영과 진리로 예배를 드리면서 잠자는 영혼을 깨우기도 합니다. 설교 말씀을 들으면서 영이 자립니다. 기도하면서 몸속의 독소를 녹이기도 하고 배출하기도 합니다. 기도하면서 영적진단을 받는 것입니다. 예배는 참으로 중요한 시간입니다.

그래서 교회는 참으로 중요한 곳입니다. 교회를 잘 찾아가야 합니다. 교회마다 성령의 나타남이 각각 다르기 때문입니다. 이유는 무엇입니까? 그것은 한마디로 교회의 담임목회자가 추구하는 방향에 따라 성령의 역사가 다르게 나타나는 것입니다. 많은 성도들이 성령의 다양한 은사들을 사모함에도 불구하고 자신의 교회 안에서는 잘 일어나지 않는데, 기도원이나 치유센터나 부흥회와 같은 특별한 성격의 집회에서 잘 일어나는 까닭이 무엇인지 궁금해 하는 분들이 많을 것입니다. 그토록 사모했고 기도도 많이 했는데 혼자 할 때나 교회 안의 집회에서는 전혀 받을 수 없던 은사가 특별한 모임에서는 흔히 나타나는 것을 누구나 알고 있을 것입니다.

그래서 은사를 사모하는 사람들은 그런 집회를 찾아가게 되는 것입니다. 오랜 신앙생활을 했음에도 불구하고 방언조차 하지 못하던 목회자들이 특별한 집회에 참석했다가 뜻하지 않게 방언을 받는 경우가 흔히 있습니다. 우리가 알아야 할 것은 혼자 기도하여 방언의 은사조차 받기가 쉽지 않습니다. 어쨌든 교회 안에서 열리는 모임에서는 그토록 사모하건만 잘 되지 않던 영적 경험이 영성집회에서는 쉽게 경험할 수 있는데, 은혜를 경험하고 다시 교회로 돌아오면 얼마 가지 못해서 다시 냉랭해지는 것입니다. 일종의 영적 '요요현상'인 것입니다. 이는 자기 교회에서는 영성집회와 같은 성령의 역사가 일어나지 않기 때문에 나타나는 현상입니다. 사람은 육이 있기 때문에 항상 성령으로 충만한 곳에서 말씀을 듣고 기도하지 않으면 육으로 돌아가기가 쉬운 것입니다. 목회자들도 자신의 교회 안에서 뜨거운 성령의 역사가 일어나기를 간절히 사모함에도 불구하고 좀처럼 역사가 일어나지 않기 때문에 갈등이 심합니다.

이런 영적 경험이 교회 안에서 나타나지 않는 이유는 개 교회마다 다를 수 있겠으나 원칙적으로 성령의 역사를 사모하느냐 아니냐에 따라서 성령께서 역사하시고 나타나는 것입니다. 현대교회는 보수성이 강한 편이고 다양한 영적 현상들을 적절히 다룰 수 있는 수준에 이르지 못한 것이 가장 큰 이유입니다. 그렇기에 성령께서 사모하지 않고 관심을 두지 않는 보수적인 교회 안에서 강력하게 역사할 수 없는 것입니다. 성령님은 인격이시기 때문에 관심을 가지고 사모하고 받아들일 때 역사하십니다. 앞에서도 말씀드렸지만 목회자의 영성과 추구하는 목회방향에 따라 성령의 역사가 다른 것입니다. 목회자가 성령의 역사를 사모하고 관심을 가지고 목회하면 나타나지 않을 수가 없는 것입니다. 성령은 성령의 사람을 통하여 나타나기 때문입니다.

목회자로부터 성도에 이르기까지 신령한 은사에 관한 이해가 부족한 현실에서 교회 안에서 성령의 역사가 광범위하게 일어나게 되면 고린도교회와 같은 오류를 범할 수 있습니다. 교회 안에는 성숙한 성도와 미숙한 성도가 섞여 있을 뿐만 아니라 다양한 형태의 믿음을 소유한 사람들이 모여 있습니다. 목회자가 성도들의 수준을 어느 정도 높여서 그 차이를 좁혀놓아야 할 뿐만 아니라 성향도 일정한 형태로 변화시켜주어야 합니다. 그런데 목회자가 성령의 역사와 은사에 대하여 박식하지 못해서 성령의 깊은 것까지 이해하지 못한 연고입니다. 그래서 목회자가 성령과 은사에 대하여 알고 체험하고 이해하는 수준에서 성령의 역사가 일어나는 것입니다.

목회자가 큰 은사가 있는 경우에 그 교회에 모이는 성도들은 그와 같은 은사를 사모하는 사람들이 대부분입니다. 우리 충만한 교회의 경우가 그러한데, 성령의 세례와 내적치유, 영육건강 검진하는 일, 몸속의 독소를 배출하는 일, 성령의 은사를 비롯해서 그 밖의 은사를 사모하는 사람들이 모입니다. 경건하고 거룩한 예배를 지향하는 사람들은 우리 충만한 교회에 오지 않습니다. 일정한 성향을 지닌 사람들이 모이는 교회에서는 성령은 역사할 수 있는 바탕이 마련되기 때문에 강하게 역사가 일어나는 것입니다. 우리 충만한 교회의 경우 주일 예배에도 성령의 강한 역사가 일어납니다. 충만한 교회에 오시는 분들이 성령의 역사를 사모하고 예배에 참석하기 때문입니다. 예배에 참석한 모든 사람들이 성령을 체험하고 영육을 치유하며, 귀신을 떠나보내고 몸속의 독소가 배출됩니다. 자신의 영육의 상태를 검진받습니다. 정말 대단한 성령의 역사가 일어납니다.

성령의 은혜를 경험하게 되면 자신도 모르게 고린도 교인들과 같은 생각을 하게 됩니다. 대체로 감성적인 사람은 지성이 딸리는 법이기에 제 멋대로 생각하고 판단하는 경향이 강합니다. 즉 은혜를 받는 사람은 하나님이 더 사랑하고, 그렇지 못한 사람은 바리세인들처럼 형식적인 신앙생활을 하거나 아니면 죄가 있을 것이라는 생각을 하게 됩니다. 따라서 교회가 은혜 받은 사람들과 받지 못한 사람들로 나뉠 가능성이 많습니다. 이것은 바람직하지 못할 뿐만 아니라 위험하기까지 합니다. 이러한 현상을 담임 목회자가 하나로 만들어야 합니다. 하나를 만드는 제일 좋은 수단이 말씀과 성령의 역사입니다. 목회자가 성령의 강력한 역사가 모든 성도들을 장악하여 뜨겁게 기도하게 해야 합니다.

그 다음 이유는 교회 안의 영적 분위기에 기인합니다. 성령의 역사는 다양한 영적 주체들의 작용에 의해서 일어납니다. 즉 수많은 천사들이 주의 명령에 따라서 역사를 수행하게 되는데, 기도원이나 치유센터와 같은 장소는 그곳에 이미 성령으로부터 보내심을 받은 일정한 기능을 담당하는 천사들이 있습니다. 이들은 기도원이나 치유센터의 전임 사역자에게 부여된 직임과 연관되어 있기 때문에 보다 더 강력하게 역사하게 됩니다.

목회자들의 수준을 높여야 교회마다 강력한 성령의 역사가 일어날 것입니다. 성도들 역시 성령의 역사와 지배와 장악과 인도를 사모해야 합니다. 성령의 역사하심은 이미 설명한 것이지만 영적 분위기가 무척 중요합니다. 성령은 모성성이기 때문에 분위기를 무척 타는 분입니다. 즉 여성은 분위기를 좋아하는 것처럼, 성령의 역사는 반드시 영적 분위기가 되어야 합니다. 그런데 개인이나 교회는 남성적인 사고구조로 오랫동안 내려왔기 때문에 분위기에 어색합니다. 무뚝뚝한 남자들처럼 삭막한 것이 우리 교회 현실이 아닙니까? 분위기를 잘 타는 여성들에게 숨이 막힐 지경입니다. 그러니 성령 또한 숨이 막히는 것입니다. 그러니까 영적인 것을 아는 성도들은 이곳저곳을 돌아다니면서 부족한 영성을 채우려고 하는 것입니다.

청춘 남녀가 사랑을 고백하기 위해서는 분위가 좋은 장소로

가야 합니다. 그리고 그윽한 조명 아래에서 사랑을 고백한다면 성공할 것입니다. 그런데 이런 분위기를 모르고 시장 한 복판 분식점에서 고백한다면 뺨을 맞을 것입니다. 성경의 아가서가 무엇을 의미하는 줄 아시지 않습니까? 하나님과 사랑의 고백이 아닙니까? 우리는 그런 그윽한 분위기를 좋아하시는 성령님의 취향을 이해해야 합니다. 교회는 그윽한 분위기를 잡기에는 다소 모자라는 곳입니다. 그렇기 때문에 분위기를 바꿀 필요가 있습니다.

목회자부터 고답적이고 권위적인 분위기에서 벗어나야 합니다. 목회자가 성령으로 변화되어야 합니다. 그래야 교회 전체에 흐르는 영적 분위기가 바뀌게 됩니다. 목회자가 변하지 않으면 절대로 교회가 성령으로 충만 할 수가 없습니다. 교회는 목회자의 영적 성향으로 인해서 성도들이 자신도 모르게 솔타이(영의 얽힘)가 되어 있습니다. 이것이 성령의 역사를 가로막는 중요한 장애가 되기도 합니다.

자신이 다니는 교회 안에서는 부흥회 때 단회적으로 밖에 일어날 수 없는 성령의 역사가 교회 밖, 치유센터나 기도원 등 다른 곳에서는 흔히 일어나는 것을 조금 이해가 되었을 것입니다. 성령의 역사하심이 얼마나 신앙생활에 중요한 것인지는 말하지 않아도 잘 알 것입니다. 결혼한 사람은 정서적으로 안정을 갖는 까닭은 사랑하는 사람이 있기 때문입니다. 그 가족의 사랑이 힘들고 어려운 세상을 이기게 하고 인간다운 삶을 살게 해줍니다.

그러나 가족을 이루지 못한 사람은 자신들은 잘 몰라도 어딘가 부족함을 주변 사람들은 느낍니다. 주님의 사랑은 성령을 통해서 경험하게 됩니다. 그 사랑이 날마다 확인되고 넘쳐 난다면 영적 삶은 분명히 다르게 될 것입니다. 영적 경험은 혼자 하기란 쉽지 않습니다. 그래서 경건한 사람들이 여럿이 모여서 기도회를 한다면 보다 쉽게 경험하게 될 것입니다.

성령의 역사는 장작불의 원리입니다. 성령으로 충만한 성도들이 모인 장소에 성령의 역사가 강하게 나타나는 것입니다. 성령은 자신 안에 계십니다. 그리고 우리 안에 계십니다. 성령의 임재 하에 전하는 말씀 안에 성령님이 계십니다. 그러므로 성령으로 충만한 사람들이 모인 장소에 성령이 강하게 역사하는 것입니다. 일반 교회에서 영적현상이 나타나는 것이 미약한 것은 성령의 역사를 거부하는 사람들이 있기 때문에 영적 현상이 약하게 일어나는 것입니다. 이는 마가복음 6장 4-5절을 보면 알 수가 있습니다. "예수께서 그들에게 이르시되 선지자가 자기 고향과 자기 친척과 자기 집 외에서는 존경을 받지 못함이 없느니라 하시며, 거기서는 아무 권능도 행하실 수 없어 다만 소수의 병자에게 안수하여 고치실뿐이었고" 알고 대비하시어 항상 성령의 영적현상이 일어나는 교회가 되도록 하기를 바랍니다. 이를 위하여 담임 목회자부터 성령의 역사의 중요성을 깨닫고 성령의 지배와 장악이 되고 성령의 인도를 받는 사람으로 변해야 할 것입니다. 목회자가 변하지 않고는 절대로 교회에서 성령의 역사가 일어날 수가 없습니다. 그래서 담임 목회자의 추구하는 목회 방향과 영성이 중요한 것입니다. 성령의 역사를 예배마다 체험하고 싶은 분은 우리 교회에 성령의 역사가 일어나지 않는 다고 불평하지 말고, 그런 성향의 교회를 선택하여 믿음 생활을 하면 쉽게 해결이 될 것입니다.

교회에 나와서 예배를 드리면서 성령의 역사로 몸속에 쌓인 독소를 녹이고 배출하며 혈통에 대물림되는 악한 영을 축귀하는 것입니다. 그리하여 영적체질을 만드는 것입니다. 이는 어려서부터 적용해야 되는 것입니다. 세대에 역사하는 악한 영을 성령의 역사로 들어내어 미리 축귀하는 것입니다. 그래서 저는 우리 충만한 교회에 다니고 있는 성도들의 자녀를 매주 안수를 해서 영적으로 맑은 상태를 유지하게 합니다. 이렇게 주기적으로 안수를 받으니 영적으로 깨끗해지는 것은 물론이고 육적으로도 건강하게 지냅니다.

기존 성도들은 주일날 영적점검을 받는 것입니다. 성령의 역사가 강하게 나타나니 세대에 대물림 되던 악한 영이 더 이상 숨어있지 못하고 정체를 폭로하는 것입니다. 폭로되어 떠나가게 하고 매 주일 성령의 역사를 체험하며 영적 상태를 유지하는 것입니다. 자신의 영육의 상태를 환하게 보면서 깨달을 수가 있습니다. 저는 항상 이렇게 말합니다. 성도들은 주일날이 아주 중요하다고 말입니다. 요즈음 세상 살아가는 것이 힘이 들어 주일 하루 밖에 교회를 나오지 못하는 분들이 많습니다. 이 중요한 주일을 성령으로 충만하게 예배를 드려서 영성을 유지하는 것입니다. 이렇게 신앙생활을 하지 못하니 세대에 역사하던 악한 영들이 예수를 믿어도 꼼짝하지 않고 숨어 있다가 영육으로 취약한 시기에 고개를 들고 나와 문제를 일으키는 것입니다. 제가 지금까지 성령치유 사역을 하면서 체험한 바로는 세대에 역사하던 악한 영이 장로가 된 다음에도 영육으로 이해 못하는 고통을 가하는 것입니다.

우리 충만한 교회 성령치유 집회와 주일 예배에 참석하여 성령의 강한 역사를 체험하고 자신 안에 도사리고 있던 중풍의 영들이 정체를 폭로하여 떠나보낸 분들이 부지기수입니다. 또 무속의 영들이 숨어 있다가 정체를 폭로하여 떠나보낸 성도 목회자가 많습니다. 이는 현재 진행형입니다. 지금도 역사가 일어난다는 것입니다. 오늘도 일어날 것입니다. 이렇게 사전에 성령의 역사로 정체를 폭로하여 떠나보내지 않고 취약한 시기에 드러나서 고통을 당하다가 찾아오는 분들 또한 부지기수입니다.

고통을 당하다가 이렇게 해도 안 되고, 저렇게 해도 안 되니, 할 수 없이 저희 교회 같은 곳에 치유를 받는 것입니다. 그런데 때는 이미 늦은 것입니다. 이미 정체를 드러냈기 때문에 치유하려면 시간이 많이 걸리는 것입니다. 세대에 역사하는 악한 영은 태중에서 침입을 합니다. 침입하여 정체를 드러내는 시기는 두 가지가 있습니다. 첫째로 성령의 역사에 의하여 정체를 드러냅니다. 이것이 제일로 좋은 현상입니다. 두 번째는 여러 가지 상황이 좋지 못하여 스트레스를 당하여 영육으로 취약한 시기에 드러내는 것입니다. 이 상황이 제일로 나쁜 것입니다. 이런 취약한 시기에 드러나는 것을 방지하기 위하여 주기적인 영적 점검을 하여 악한 영들을 드러내는 것입니다. 그래서 성도는 교회를 잘 정해야 합니다. 그리고 주일을 효과적으로 보내면서 주기적인 영적 점감을 받아야 합니다. 많은 성도들이 이렇게 주기적인 영적 점검을 받지 않음으로 인하여 불필요한 고통을 당하고 있습니다.

어떤 분은 목사가 된 다음에 악한 영들이 드러나 고생을 합니다. 어떤 분은 안수 집사가 된 다음에 악한 영이 드러나 말로 표현 못하는 고통을 당하기도 합니다. 저는 하나님의 은혜로 성령 치유 사역을 하고 있습니다. 사역을 하다가 보면 영적으로 무지하여 예수를 잘 믿으면서 불필요한 고통을 당하면서 사는 분들을 볼 때 참으로 안타깝기 짝이 없습니다.

참으로 안타까운 일입니다. 필자는 참으로 안타까운 전화를 많이 받습니다. 목사님! 저희 어머니는 젊었을 때 노방전도도 열심히 하셨고, 교회에서 기도도 봉사도 열심히 하셨습니다. 그런데 갱년기에 들어서니 점점 영적인 상태가 좋지 못하시다가 지금 치매가 와서 요양원에 계십니다. 목사님! 저의 어머니를 치유할 수 있을 까요? 다른 사정은 우리 딸이 어려서부터 믿음이 좋아서 교회를 그렇게 잘 다녔습니다. 그런데 고등학교에 들어가더니 시름시름 아프다가 지금 영적이고 정신적인 문제가 발생하여 학교를 다니지 못합니다. 어찌해야 하겠습니까? 모두가 정기적인 영적검진을 받지 않아생긴 일입니다. 영적검진을 받았으면 사전에 예방이 가능한 질병입니다. 예방신앙이 정말로 중요합니다.

기독교 신앙은 예방 신앙입니다. 주기적인 영적검진이 필요한 것입니다. 다시 한 번 강조합니다. 우상 숭배가 혈통에 대물림되는 성도는 반드시 들어납니다. 어떤 사람은 15세(중2병),17세(고1병)에 발생합니다. 어떤 사람은 20세에 발생합니다. 어떤 분은 26세에 발생하기도 합니다. 어떤 분은 34세에 발생할 수도 있습니다. 어떤 분은 43세에 발생할 수도 있습니다. 드러나는 시기는 스트레스를 받고, 충격을 받다가 독소로 변하여 혼이 감당하지 못할 때 정체를 드러냅니다. 거의 태중에서 들어온 존재들이 영혼육의 상태가 정상일 때는 숨어있다고 상황이 악화되면 정체를 폭로하는 것입니다. 대략 이런 증상이 발생하는 사람의 유형을 보니 집안에 우상의 숭배가 심한 집안의 내력이 있는 가문에서 발생을 합니다. 그리고 태중에서나 유아시절에 상처를 많이 발생한 분들이 많이 발생이 됩니다. 대개 심장이 약하여 잘 발생합니다. 그러므로 제가 강조하는 것과 같이 불같은 성령을 체험하고 내적치유를 미리 받아야 합니다. 그러면 성령의 임재로 사전에 상처가 드러나서 치유가 됩니다. 정기적인 영적 진단이 아주 중요합니다.

그리고 병이 들었을 때 주변에서 안다고 해서 그 사람이 고

치지 못하듯이 영적 질환도 같은 이치입니다. 병이 들면 전문의의 도움이 필요하듯이 영적 질병 역시 전문 사역자의 도움이 필요한 것입니다. 목회자는 부분적으로 고칠 수는 있습니다. 그러나 전문가가 접근하는 방식과는 다릅니다. 전문가는 총체적으로 접근하며 병의 뿌리를 제거합니다. 그래서 전문가가 있는 것입니다. 영적 진단은 주기적으로 받아볼 필요가 있습니다. 병의 근원을 조기에 발견하면 치유가 쉽습니다. 그러나 그 시기를 잃게 되면 거의 치유가 되지 않습니다. 치유가 된다하더라도 시간과 노력이 많이 듭니다. 조기 검진 이것이야말로 효과적인 치유의 지름길입니다.

주기적인 영적진단을 하여 영육의 문제가 발생하기 전에 치유를 받는 것입니다. 그러면 불필요한 고생을 방지 할 수가 있습니다. 저는 군에서 지휘관을 했습니다. 군대는 정말로 예방활동이 중요한 곳입니다. 그런데 목사가 되어 영적인 면을 깨닫고 보니 교회가 예방 신앙을 철저하게 해야 한다는 것입니다. 그런데 일부 성도들이나 성도들이 예방신앙을 잘 이해하지 못합니다. 그래서 방심하고 지내다가 영육의 문제가 발생한 다음에 해결을 하려고 하니 힘이 듭니다. 우리 주기적으로 영적인 진단을 받아 예방 신앙을 생활화 합시다. 그래서 귀중한 생명과 재산을 보호 합시다. 영육의 문제가 발생한 다음에 불 필요한 곳에 보물을 사용하지 말고 예방건강에 시간과 물질을 사용하여 하나님의 나라 천국을 누리기를 바랍니다.

3부 하나님의 집이 되지 못하는 근본원인

11장 성령에 대하여 잘못알고 있음으로

(행 19:2-7)"이르되 너희가 믿을 때에 성령을 받았느냐 이르되 아니라 우리는 성령이 계심도 듣지 못하였노라 (3) 바울이 이르되 그러면 너희가 무슨 세례를 받았느냐 대답하되 요한의 세례니라 (4) 바울이 이르되 요한이 회개의 세례를 베풀며 백성에게 말하되 내 뒤에 오시는 이를 믿으라 하였으니 이는 곧 예수라 하거늘 (5) 그들이 듣고 주 예수의 이름으로 세례를 받으니 (6) 바울이 그들에게 안수하매 성령이 그들에게 임하시므로 방언도 하고 예언도 하니 (7) 모두 열두 사람쯤 되니라."

예수를 믿고 예배당에 나와서 예배를 드리고 기도를 해도 하나님의 성전으로 바뀌지 않는 것은 성령에 대하여 바르게 알지 못하기 때문입니다. 성령을 바르게 알고 성령의 지배와 장악을 받고 인도를 받아야 하나님의 성전으로 살아갈 수가 있는 것입니다. 그런데 성령님은 보이지 않으니 이론으로 많이 알면 성령으로 충만한 줄로 믿어버리는 경향이 있습니다. 이것이 제일 큰 문제입니다. 성령님은 보이지 않으나 초자연적으로 역사하시는 하나님의 영입니다. 살아계신 하나님의 영인 성령이 성도를 하나님의 성전이 되도록 마음 안에서 밖으로 역사하시는 것입니다. 자신의 마음 안에 예수님께서 주인 되어 성전 되도록 성령의 불로 역사하시는 것입니다.

성도가 영적으로 바뀌는 것은 예수를 믿고 성령의 인도를 받아 성령으로 세례를 받은 다음부터입니다. 성령으로 세례를 받고 예배드리며 기도하면서 전인격이 성전이 되는 것입니다. 성령은 성도를 인도하며 하나님의 사람으로 만들어 가십니다. 성도가 하나님의 사람으로 변하는 것은 성령으로 되는 것입니다. 성령이 없이는 하나님의 사람으로 변할 수가 없습니다. 오직 하나님의 영인 성령만이 땅의 사람을 하늘의 사람으로 변화시킬 수가 있기 때문입니다. 오늘날 많은 사람들이 제 2의 교회 개혁이 필요하다고 말합니다. 코로나19 시대에 예배당마다 성령의 역사가 일어나야 한다고 강조합니다. 그러나 성령의 역사는 지식으로 성령을 안다고 되지 않고 직접 체험하고 장악되어야 되기 때문에 시간과 노력이 필요한 것입니다.

오늘의 교회들이 초대교회와 같은 역동적이고 활력이 넘치는 신앙들이 퇴화되고 있다는 것입니다. 사도행전 2장 42절로부터 47절에는 초대교회의 생명력 넘치는 신앙 모습이 어떠했는가에 관해 잘 말씀해 주고 있습니다. 초대교회 성도들은 항상 기쁨이 충만한 신앙생활을 했습니다. 46절부터 47절에서 이렇게 말씀하고 있습니다. "날마다 마음을 같이 하여 성전에 모이기를 힘쓰고 집에서 떡을 떼며 기쁨과 순전한 마음으로 음식을 먹고 하나님을 찬미하며 또 온 백성에게 칭송을 받으니 주께서 구원받는 사람을 날마다 더하게 하시니라." 초대교회 성도님들은 날마다 마음을 같이 했다고 하였습니다.

또 성전에 모이기를 힘썼다고 했습니다. 그런가 하면 함께 모여 떡을 떼고 즐거운 마음으로 음식을 나누었다는 것입니다. 그리고 항상 예수님을 찬양했다고 합니다. 이러다 보니 자연스럽게 백성들에게도 칭찬을 받았던 것입니다. 오늘 이 시대의 기독교와는 크게 다른 모습니다. 그렇다면 왜 이렇게 다를까요? 이유는 한 가지입니다. 초대교회의 성도들은 항상 성령으로 충만했던 것입니다. 은혜가 넘쳐났던 것입니다. 그러므로 이 세상에 살면서도 천국의 기쁨을 누렸던 것입니다.

우리들은 세례에는 세 종류가 있다는 것을 분명하게 알아야 합니다. 하나는 물세례입니다. 다른 하나는 성령의 세례입니다. 그리고 성령의 불세례입니다. 그러므로 참다운 성도라면 세례의 종류가 어떤 것이 있다는 것을 꼭 알아야만 합니다. 오늘 이 시대의 많은 성도들이 이것을 제대로 알지 못합니다. 그래서 물세례를 받으면 온전한 성도가 된 것으로 생각합니다. 이것이 이 시대의 교회들을 병들게 하는 가장 큰 이유 중의 하나입니다.

진정한 성도라면 물세례와 성령세례, 성령의 불세례 모두를 체험해야 합니다. 물세례만 받으면 신앙의 역동성이 없습니다. 물세례만 받은 성도는 그의 마음에 예수님으로 인한 진정한 감사와 기쁨이 없습니다. 성령의 세례를 받아야만 이때부터 기도의 문이 열리며, 신앙이 뜨거워지며, 내 마음 가운데 하나님을 향한 사랑의 마음이 솟구칩니다. 분명한 확신이 생겨서 말씀대로 순종하게 되며 기도하지 않고는 견딜 수 없는 마음이 됩니다. 찬송이 저절로 솟구치게 됩니다. 기쁨이 넘치게 됩니다.

권능이 나타납니다. 성령의 권능으로 능력전도하게 됩니다. 하나님의 말씀인 성경 말씀을 읽고 비밀을 알게 됩니다. 초대교회 식구들이 그처럼 뜨겁게 즐거움으로 신앙생활을 했던 것은 바로 이 성령의 세례를 받았기 때문입니다. 이들은 오순절 날 마가의 다락방에서 성령의 세례를 받았던 것입니다. 그리고 성령의 불세례가 계속해서 베풀어졌던 것입니다. 초대교회와 같은 역동적인 신앙인들이 되기를 위하여 날마다 성령의 불세례를 받고 성령으로 충만해야 합니다.

첫째, 중생과 성령의 세례의 견해들: 성령 세례에 대하여 여러 견해가 많습니다. 교단마다 다릅니다. 신학자 마다 서로 주장하는 면을 요약하면 이렇습니다. 만약 저에게 구원받은 사람에게는 성령이 있습니까? 이렇게 질문을 한다면 이렇게 대답을 하겠습니다. 예! 있습니다. 성령의 도우심이 없으면 구원받을 수 있습니다. 그러면 구원받은 사람에게 성령이 영원토록 내주하십니까? 그렇습니다. 그러면 구원받은 사람에게 "성령을 받으라."고 하는 말이 성립됩니까? 말꼬투리를 잡고 굳이 말한다면 구원받은 사람에게 "성령을 받으라"는 말은 논리적으로 성립되지 않는 말입니다.

왜냐하면 그것은 마치 믿음과 동시에 이미 영접한 성령이 계신데 새로 성령을 받는다는 것은 중복되는 주장이기 때문입니다. 그러나 "성령을 받으라."는 말 대신, "성령 충만을 받으라."

는 말이라면 하등의 문제가 될 것이 없습니다. 그러나 문제가 여기에서 끝나는 것은 아닙니다. 성경에 나와 있는 사도행전의 여러 말씀을 보면 "믿는다는 것"과 "성령을 받는다."라는 것이 같이 취급되지 않고, 구분되어 취급되고 있음을 볼 수 있기 때문입니다(엡 19:2). 그래서 이제 아쉽지만 첨예한 논쟁거리로 들어가 보도록 합시다. 웨슬리안 알미니안주의 교회들(감리교, 성결교, 오순절교), 그중에서 특히 오순절 순복음 교회에서는 성령을 받는 것, 혹은 성령이 임하는 것을 즉 "성령세례"를 받는 것으로 중시합니다.

그리고 오순절교회에서는 성령세례 받은 증거가 필수적으로 방언이라고 주장합니다. 이것이 장로교회와 순복음교회의 대표적인 차이 중의 하나입니다. 과연 "성령세례"가 있습니까? 그리고 "성령세례"는 구원과 관계가 있습니까? "성령세례"의 시점은 언제입니까? 구원받은 자도 "성령세례"를 받아야 합니까? 이 문제는 아직도 결론이 나지 않는 문제입니다. 장로교단도 성령세례란 용어를 인정합니다. 그러나 순복음 교회에서 말하는 성령세례의 의미가 다릅니다.

간단히 말하면 장로교에서는 성령세례의 순간을 "성도가 믿을 때"로 규정합니다. 그러나 순복음교회에서는 성령 세례의 순간을 "방언을 할 때"로 규정합니다. 무슨 말입니까? 그러면 장로교회의 입장에서는 성령세례가 성도의 구원과 관련이 있다고 주장한다는 말입니다. 반면에 순복음교회의 입장에서는 성령세례가 이미 구원 받은자에게 주어지는 것으로써 능력과 관련이 있다고 봅니다.

그러므로 장로교회에서는 성령으로 거듭나서 구원받은 자는 성령 세례를 받았기 때문에 또 다시 성령세례를 받아야 한다는 것을 인정하지 않고 내주하는 성령의 활동에 의한 "성령 충만"만을 인정합니다. 그러나 순복음교회에서는 믿음으로 구원받고 성령의 내주하는 자에게도 성령세례가 필요하다고 생각합니다. 그래서 성령세례가 있어야 능력 있는 삶을 산다고 생각하기 때문입니다.

이 두 가지 의견은 참으로 어느 의견이 옳은지 밝히기 난감합니다. 요한복음에 주로 나타나는 "믿는 자에게 주어지는 성령의 내주"에 관한 원리적 말씀을 토대로 하면 장로교회가 맞습니다. 그러나 사도행전에 주로 나타나는 "믿는 자에게 일지라도 주어지는 성령의 임하심"에 관한 현상적 말씀을 토대로 하면 순복음교회가 맞습니다. 이 두 가지 이론을 명쾌하게 구분하지 못하고 애매하게 혼합된 사상을 수용하는 목사님들과 신학자들이 많습니다.

그러나 성령세례의 필수적인 증거가 꼭 "방언이다." 라고 말하는 입장에는 조금 의문이 듭니다. 1900년대 초에 미국 성결교단에서 오순절교단이 갈라져 나올 때 "성령세례"의 증거로 방언을 내세우고 그것이 오순절교단의 기본적 사상이 되었습니다. 그러나 저의 개인적인 입장에서는 "성령세례"를 인정한다면 그 외적인 증거가 꼭 방언이라고 단정할 수는 없다고 봅니다. 이런 의견은 최근에 오순절교단 내에서도 많이 등장하는 의

견입니다. 오순절 교회에서 이런 주장을 하는 사람들을 신학적으로 "신오순절주의자"라고 합니다. 그리고 한편으로 한국의 많은 장로교 목사님들도 이제는 "성령세례" 및 "방언"을 인정하는 분이 많이 있음을 볼 때, 겸손하게 서로의 의견과 신앙을 존중해주는 자세는 참으로 아름답게 보여 집니다.

1) 중생과 성령세례를 단계적으로 구분하는 견해(오순절 계통)

① 중생한 자가 그 다음 단계로 성령세례를 받는 것이 권능이다(R. A. 토레이 저, 성령론 143p). ② 중생한 자가 그 다음 단계로 성령세례를 받게 되는데 그 결과는 방언이다(박정근 저, 오순절교리 변증 164p). ③ 중생한 자가 다음 단계로 성령세례를 받게 되는데 그 결과는 죄와 심판에 대하여 아는 것이다(김성환 저, 평신도를 위한 칼빈주의 해설 152p).

2) 중생을 성령세례로 보는 견해 (개혁주의)

① 성령세례는 기독교적 기초경험이다(존 스타트 저, 성령세례와 충만 21p). ② 믿음으로 거듭나는 것이 성령세례이다(이상근 저, 요한복음 주석 268p). ③ 사람이 성령으로 말미암아 중생할 때에 그리스도와 연합하게 되는데 이것이 곧 성령세례이다(박윤선 저, 사도행전 주해 25p). ④ 그리스도의 대속을 믿는 마음이 있으면 이것이 곧 성령세례를 받은 증거이다(정규오 저, 사도행전해설 164P). ⑤ 신자는 중생과 더불어 그리스도의 지체가 되어 지는데 이것이 곧 성령세례이다(레만 스트라우스

저, 성령론 135P).

3) 중생과 성령 세례를 구분하는 견해

독일의 오순절 지도자인 Paul Rabe는 1955년 오순절 세계 대회에서 말하기를 "거듭난다는 것은 우리 자신이 구원을 얻는 것이고 성령으로 세례를 받는 다는 것은 다른 사람을 구원하기 위하여 능력을 받는 것이며, 거듭남으로써 우리가 하나님의 자녀가 되지만, 성령으로 세례를 받음으로써 우리는 그리스도의 군인들이 된다."고 하였습니다.

로이드 죤스는 믿는 것과 성령 세례 받는 것 사이에는 분명한 구분선이 있다고 말하며 믿은 일이 먼저이고, 믿은 즉시 성령 세례를 받는 일은 필연적으로 동시에 일어나지 않는다고 말합니다. 즉, 예수를 구주로 믿고 말씀을 들어서 영이 깨닫게 될 때 성령 세례가 임한다는 것입니다. 저자도 지금까지 성령사역을 하며 임상적으로 체험하고 얻은 개인적인 결론은 Paul Rabe와 로이드 죤스의 견해가 일리가 있다고 생각합니다.

둘째, 방언과 성령 세례의 관계: 성령의 세례에 대하여 한 가지 추가해서 설명을 합니다. 오순절 계통에서 성령 세례의 증거로서 방언은사를 받아야 한다고 합니다. 물론 성령의 세례를 받으면 방언기도가 터져 나오게 됩니다. 그런데 방언기도를 한다고 모두 성령의 세례를 받은 것이 아니라는 것입니다. 예를 들어서 설명하면 이렇습니다.

성령은 초자연적으로 역사하는 하나님의 영이시기 때문에 성령 세례를 받으면 자신이 감각적으로 알 수가 있습니다. 그러나 방언기도를 하시는 모든 분들이 성령의 세례를 받지 않았다는 표현은 아닙니다. 반면에 방언기도를 하지 못한다고 성령 세례를 받지 못했다고 단정 지을 수도 없습니다.

내가 지난 세월동안 성령사역을 하면서 체험한 바로는 성령의 세례를 받았지만 방언기도를 못하는 사람도 있습니다. 방언은 성령의 은사이기 때문입니다. 나는 방언과 성령의 세례의 관계성은 좀 더 깊이 체험하고 연구를 해보아야 한다고 생각을 합니다. 방언을 하는 사람이 모두 성령의 세례를 받았다고 단정지을 수 없다는 개인적인 견해입니다.

셋째, 성령 세례와 성령 충만: 성령의 충만은 여러 면에서 성령의 세례와 구별이 되어야 합니다. 죄 씻음의 인침인가 성화 또는 사역의 강화인가, 단회적인가 지속적인가, 보편적인가 개별적인가, 하나님의 주권적인 역사인가 사람의 노력이 수반되어야 하는 역사인가 하는 등에서 서로 뚜렷하게 차이가 있기 때문입니다. 그래서 저의 견해로는 성령의 세례와 성령의 충만은 동시에 일어날 수 없다고 생각을 합니다.

성령 세례를 받은 후에 성령의 불세례를 체험하면서 상처와 구습과 자아가 치유되어야 합니다. 성령의 불세례는 성도의 마음 안에 계신 예수님으로부터 성도의 전인격을 장악하실 때 성도의 마음 안에서 나오는 성령의 불의 역사입니다. 성령으로 완전하게 장악이 된 후에 성령의 충만으로 이어지는 것입니다. 성령이 충만한 성도는 구습이 치유되고 변화되어 심령에서 예수의 인격이 나오는 성도입니다. 쉽게 말해서 자기의 영을 자신이 지킬 수가 있는 성도입니다. 우리는 성령의 충만을 이적을 나타내고 은사가 나타나는 것으로 오해하면 안 됩니다.

말씀과 성령으로 완전한 인격의 변화되어 심령에서 예수 인격이 나오는 상태를 성령의 충만 이라 할 수 있습니다. 삶에서 성령의 열매를 맺으면서 살아가는 것을 성령의 충만 이라고 합니다. 즉, 전인격이 말씀으로 장악이 되어 예수 화된 상태를 성령의 충만 이라고 표현해야 맞습니다. 땅에 속한 육의 사람이 없어지고 성령으로 거듭난 영의 사람으로 살아가는 것을 성령의 충만 이라고 해야 한다는 것입니다. 그래서 성령으로 충만 받으라고 하는 것입니다. 성령으로 충만해야 나와 세상은 간곳이 없고 예수만 나타나는 심령이 되는 것입니다.

넷째, 성령 충만케 되는 방법: 엡 5:18에서 성령의 충만을 받으라고 명령하셨다는 것은, 성령 충만이 하나님의 주권에 따라 일방적으로만 주어지는 것이 아니라, 우리들 편에서도 힘써야 할 부분이 있음을 의미합니다. 성령의 충만은 성령께서 준비된 성도에게 주시는 선물입니다. 그러나 우리의 회개와 순종과 기도가 노력 없이 저절로 얻어지는 것이 아닙니다.

성령의 충만은 성령의 지배를 받는 것이므로 성령을 소멸하거나(살전 5:19) 근심케 하지 않고(엡 4:30), 성령의 인도하심을 따라 생활하는 것이 중요한 요소입니다(고후 12:18, 갈 5:16). 그래서 사도 바울께서는 성령의 충만을 위해, 악한 세월을 따라 살지 않고 지혜롭게 분별하여 세월을 아끼는 것, 주의 뜻을 분별하는 것, 술 취하는 것 같이 어떤 것에 빠져 끌려 다니지 않는 것, 신령한 찬송을 부르는 것, 범사에 감사하는 것, 피차에 복종하는 것 등이 필요하다고 말씀했습니다(엡 5:15-21).

뿐만 아니라, 성령의 충만을 위해서는 성령 안에서 하는 깊은 영의기도를 빼놓을 수 없습니다. 오순절에 다락방에 모여 간절히 기도했던 제자들의 경우가 이를 잘 설명해줍니다(행1:14). 성령의 충만을 위해 힘써야 할 기도는 특히 회개의 기도입니다. 회개는 하나님과의 관계를 가로막고 있는 죄의 담을 헐어내고 성령께서 우리 안에 들어와 거하시면서 우리를 지배하시도록 하는 것이므로, 무엇보다 먼저 힘써야 할 우선적인 기도이기 때문입니다.

하나님께서는 말세에 남종과 여종을 포함한 만민에게 하나님의 신을 부어주실 것을 예언하셨습니다(욜 2:28). 그 예언대로 오늘날 많은 사람들이 성령의 세례를 받아 회심하고 중생하여 주께로 돌아오고 있습니다. 또 성령의 충만함으로 성령의 다스림을 받아 살면서 그리스도의 모습을 닮아 거룩한 사람이 되고, 주어진 사명과 봉사의 사역을 효과적으로 담당하고 있습니다.

그러나 성령의 충만은 그 정도에 있어서 발전이 있을 수도 있고 소멸이 될 가능성도 있습니다. 그러므로 우리는 더욱 성령에 충만한 삶이 이루어질 수 있도록, 항상 깨어서 주의 뜻을 지혜롭게 분별하여 실천에 옮기려고 하는 노력을 기우려야 할 것이요, 아울러 무릎 꿇어 죄를 회개하고 성령의 충만을 간구하는 간절한 기도를 쉬지 않아야 할 것입니다.

그래서 성령의 충만이란 항상 하나님을 찾으면서 영으로 기도하는 것입니다. 자신도 모르게 무의식적으로 하나님을 무시로 찾는 것을 성령의 충만이라고 할 수가 있습니다. 성령으로 충만하기를 원합니까? 걸어 다니는 성전 되어 무시로 하나님을 찾으시기를 바랍니다. 그러면 당신은 성령으로 충만할 수가 있습니다.

다섯째, 성령 세례의 임하심을 확인하는 법

1)성령의 세례를 자신도 모르게 받는 경우. 성령 세례란 초자연적으로 역사하시는 성령이 자신을 순간 장악하는 것이므로 자신이 체험적으로 아는 것이 보통입니다. 그러나 자신이 인식하지 못하고 지나치는 경우도 있습니다. 성령세례는 받았어도 자신이 모르고 있는 경우에 발견하는 방법은 대략 이렇습니다. 마음이 평안해집니다. 무엇인지 모르는 기쁨이 찾아옵니다. 발걸음이 가벼워집니다. 머리가 맑아집니다. 쉬지 않고 기도가 나옵니다. 마음속에서 찬양이 올라옵니다. 말씀을 사모하게 됩니다. 말씀을 읽을 때 영적인 원리와 비밀들이 보여 집니다. 예배드리는 것이 즐겁습니다. 예배 시간이 기다려집니다. 나쁜 버릇이 고쳐집니다. 혈기가 없어집니다. 자기 자신을 조정할 줄 압

니다. 창조적 생각을 갖습니다. 영적 가치를 소중히 여깁니다. 화평을 나눌 수 있는 사람이 됩니다. 문제를 해답으로 바꾸는 사람이 됩니다. 영적 설득력이 생깁니다. 반대 의견도 겸허하게 수용할 수 있습니다. 믿음의 삶에 동반자들이 생깁니다. 자기 주변에 성령 충만한 사람들이 모입니다. 하나님이 섭리 주님의 뜻대로 살고자 노력합니다. 주위 사람들에게 평안을 줍니다. 이웃에게 진정으로 관심을 갖게 됩니다. 예수님과 같이 불신 영혼을 불쌍하게 생각합니다. 자기의 모든 재능은 하나님의 영광을 나타내는데 사용됩니다. 강력한 끈기가 생깁니다. 마음에 원한을 품지 않습니다. 모든 면에 믿음을 근거로 한 낙관주의자가 됩니다. 남을 위하여 희생할 줄 아는 사람이 됩니다.

2)성령세례의 임하심을 자신이 아는 경우. 성령의 세례를 받으면 자신이 알아차리는 가시적인 현상이 나타납니다. 성령세례시 나타나는 가시적인 현상은 이렇습니다. 몸이나, 눈까풀의 미세한 떨리는 현상이 나타납니다. 호흡이 깊어집니다. 약간의 땀을 흘리는 경우도 있습니다. 가슴이 울렁거리는 증상이 있습니다. 커피를 많이 마신 것과 같은 현상이 나타납니다. 때로는 가슴이 짓눌리는 것 같은 기분이 들거나 공기가 답답하게 느껴지기도 합니다. 호흡이 깊어지거나 빨라집니다. 손가락이 움직이거나 손을 떨거나 양손이 위로 올라갑니다. 몸이 심하게 떨리는 현상을 체험하기도 합니다. 몸이 껑충 껑충 뛰는 현상을 체험하기도 합니다. 몸의 균형을 잃고 뒤로 넘어지는 현상을 체험

하기도 합니다. 상체가 반복적으로 앞으로 꺾이는 현상을 체험하기도 합니다. 몸이 사시나무 떨 듯이 떠는 현상을 체험하기도 합니다. 큰소리로 웃거나 우는 현상을 체험하기도 합니다. 방언기도가 터집니다. 넘어진 상태로 가만히 있는 현상을 체험하기도 합니다. 넘어진 상태에서 물결이 일 듯 심하게 진동하는 현상을 체험하기도 합니다. 넘어진 상태에서 몸이 심한 경련을 일으키는 현상을 체험하기도 합니다. 악을 쓰듯이 큰 소리 지르는 현상을 체험하기도 합니다. 이외에도 이해하기 힘든 여러 현상이 일어나기도 합니다.

그러나 전혀 아무런 느낌과 현상이 없는 때도 있습니다. 마음이 평안하기만 합니다. 비둘기 같은 성령이 임한 순간입니다. 어떤 느낌과 체험 현상만이 중요한 것이 아닙니다. 고요할 때 역사하시는 하나님을 전적으로 의지하는 믿음이 더욱 중요합니다.

여섯째, 성령 은사와 성령 세례: 결론을 먼저 말한다면 은사가 나타났다고 해서 성령세례를 받았다고 단정하지 못한다는 것입니다. 많은 분들이 저에게 은사는 받는데 성령세례를 받았는지 모르겠다고 질문을 합니다. 성령의 은사는 성령세례를 체험해야 나타나는 것이 보통입니다. 그러나 성령세례를 체험하지 않아도 은사가 나타나는 경우가 있습니다. 은사는 육체로 나타나는 것입니다. 그래서 무당도 마귀 은사가 있기 때문에 사람들의 심령을 감찰하여 사기를 치는 것입니다. 은사는 육체로 나타나기 때문에 성령의 세례를 받지 않아도 은사가 나타날 수 있습니다. 성령 세례를 받지 않았는데 은사가 나타나는 경우 그 은사의 진위를 확인방법은 이렇습니다. 열매를 보아 알 수가 있습니다. 성령으로 은사가 나타나는 사람은 그 열매가 아름답습니다. 자신의 성품이 변해갑니다. 가정환경이 자꾸 풀립니다. 사람들과의 관계가 매끄러워집니다. 자신이 경영하는 사업이 잘됩니다. 교회가 부흥합니다. 부부관계가 원만하게 풀립니다. 자녀들의 앞길이 잘 풀립니다. 은사를 사용하면 할수록 기쁨이 옵니다. 속으로 너무 하고 싶다는 욕구가 강하게 일어납니다. 그리고 사람들이 자신에게서 은혜를 받겠다고 찾아옵니다.

자신이 하기가 싫어도 하나님이 밀어주기 때문입니다. 이것이 무슨 말이냐 하면 예를 들어 신유은사가 있는 사람은 질병치유를 받으려고 하는 사람이 자꾸 자기에게 찾아온다는 것입니다. 이것을 보증의 역사라고 하는 것입니다. 세상 말로는 붙임의 역사라고도 합니다. 하나님이 은사를 사용하도록 사람들을 보낸다는 것입니다. 제가 지난 20년이 넘도록 성령치유사역을 할 수 있었던 것도 하나님이 치유와 능력을 받을 사람들을 계속 보내 주셨기 때문에 사역을 계속할 수 있는 것입니다.

사람을 보내지 않는 데 어떻게 사역을 계속 할 수 있겠습니까? 사람이 오지 않으면 하려고 해도 하지 못하는 것입니다. 성령의 세례가 없이 육체로 은사가 나타나는 사람은 앞에서 말한 반대의 현상이 일어납니다. 자꾸 일이 꼬인다는 것입니다. 환경이 답답합니다. 왜냐하면 마귀가 역사하기 때문입니다.

12장 하나님 나라 천국의 개념이 이상하여

(눅 17:20-21)"바리새인들이 하나님의 나라가 어느 때에 임하나이까 묻거늘 예수께서 대답하여 이르시되 하나님의 나라는 볼 수 있게 임하는 것이 아니요. 또 여기 있다 저기 있다고도 못하리니 하나님의 나라는 너희 안에 있느니라."

한국교회에는 천국에 대하여 말들이 많습니다. 미지의 세계라 막연하기 때문입니다. 가보지 않았고 말씀으로 막연하게 알고 있기 때문입니다. 어떤 신학자는 죽어서 가는 곳이 천국이라고 말하기도 합니다. 어떤 사람은 자기네 단체에 속해야 천국에 들어간다고 미혹하기도 합니다. 모두 말씀을 성령으로 깨닫지 못한 연고라고 생각합니다. 막연하게 사람의 머리와 지식으로 성경을 상상하여 해석한 연고라고 생각합니다.

사람이 어찌 하나님의 말씀을 알 수가 있겠습니까? 분명하게 하나님은 경고하셨습니다. "먼저 알 것은 성경의 모든 예언은 사사로이 풀 것이 아니니, 예언은 언제든지 사람의 뜻으로 낸 것이 아니요, 오직 성령의 감동하심을 받은 사람들이 하나님께 받아 말한 것임이라"(벧후 1:20-21). 필자는 예언의 말씀인 성경은 반드시 성령의 감동하심을 받은 사람들이 하나님께 받아 기록할 때와 같이 성령의 지배와 장악이 된 상태에서 성령으로 깨달아야 한다고 생각합니다.

필자는 항상 진리의 말씀을 성령으로 깨달은 만큼씩 천국을 누리는 성도로 변화될 수가 있다고 강조합니다. 천국인 성령께서 진리를 깨닫게 하셨기 때문입니다. 모든 크리스천들은 각자 자신 안 성전에 주인으로 임재하신 성령으로 진리의 말씀을 깨달아야 합니다. 그렇게 되어야 말씀이 생명이 되고 성령의 지배와 인도를 받는 성도가 될 수가 있는 것입니다. 그래서 "우리가 이것을 말하거니와 사람의 지혜가 가르친 말로 아니하고 오직 성령께서 가르치신 것으로 하니 영적인 일은 영적인 것으로 분별하느니라"(고전 2:13). 말씀하시는 것입니다.

오늘 본문에서 주님은 이렇게 말씀하십니다. "하나님의 나라는 너희 안에 있느니라." 즉 바리새인들의 가운데에 서있는 예수님이 '하늘나라'라는 것입니다. 그러니까 예수님을 주인으로 모신 성도는 하늘나라가 되는 것입니다. 이유는 이렇습니다. 우리가 예수를 믿는 순간에 죽고, 다시 예수님으로 태어나는 것입니다. 하나님께서 분명하게 말씀하셨습니다. "그리스도의 사랑이 우리를 강권하시는 도다. 우리가 생각하건대 한 사람이 모든 사람을 대신하여 죽었은즉 모든 사람이 죽은 것이라. 그가 모든 사람을 대신하여 죽으심은 살아 있는 자들로 하여금 다시는 그들 자신을 위하여 살지 않고 오직 그들을 대신하여 죽었다가 다시 살아나신 이를 위하여 살게 하려 함이라(고후 5:14-15)" 분명하게 "자신을 위하여 살지 않고 오직 그들을 대신하여 죽었다가 다시 살아나신 이를 위하여 살게 하려 함이라고"하셨습니다. 예수님을 위하여 살게 하려고 부르신 것입니다. 예수님께서 하신 일을 하게 하려고 부르신 것입니다. 예수님은 영이십니다.

육체가 죽지 않고 예수님을 위하여 살아갈 수가 없습니다.

그래서 예수 믿을 때 죽었다가 다시 살아나 천국의 본체인 예수님으로 살도록 하시는 것입니다. 이제 자신의 인간적인 생각이나 지혜나 열심으로 살지 말아야 합니다. 성령의 인도를 받아야 합니다. "무릇 하나님의 영으로 인도함을 받는 사람은 곧 하나님의 아들이라(롬 8:14)" 그래서 하나님은 "만일 우리가 성령으로 살면 또한 성령으로 행할지니(갈 5:25)" 라고 말씀하십니다. 예수를 믿고 성령으로 거듭난 성도는 성령으로 깨달아야 하고, 성령으로 기도해야 합니다. 자신은 예수를 믿을 때 죽고 다시 예수로 태어나 예수님을 위하여 살기 때문입니다. 예수님이 천국이시니 자신은 당연하게 지금 천국을 만끽하고 살아야 합니다. 그래서 예수를 믿고 성령으로 거듭난 크리스천들은 특별하고 위대한 사람들입니다. 천국인 예수님의 인생을 살고 있기 때문입니다. 그렇기 때문에 빠른 시간 내에 자신이 없어지고 순수하게 성령으로 깨닫고, 성령으로 기도하면서 성령의 지배와 인도를 받아야 합니다. 그래야 하나님께서 주시는 것들을 온전하게 누리면서 살아갈 수가 있는 것입니다. 지금 천국을 누리면서 만끽하고 살아야 할 이유가 분명하게 있다는 것입니다. 분명하게 지금 천국을 만끽하며 살아야 마지막 때 임하는 영원한 천국에 들어갈 수가 있습니다.

모든 사람들의 삶은 순간이 모여 이루어집니다. 순간의 조각들이 모여서 시간을 이루고 시간이 하루의 삶을 만들어냅니다. 만일 우리의 현재의 삶이 하늘의 원칙에 합당한 삶이면 장래의 삶도 그럴 것입니다. 우리의 현재의 품성과 모습은 장차 우리가 이루게 될 모습의 확실한 그림자입니다. 일상생활에 나타나는 매일의 삶과 성품이 그렇지 않은데, 갑자기 확연하게 다른 미래의 성품과 모습이 나타나지 않습니다. 오늘의 나의 모습이 앞으로 올 천국의 생활의 모습입니다.

천국은 이 땅에서 지금 시작되는 것입니다. 산 믿음으로 그리스도를 영접한 사람은 매일 매 순간 주님과 산 교제를 갖습니다. 그러는 가운데 세상이 살 수 없는 보물, 하나님의 은혜 속에서 누리는 화평과 하늘의 분위기 속에 살게 됩니다. 하늘에서 성도가 되고자 한다면 먼저 지상에서 성도가 되어야 합니다. 지상의 생활은 하늘 생활의 시작이고, 이생에서의 인생활동은 내세에서의 인생활동을 위한 훈련입니다.

우리가 보통 알고 있는 것이 예수님을 믿으면 천국으로 간다는 것입니다. 크리스천들의 목적은 구원과 천국이 아닙니다. 크리스천들의 목적은 예수님이십니다. 예수님을 주인으로 영접하고 예수님 중심으로 신앙 생활하다가 보면 결과가 구원과 천국이 되는 것입니다. 죽어서 가는 천국을 소망하고 열심히 신앙생활을 합니다. 목사님들의 설교나 모든 교인들은 "천국은 예수님 열심히 믿고 죽어서 간다."고 믿고 있습니다.

그런데 성경에 보면 천국이란 죽어서 가는 곳이 아닙니다. 성경은 죽어서 가는 곳으로 말씀하고 있지 않습니다. 지옥도 마찬가지입니다. 천국은 죽어서 가는 곳이 아니라 살아서 인식되는 것입니다. 이 책을 계속 정독하다가 보면 모든 것이 이해가 될 것입니다. 하나님은 시편 89편 29절에서 "또 그 후손을 영구케 하여 그 위(자리)를 하늘의 날과 같게 하리로다." 분명하게 하나님의 말씀은 살아서 천국을 만끽하는 것입니다. 사람에게는 선과 악을 아는 마음이 있고, 하나님과 사람이 그렇게 같습니다. 그리고 천사는 선만 알며, 사단은 악만 아는 영입니다. 성경에서 타락한 천사라든지 혹은 유리하는 별이라고 표현되는 것은 하나님의 전령으로 세상에 보내진 하나님의 빛을 전하는 선지자로서 발람과 같이 자기 배를 채우는 길로 간 사람을 뜻하는 말입니다. 영적인 사단은 악만 알고 있을 뿐입니다. 그래서 영으로서의 천사가 타락을 하는 일은 있을 수 없는 것입니다. 사람은 그렇게 선과 악을 다 알고 있는 상태로 만들어 졌는데 선악과를 따먹는 악을 택하는 범죄를 하여 그 생령의 상태에서 벗어난 것입니다.

에덴에서 나와서 다시 에덴으로 복귀하는 것은 마음이 온전히 선만을 향하는 상태가 될 때만 가능해 지는 것입니다. 늘 하나님과 함께 다녔다는 말은 완전히 악을 향한 마음을 지웠다는 말입니다. 창세기 당시에는 악, 곧 세상에 속한 것을 향할 종류가 그리 많지 않았습니다. 문명이 발달하면 할수록 그 선악과의 종류도 많아지는 것이고 그것을 향한 마음도 많아지는 것입니다. 그래서 우리는 성령의 가르침이라는 도움이 필요한 상태가 되어 있는 것입니다. 만일 오늘날의 사람이 온전히 그 마음에 악을 향한 마음을 지워 낸다면 오늘날도 죽음을 맛보지 않고 하늘로 올라갈 수 있습니다.

물론 육신이 공중으로 날아가는 하늘을 말하는 것이 아니라, 마음에 하나님의 나라가 서면 죽음을 맛보지 않고 하늘로 올라가는 것입니다. 그것을 일컬어 하나님의 안식에 들었다고 말하는 것입니다. 천국은 그렇게 땅에서 육신이 살아 있는 상태에서 인지되는 것이지 죽어 흙으로 돌아간 뒤에 가는 곳이 아닙니다. 지옥이란 악만 창궐해 있는 세상을 말합니다. "마귀가 또 예수를 이끌고 올라가서 순식간에 천하만국을 보이며 가로되 이 모든 권세와 그 영광을 내가 네게 주리라. 이것은 내게 넘겨준 것이므로 나의 원하는 자에게 주노라 그러므로 네가 만일 내게 절하면 다 네 것이 되리라"(눅4:5-7). 사단이 장악하고 있고 세상의 행사가 악하여 그 속에 있으면 그것이 곧 지옥에 있는 것입니다. "세상이 너희를 미워하지 못하되 나를 미워하나니 이는 내가 세상의 행사를 악하다 증거함이라."(요7:7). 세상이 예수님을 미워하는 것은 악을 밝히 드러내기 때문이라는 것입니다.

여기 지옥에 대하여 확실하게 하는 하나님의 말씀이 있습니다. "불러 가로되 아버지 아브라함이여 나를 긍휼히 여기사 나사로를 보내어 그 손가락 끝에 물을 찍어 내 혀를 서늘하게 하소서 내가 이 불꽃 가운데서 고민하나이다. 아브라함이 가로되 얘 너는 살았을 때에 네 좋은 것을 받았고 나사로는 고난을 받았으니 이것을 기억하라 이제 저는 여기서 위로를 받고 너는 고민을 받느니라."(눅16:24-25). 고민이란 세상에 속해서 사는 사람이 하는 것입니다. 고민이란 달리 방법을 모색할 것이 있다고 이렇게 할지 저렇게 할지 여러 생각을 할 때 하는 것입니다.

불꽃이란 그리스도의 향기를 발하는 백합꽃, 즉 제자들과 달리 멸하는 말, 거짓을 증거하는 자들을 말하는 것입니다. 세상에 속하여 사단에게 엎드려 세상에 속한 것을 받으면 그것이 복이라고 전하는 말이 곧 "불꽃"입니다. 자기를 부인하고 자기십자가를 지고 가는 길에서 천국도 가고, 또 지옥에 있는 자들의 악함을 경험도 하는 것입니다.

그래서 예수님은 따라오는 조건으로 저 두 가지를 가르치신 것입니다. 성경은 그리스도를 나타내기 위한 책이고 구원을 위한 책이며, 그리스도께서 말씀하신 구원의 방법은 "자기를 부인하고 자기십자가를 지는 것"입니다. 그리고 그것을 가능하게 하시는 것이 성령의 가르침입니다. 그래서 바울이 전하는 "성령의 법"에 대하여 알아야 합니다.

예수님은 이렇게 기도하라고 하십니다. "하늘에 계신…… 거룩히 여김을 받으시오며 나라이 임하옵시며 뜻이 하늘에서 이룬 것같이 땅에서도 이루어지이다"(마6:9~10). 그러면 영의 세계에 있는 보이지 않는 하나님의 나라는 어디에 임하게 되는 것입니까? 하나님의 나라는 하나님의 성전에 임하시게 되고, 하나님의 성전은 건물이 아니라, 사람의 마음이 됩니다. 세상 모든 사람의 마음이 성전이 되는 것이 아니라, 예수를 주인으로 영접한 사람의 마음을 말하는 것입니다. "우리는 하나님의 동역자들이요, 너희는 하나님의 밭이요, 하나님의 집이니라"(고전3:9). "너희가 하나님의 성전인 것과 하나님의 성령이 너희 안에 거하시는 것을 알지 못하느뇨"(고전3:16). 곧 하나님은 사람의 마음에 임하신다는 것인데, 어떤 사람에게 임하시는 것입니까? 하나님을 주인으로 모신 사람에게 임하십니다. 그런데 하나님은 영이십니다. 초자연적으로 역사하시는 살아계신 분입니다. 그런 하나님은 말씀이시며(요1:1), 예수님도 말씀이십니다. 성령으로 말씀을 깨달아 순종하며 지키는 사람에게 하나님도 예수님도 임하시는 것입니다. 영이라 형체가 없으시지만 믿는 성도를 통하여 살아서 초자연적으로 역사하시고 나타내시는 분입니다.

하나님과 예수님이 함께하는 곳이 천국이므로 천국은 먼저 성령으로 말씀을 깨닫고 지키는 사람(성도)의 마음에서 이루어지는 것입니다. 초림 때는 성령님이 예수님과 함께 하셨으니 예수님이 곧 천국이었던 것입니다. 지금은 성령이 역사하는 교회 시대입니다. 지금 천국은 천국의 주인이신 예수님을 믿고 성령으로 거듭난 성도들이 천국입니다. 예수님의 통치를 받는 성도들이 천국이라는 말입니다. 그래서 천국은 지금 성도들을 통하여 이루어지고 있습니다. 성도들은 지금 천국을 만끽하면서 살아야 합니다.

그럼 마지막 때 영원한 천국은 어떤 사람들이 들어갈까요? 분명하게 신약 성경에 약속된 천국은 예수 믿고 죽어서 가는 것이 아니라, 성령의 지배와 장악을 당하여 성령의 인도를 받는 성도들이 지금 천국을 만끽하며 누리다가 영원한 천국에 들어가는 것입니다. 마지막 때 영원한 천국에 들어가는 것은 어느 교회에 단체에 속해야 들어가는 것이 절대로 아닙니다. 어떤 목사의 휘하에 있어야 들어가는 것이 아닙니다. 지금 성령으로 말씀을 깨닫고 성령으로 기도하며 성령의 인도를 받으면서 천국을 전인격으로 만끽하면 살아가는 성도가 들어가는 것입니다. 지금 천국을 전인격으로 누리면서 사는 것이 중요합니다.

어떤 자에게 진리를 많이 듣고 알아서 90점 맞아서 영원한 천국에 입성하는 것이 아닙니다. 성경말씀은 말이 아니고 생명입니다. 살아계신 하나님의 말씀입니다. 말씀대로 살아계신 역사를 체험해야 생명의 말씀이 되는 것입니다. 진리의 말씀을 많이 알아서 천국을 만끽하는 것이 아니고, 하늘나라(예수)를 말씀대로 전인격으로 느끼고 체험해야 합니다. 천국을 몸으로 마음으로 느껴야 한다는 말씀입니다. 성령의 지배와 장악을 받아 성령의 인도를 받으면서 지금 천국을 누리며 만끽하며 살아가면 마지막 때 임하는 영원한 천국에 들어가는 것입니다.

첫째, 천국의 법칙을 이 땅에서도. 하나님의 나라의 법은 영원히 불변하는 법입니다. 계명은 하나님의 정부의 기초입니다. 예수님께서는 천국 시민의 법칙과 행동의 강령을 산상수훈을 통해서 발표하셨는데, 이 산 위에서 발표하신 산상수훈은 하나님의 왕국의 헌법, 헌장을 선포하신 것이었습니다. 하늘 신민의 자격 조건과 하늘나라의 법을 말씀하신 이 설교에는 하나님의 법인 계명을 지키는 삶과 성품이 어떠한 것인지 자세하게 나타나 있습니다. 팔복과 그리스도인의 삶의 행동 지침에 대해서 말씀하시면서 예수님께서는 "내가 율법이나 선지자나 폐하러 온

줄로 생각지 말라 폐하러 온 것이 아니요 완전케 하려 함이로라"(마 5:17~19)라고 말씀하셨습니다.

계명에 일치하는 생애와 성품은 천국 시민이 되기 위한 조건입니다. 이 땅에서 하나님의 법을 지키는 사람이 천국의 법을 지키는 사람이 되는 것이며, 그런 사람이 천국에 들어가서 살 수 있는 것입니다. "죄를 짓는 자마다 불법을 행하나니 죄는 불법이라"(요일 3:4). 구속의 계획은 우리를 사탄의 권세에서 완전히 회복시키는 것을 말합니다. 그리스도께서는 그분의 왕국의 법칙을 따르기로 순종하는 영혼에게서 죄를 분리시키십니다. 그리스도께서는 마귀의 역사를 멸하시기 위하여 오셨으며, 모든 회개하는 영혼에게 성령을 주셔서 그로 죄를 범하지 않도록 만반의 대비책을 세우셨습니다. 그리고 주님께서는 그 구속받은 자녀들에게 하늘에 적합한 품성을 건설하라고 명령하십니다. 품성은 유일하게 하늘로 가져갈 수 있는 재산입니다. 천국의 법칙이 마음속에 이루어진 사람은 이 땅에서도 천국의 시민이 되어 하늘을 맛보며 만끽하며 살아가게 됩니다. 마지막 때 임하는 영원한 천국에 들어가는 것입니다.

둘째, 천국의 법칙을 이루게 하시는 은혜. 주님께서는 우리 인간들이 하늘에 적합한 성품을 이루게 하시는 데 필요한 모든 구속의 방법을 고안해 놓으셨습니다. 만일 우리가 우리 자신을 주님께 바치고 그분을 우리의 구주로 받아들이면, 우리의 생애가 아무리 악하였을지라도 그분의 공로로 인하여 우리는 의롭다 하심을 얻을 수 있습니다. 그렇게 될 때에 예수 그리스도의 품성이 우리의 품성을 대신하게 되고, 우리는 죄를 범하지 않은 것처럼 하나님의 앞에 받아들이는바 됩니다.

이뿐만 아니라 그리스도께서는 마음을 변화시키십니다. 그분은 믿음으로 말미암아 우리 마음 가운데 거하십니다. 우리와 예수 그리스도와의 연합은, 믿음으로 우리의 마음을 항상 그분에게 바치고 순복함으로 말미암아 유지됩니다. 그렇게 하는 동안에는 우리가 하는 모든 일은 우리 속에서 주님께서 그분의 기쁘신 뜻대로 행하시는 것이 될 것입니다. 그러므로 "이제 내가 육체 가운데 사는 것은 나를 사랑하사 나를 위하여 자기 몸을 버리신 하나님의 아들을 믿는 믿음 안에서 사는 것이라"(갈 2:20)는 간증이 우리의 것이 됩니다.

하나님께 바쳐져 있고 성령께 굴복된 상태가 늘 우리에게서 유지되어야 합니다. 의지가 하나님께 굴복되어 있을 때 마음의 평안과 화평이 옵니다. 그리스도인들은 비록 이 세상에 있을지라도 주님과 교통하는 기쁨을 누릴 수 있으며, 그분의 사랑의 빛과 우리와 함께 하심으로 받는 영구적인 위안을 누릴 수 있습니다. 그렇게 될 때에 생애의 매 발걸음은 그분의 사랑을 더욱 깊이 체험하게 되는 가운데 복된 평화의 본향으로 한 걸음씩 매일 더 가까이 나아가게 될 것입니다. 그러면 머지않아서 영원한 천국 문은 하나님의 자녀들을 들이기 위하여 활짝 열리게 될 것이고 영광의 왕의 입술에서 "내 아버지께 복 받을 자들이여 나아와 창세로부터 너희를 위하여 예비 된 나라를 상속하라"(마

25:34)는 큰 음악 소리와 같은 축복이 귀에 들릴 것입니다.

　머지않아 구속함을 받은 자들은 예수님께서 저희를 위하여 예비하신 나라로 맞아들임을 받게 될 것입니다. 하늘에서 교제하고 사귈 동무들은 이 땅의 비열한 자, 거짓말하는 자, 우상 숭배자, 더러운 자, 믿지 않는 자들이 아닙니다. 사탄을 이기고 하나님의 도움으로 완전한 품성을 형성한 자들로 더불어 교제하게 될 것입니다. 이 세상에서 그들을 괴롭게 하는 모든 죄의 습관, 모든 불완전한 것이 그리스도의 피로 말미암아 완전히 제거되고, 태양의 광선보다 훨씬 뛰어난 아름답고 광채 나는 하나님의 영광 속에서 살 때에, 그분의 품성의 완전하심과 아름다움이 모든 구원 받은 사람들을 통하여 빛날 것입니다. 하나님의 은혜로 천국의 화평과 행복은 이 땅에서 우리의 마음속에 이루어지는 것입니다.

　셋째, 지금 천국을 만끽하라. 이생에서 해야 할 일을 하지 않으면서 미래의 천국과 그 보상만을 바라는 사람들이 있습니다. 영원한 천국에 들어가는 영광을 누리기 원하는 사람은 이 땅에서 천국을 만끽해야 합니다. 범죄하기 전에 인간은 "지혜와 지식의 모든 보화가 감취어"(골 2:3) 있는 분과 즐거이 교통했습니다. 그러나 사람이 범죄한 이후로는 신성한 것을 즐기지 않게 되고 하나님의 낯을 피하고 싶어 하게 되었습니다. 지금도 거듭나지 않은 사람의 마음은 그러합니다. 마음이 하나님과 융화하지 못한 사람은 하나님과 더불어 교통하는 가운데서 기쁨을 얻지 못합니다.

　죄인은 하나님 앞에서 기뻐할 수 없고 거룩한 자들과 같이 사귀기를 꺼릴 것이며, 비록 그가 천국에 들어간다고 하더라도 그는 거기서 아무런 기쁨도 얻지 못할 것입니다. 이기심 없는 사랑이 지배하는 하늘에서, 각자의 마음이 무한하신 사랑을 가지신 하나님의 마음과 서로 통하는 천국에서, 죄인의 심금에는 아무런 공명도 느껴지지 않고 없을 것입니다. 죄 된 사상과 취미와 동기는 하늘에 사는 무죄한 자들을 고무시키는 사랑과 기쁨과 취미와 동기와 배치될 것입니다.

　죄인은 하늘의 "멜로디"에 거친 음조가 될 것이며, 그에게 천국은 말할 수 없이 고통스러운 장소가 될 것입니다. 그는 하늘의 빛이 되시고 하늘 기쁨의 중심인 하나님의 낯을 피하기를 원할 것입니다. 그러므로 악인이 하늘에서 제외되는 것은 그들 자신이 하늘의 교제에 부적합하기 때문에 제외되는 것입니다. 죄를 사랑하고 버리기를 거절한 사람에게 하나님의 영광은 오히려 소멸시키는 불이 될 것입니다. 이 땅에서 하나님과 화목하는 법을 배우지 않고 하나님과 교제하는 법을 배우지 않은 사람은 천국이 불편한 장소가 될 것입니다. 하늘을 만끽해야 하는 시간은 지금입니다. 지금 천국을 누리면서 만끽해야 합니다.

　천국은 먼 나라가 미지의 나라가 아닙니다. 자신 안에 임한 하나님의 나라입니다. 지금 천국을 누리면서 만끽하고 살아야 합니다. 천국은 어떤 사람들이 입신 들어가서 보고 나온 지어낸 이야기를 듣고 소망하며 믿는 장소가 아닙니다. 지금 자신이 실제적으로 온몸으로 체험하며 만끽해야 합니다.

넷째, 성령으로 변화되어야 한다. 우리는 예수님께서 곧 오신다는 것을 믿습니다. 거룩한 천사들의 무리에게 호위되어 구름을 타고 오실 주님을 기다리고 있습니다. 오셔서 충성되고 의로운 자들에게 불멸의 마무리 손질을 하실 분을 맞을 준비를 하고 있습니다. 그런데 예수님께서 재림하실 때, 그분은 그때 죄를 정결케 하시거나 품성의 결점들이나 성격의 약점들을 치료하시지 않습니다. 이 일이 우리에게 이루어져야 한다면 그것은 지금이며 재림 전에 이루어져야 할 것입니다. 육신의 생명이 살아있을 때 준비하고 누려야 합니다.

주님이 중보사역을 마치시고 지성소에서 나오실 때 거룩한 자는 그대로 거룩할 것입니다. 그들의 몸과 정신을 성화와 거룩함으로 보존한 사람들은 그 때 불멸의 마무리 손질을 받아 영화롭게 될 것입니다. 그러나 불의하고, 성화되지 못하고, 더러운 자들은 그대로 남을 것입니다. 그때 가서 결점을 제거하고 거룩한 성품을 주는 일은 없을 것입니다. 성품의 변화는 지금 이루어져야 합니다. 재림의 때에 주님께서 정련 작업을 다시 하셔서 죄와 부패를 제거하시지 않으십니다. 이 모든 일은 은혜의 시기 생명이 있을 동안에 이루어져야 합니다. 우리에게 이 일이 이루어져야 할 시간은 바로 지금입니다. 무덤은 인간의 성품을 변화시켜주지 않습니다. 아니 변화시킬 수가 없습니다. 각 사람은 자신이 평소에 이루고 자기 일생을 통해 형성했던 그 성품을 그대로 가지고 있을 것입니다. 무덤은 성품의 결점을 제거해주거나 보완해주지 않습니다. 의롭다고 칭해주시는 칭의가 하늘에 들어갈 티켓이라면, 성화, 거룩하게 변화되는 것은 하늘에 가서 살 적합성입니다. 지금 성령으로 정화하며 독소를 배출하며 천국을 만끽하도록 변화되어야 합니다. 진리로 성화되고 하나님의 은혜와 능력으로 죄를 승리하는 성품의 완성은 하늘 왕국의 영광과 하늘 천사들과 동거하기에 합당한 적합성을 이루게 해줍니다. 우리는 천국에서 하늘 왕의 아름다움을 볼 준비를 지금 하여야 합니다. 우리는 곧 하늘 영광 가운데 순결한 하늘의 천사들과 연합하게 될 것입니다. 바로 여기서 천국에서 살 준비를 해야 하는 때는 생명이 살아있는 지금이며, 우리의 몸과 영이 불멸에 적합하게 되어야 하는 장소가 있다면 바로 여기입니다.

하나님의 성령이 우리를 온전히 장악하여 우리의 모든 행위에 영향을 끼치도록 해야 합니다. 그리하여 우리의 몸과 영이 거룩하게 변화되도록 우리는 성령의 지배와 장악이 되어, 매 순간 주님께서 자신을 통하여 나타내시도록 의탁해야 할 것입니다.

결론적으로 구원(천국)을 세 상황으로 정리할 수 있습니다. 첫째로 이 땅에 이미 하늘나라 천국이 임했습니다. 따라서 예수를 믿어 성전 된 우리는 매일 하늘나라에서 사는 사람처럼 천국을 만끽하며 살아야 합니다. 둘째로 이렇게 천국을 만끽하고 누리며 살다가 죽으면 우리 몸은 썩고 영혼은 예수님이 계신 하늘에 있게 됩니다. 셋째로 예수님께서 다시 오실 때 비로소 우리의 몸은 부활하여 새 하늘과 새 땅에서 영원히 살게 됩니다.

13장 체험 아닌 관념적인 믿음생활을 함으로

(고전 3:16)"너희는 너희가 하나님의 성전인 것과 하나님의 성령이 너희 안에 계시는 것을 알지 못하느냐"

하나님의 성전으로 살아가지 못하는 것은 체험이 아닌 관념적인 믿음생활을 하기 때문입니다. 관념적인 믿음생활이란 지식적으로 인간적으로 믿음 생활하는 것을 말합니다. 사람의 가르침이나 전통이나 관례를 따르면서 인간적으로 육체적으로 자신이 열심히 하여 자신이 원하는 것들을 쟁취하려는 것입니다. 영이신 하나님과 상관없는 신앙생활을 말하는 것입니다. 실제적인 신앙생활이란 성경말씀을 근거로 하여 성령의 가르침과 성령의 인도를 따라서 신앙생활을 하는 것을 말합니다. 자신이 없어지고 성령님이 주인 된 사람이 되어 성령의 가르침을 받아 믿음생활을 하는 것입니다. 누구나 할 것 없이 예수를 믿고 성령으로 세례 받고 성령으로 치유하면 천국이 이루어집니다. 만약에 예수를 믿었는데 하나님의 성전이라는 말씀이 믿어지지 않고 천국이 이루어지지 않았다면 빠른 시간 내에 원인을 찾아서 해결해야 합니다. 원인이 있기 때문에 지옥 같은 삶을 사는 것입니다. 하나님께 원망할 것이 아니라, 성령으로 원인을 찾아 해결하려고 해야 합니다. 원인은 성령께서 아십니다.

필자가 그동안 성령으로 치유하며 목회를 하면서 체험한 바로는 성령으로 세례를 받아 성령으로 치유하며 말씀의 비밀을 깨달으며 성령의 인도를 받으며 믿음생활을 하시는 분들은 모두 마음 천국을 누리면서 살아갑니다. 살아계신 성령으로부터 직접적인 하나님의 계시를 받아 순종하면서 살아가기 때문입니다. 반대로 지옥 같은 삶을 사시는 분들은 합리적이고 이성적이며 율법적인 신앙을 가지고 인간적인 열심으로 믿음생활을 하시는 분들이었습니다. 필자는 크리스천들이 유대인 같은 믿음생활을 하지 말라고 합니다. 유대인들은 율법을 따라 사는 사람들입니다. 관념적인 신앙생활을 합니다. 하나님의 선민이라고 자처는 하지만 하나님과 직접적인 교통을 할 수가 없습니다. 반드시 선지자를 통하여 하나님의 뜻을 알고 순종합니다. 스스로 아무것도 할 수 없는 사람들입니다. 예수를 믿으면서 이렇게 율법의 종으로 살기 때문에 불통의 삶을 사는 것입니다. 모든 것이 성령으로 됩니다.

그래서 영적으로 깨닫고 보면 예수를 믿었다는 것은 말로 표현 할 수 없는 축복입니다. 바르게 알고 누리지를 못해서가 문제이지 예수를 믿었다는 것은 큰 축복이요, 선택된 사람이라고 자부해도 좋습니다. 우선 하나님께서 인생을 살아주십니다. 내 인생 하나님께서 살아주시니 안될 일이 무엇이 있겠습니까? 하나님께서 필요를 공급하여주십니다. 이는 이스라엘 백성을 애굽에서 인도하여 내시고 만나를 공급하여 주신 것을 보면 알고 믿을 수가 있습니다. 하나님의 방법으로 문제를 해결하니 해결하지 못할 문제가 없습니다. 세상에서 해결하지 못할 문제도 하나님은 하나님의 사람을 통하여 해결하십니다. 그렇기 때문에 문제가 있을 때 하나님께 기도하여 하나님의 사람을 만나는 것이 급선무입니다. 하나님의 나라에 소속된 사람이 세상에서 세상 방법으로 문제를 해결할 수가 없는 것은 당연한 것입니다.

마음의 평안도 마찬가지입니다. 자신 안에 천국이 이루어지면 평안할 수밖에 없습니다. 만약에 예수를 믿으면서도 마음이 불안하고 두렵고 초조하다면 마음에 지옥이 형성된 것입니다. 우리의 삶은 수많은 정신적인 고통과 육체적 아픔, 생활의 슬픔 등 헤아릴 수 없는 불행의 쓰나미가 항상 다가옵니다. 하나님은 우리에게 이와 같은 고난을 이겨내고 행복하게 살도록 권능을 주셨습니다. 권능은 성령입니다.

하나님의 나라가 속히 이루어지도록 성령으로 기도해야 합니다. 그래서 정신적인 고통과 스트레스를 일으키는 근원인 환경을 다스려야 합니다. 우리가 환경을 다스리기 위해서 어떻게 해야 될까요? 환경을 다스리기 전에 우리의 마음을 다스려야 되는 것입니다. 성령으로 기도하여 마음을 다스리면 환경을 다스리는 능력이 나타나게 되는 것입니다.

첫째, 마음에서 모든 것이 나옵니다. 마음을 말씀과 성령으로 정화하고 청소하고 정리해야 합니다. 마음을 열고 기도하면 성령께서 마음을 청소하십니다. 마음이 불안하고 두렵고 답답하고 짜증스러운 것은 마음에 쓰레기가 쌓여서 일어나는 현상입니다. 집안을 다스리려면 집안을 청소하고 정리해야 되는 것처럼, 성령으로 기도하여 마음을 청소하고 다스려야 되는 것입니다. 정신적으로 미움, 분노, 시기, 질투, 교만, 탐욕 같은 쓰레기 더미를 성령으로 정화하고 씻어내야 합니다. 양심에 고통스런 죄책을 다 회개하고 예수님의 보혈로 씻어야 마음을 다스릴 수가 있는 것입니다. 마음에 쓰레기가 잔뜩 쌓여있고 마음이 완전히 불완전하게 흩어져서 정신을 차릴 수 없는데 다스려집니까?

여기 한 여인의 간증을 들어보시기를 바랍니다. 저는 예수를 믿고 사모가 되었지만 성품에 변화가 없고 조그마한 소리에도 절제하지 못하고 혈기와 분을 냈습니다. 그것뿐만이 아니고, 마음이 항상 불안하고 초조했습니다. 가끔 두려움과 공포가 저를 사로잡아오기도 했습니다. 가슴이 답답하고 숨을 제대로 쉴 수가 없었습니다. 열심히 기도하고 예배를 빠지지 않으면 믿음이 좋은 것으로 알고 믿음 생활을 열심있게 했습니다. 무조건 열심히 하는 행위중심의 관념적인 신앙생활을 했습니다. 성령 체험도 몰랐습니다. 그렇게 열심히 신앙생활을 했는데 남은 것은 혈기와 무릎 관절통증과 아랫배 통증, 두통, 비염, 좌우지간 여러 가지 질병으로 고생을 하며 지냈습니다.

그러던 어느날 남편 목사님께서 내적치유에 대한 책을 한권 사다주면서 읽어보라고 해서 읽어보는데 왠지 모르게 속에서 서러움이 올라오는 것입니다. 그래서 남편에게 이야기를 했더니 다시 내적치유 테이프를 구입하여 들으라고 하는 것입니다. 테이프를 들으면서 수 없이 울었습니다. 아랫배가 아프고 머리가 어지러운 현상이 일어났습니다. 그래서 남편에게 이야기를 했더니 자신하고 같이 서울에 있는 충만한 교회에 가서 치유를 받자고 했습니다. 그래서 남편을 따라서 치유를 받게 되었습니다. 그런데 하루가 지나고 이틀이 지나는데 정말 머리가 아프고 괴로워서 더는 가지 못할 정도까지 되었습니다. 그래서 남편보고 못가겠다고 했더니, 지금 포기하면 영영 치유 받지 못하니 괴로워도 같이 가자고 했습니다. 그래서 남편의 부축을 받고 충만한 교회에 가서 치유를 받았습니다. 그런데 그날은 오후 시간에 태중의 상처를 치유 받는 시간 이었습니다. 강 목사님으로부터 태중의 상처에 대한 강의를 듣고 안수기도를 받으니까, 갑자기 두려움이 찾아오는 것입니다. 그리고 사람들의 싸우는 소리가 들리는 것입니다.

그러면서 제가 무의식적으로 귀를 막으면서 시끄러워하면서 조용히 하지 않으면 찔러죽일 거야 하는 것입니다. 그러면서 환상이 보이는 데 남자가 여자를 때리면서 싸우는 모습을 보여주시는 것입니다. 너무나 큰 두려움이 저를 장악하면서 저의 목이 다리 사이로 들어가면서 움츠려드는 것입니다. 그러면서 소리를 막 지르는 것입니다. 그러니까 사모님이 오셔서 안수를 해주시면서 지금 태중에서 일어나는 현상을 치유하면서 나타나는 현상이니 두려워하지 말고 성령의 역사에 따르라고 했습니다.

그러면서 안수를 해주셨습니다. 그러자 제 속에서 큰 소리를 지르면서 상처들이 막 떠나갔습니다. 기침을 한 시간 정도 했을 것입니다. 그러고 나니 머리 아픈 것과 어지러운 현상이 없어지고, 마음이 평안하고, 정말 날아갈 정도로 몸이 가벼워지는 것입니다. 한마디로 성령을 체험하여 영의통로가 열린 것입니다.

그런데 남편은 왠지는 몰라도 금식을 하면서 다니는 것입니다. 나중에 안 사실인데 남편역시 상처가 드러나서 괴로우니까, 금식을 한 것이라고 했습니다.

그러면서 저보고 좀 더 다니면서 치유를 받자고 했습니다. 그래서 저도 태중의 상처를 치유 받고 너무나 좋아서 한 십 개월 정도 다니면서, 강요셉 목사님이 집회에 사용하시는 세미나 교재를 다 배우고, 공포와 두려움과 분노와 혈기도 치유 받았습니다. 마음이 평안한 것을 몸으로 마음으로 체험하게 되었습니다. 질병들이 모두 치유가 되었습니다. 내 마음을 성령이 장악하시니 천국이 이루어진 것입니다. 마음의 천국이 이루어지니 질병들이 모두 치유가 된 것입니다. 성령께서 저의 전인격을 장악했다는 보증입니다. 거기다가 여러 가지 성령의 은사와 능력도 받았습니다. 이제 저도 사람을 보면 심령이 읽어지고 손을 얹으면 치유가 일어납니다. 제가 스스로 기도하면서 제 마음속의 상처를 치유하고 있습니다. 항상 마음의 천국을 누리려고 성령으로 기도하고 있습니다. 항상 기쁨으로 충만한 사모가 되었습니다. 지금은 정말 예수님을 믿기를 잘했다고 간증합니다. 예수님을 믿으면 이렇게 좋은 것들을 많이 받는 다는 것을 몸으로 마음으로 체험하고 있습니다.

그러니 우리 교회 여성 성도들이 얼마나 저에게 안수를 받으려고 하는지 모릅니다. 그래서 제가 늘 마음으로 하는 말이 사모도 능력이 있어야 성도들에게 대접을 받는 것이구나 하면서 주님에게 쓰임 받고 있습니다. 그러면서 역시 영적인 일은 시간과 물질을 투자해야 된다고 느끼면서 남편 목사님의 목회를 돕고 있습니다. 체험하고 나니 내가 하나님의 성전이라는 것을 인정하게 되었습니다. 정말로 감사할 일입니다. 제가 이렇게 되리라고는 생각을 하지 못했습니다. 모두가 예수님의 은혜요, 성령의 역사로 된 것입니다. 성령은 저를 천국으로 만드셨습니다.

요한일서 1장 9절에 "만일 우리가 우리 죄를 자백하면 그는 미쁘시고 의로우사 우리 죄를 사하시며 우리를 모든 불의에서 깨끗하게 하실 것이요"라고 말씀한 것입니다. 우리가 죄를 하나님 앞에 고백하면 깨끗하게 해주세요. 입으로 그냥 고백해서 고백이 잘 안되거든 성령의 임재가운데 현장을 마음으로 그리면서 보세요. 눈으로 보면서 회개도 하시고 용서도 하시기를 바랍니다. 그리고 쓰레기 뒤에 역사하던 귀신들을 축사해야 합니다. 회개하고 용서했다고 근본이 없어지지 않습니다. 반드시 뒤에 역사하는 귀신을 축귀해야 합니다. 그리고 성령으로 기도하여 평안을 공급하세요.

세상 사람이 알지 못하는 보혈의 샘물이 있습니다. 세상 사람은 물질적으로 넘쳐나는 물로써 때는 씻지만 마음은 못 씻는데 우리는 마음을 씻는 그리스도의 십자가 보혈이 우리에게 주어진 것입니다. 우리가 갈보리 산에 매달려 있는 예수 그리스도의 고통을 통해서 흘리신 피를 믿고 받아들이므로 우리의 죄가 다 용서함 받을 수가 있는 것입니다. 우리의 마음속에 더러운 죄만 자복할 뿐 아니라 부정적인 생각을 정리해야 되는 것입니다. 마음에 염려, 근심, 불안, 초조, 절망, 시기, 분노, 우울한 마음, 살고 싶지 않은 부정적인 생각, 이런 생각을 다 쫓아내야 되는 것입니다. 그래서 제가 '나는 행복하다. 나는 기쁘다. 나는 즐겁다. 나는 평안하다. 나는 만사형통하다.' 이 말을 하라는 이유는 부정적인 생각을 쫓아내는 방법으로 그렇게 하는 것입니다. 많은 사람이 저보고 그런 질문을 해요. 행복하지도 않은데 왜 자꾸 행복하다고 그럽니까? 그래서 제가 하는 말은 "행복 안하기 때문에 행복하다고 말하라. 행복한 사람은 행복한데 뭐라고 행복하다고 말할 필요 없지 않느냐. 행복 안하니까 그것을 쫓아내기 위해서 나는 행복하다. 안 기쁘니까 슬프니까 나는 기쁘다. 평안하지 못하니까 나는 평안하다. 건강 안하니까 내가 건강하다." 그래서 부정적인 것을 쫓아내는 것입니다. 부정적인 것을 그냥 두고는 마음이 정리정돈이 되지 않습니다.

로마서 8장 5절로 6절에 "육신을 따르는 자는 육신의 일을, 영을 따르는 자는 영의 일을 생각하나니 육신의 생각은 사망이요 영의 생각은 생명과 평안이니라" 육신을 따라서 여러 가지 부정적인 생각이 마음을 꽉 점령하고 있을 때 우리는 영의 생각을 쫓아서 예수님 이름으로 긍정적인 시인을 하므로 이를 쫓아내는 것입니다. 로마서 12장 2절에 "너희는 이 세대를 본받지 말고 오직 마음을 새롭게 함으로 변화를 받아 하나님의 선하시고 기뻐하시고 온전하신 뜻이 무엇인지 분별하도록 하라" 마음을 새롭게 해야 되는 것입니다. 낡은 마음을 가지고는 하나님의 선하시고 기뻐하시고 온전한 뜻을 분별할 수 없어요. 성령으로 마음이 맑아져야 하나님의 뜻을 분별할 수 있는 것입니다. 그렇기 때문에 부정적인 생각을 성령으로 정리해서 마음을 깨끗이 해야만 되는 것입니다.

마음을 정리정돈 하고 여유를 가지고 천천히 살아도 마음속이 행복하면 환경이 행복한 환경으로 변화되는 것입니다. 먼저 버려야 할 사소한 생각으로는, 불행하다는 마음과 마음의 고통, 슬픔, 상처 등 주로 부정적인 것들을 다 성령으로 정화해야 돼요. 화, 불안, 분노, 비난 등 부정적인 감정들도 지금 당장 성령으로 정화하고, 망설이고, 걱정하고, 불신하고, 갈등하고, 조급증, 적대감 등의 행동을 성령으로 몰아내고 버릴 때 마음이 그런 것으로부터 해방되면 행복하게 된다는 것입니다.

우리가 성공적이고 행복한 삶을 살기 위해서는 무엇보다 먼저 우리의 생각과 감정과 행동 가운데 부정적이고 소극적인 쓰레기더미를 예수님의 보혈로 씻어내고 우리 마음을 십자가 구속의 은혜로 채워야 하는 것입니다. 그래야 마음에 천국이 이루어지는 것입니다.

우리는 바깥은 좋은 집에서 잘 정돈된 가구를 갖다 놓고 살지만, 마음은 그런 쓰레기통이 되어 있습니다. 이 마음이 쓰레기통이 되어 있으니까 바깥이 아무리 좋아도 행복하지 않아요. 그래서 쓰레기통을 말씀과 성령으로 치워야 합니다. 성령의 역사로 쓰레기통을 비워야 합니다.

우리가 마음을 정리정돈하기 위해서 항상 죄를 회개하고 자복하고 보혈로 씻고 부정적인 생각을 긍정적인 생각으로 내어쫓아야 돼요. "나는 행복하다. 나는 기쁘다. 나는 즐겁다. 울면서라도 나는 평안하다. 나는 건강하다. 나는 잘된다. 형통하다.”
그렇게 하면은 그 생각이 우리 마음에 들어와서 반대적인 생각
을 밀어내 주는 것이니까, 마음에 그런 생각을 통해서 우리가
행복할 수가 있는 것입니다. 하나님께 기도할 때도 마음이 정리
정돈이 되어서 기도해야 힘 있게 기도가 상달되지, 마음이 아주
쓰레기더미 같이 혼잡하게 되어있는 상태에서 기도해서는 기도
응답이 오지 않는 것입니다. 우리가 항상 마음속에 기뻐하고 경
배하며 즐거움으로 꽉 들어찬 마음을 가지고 살면 마음을 다스
릴 수가 있어요.

자기의 마음에 예수님이 들어오자 주께서 마음에 주신 변화
가 얼마나 큰지 그것을 음악으로 표시한 것입니다. 우리의 삶의
고통과 어려움을 극복하고 기쁨과 행복 가운데 살아가기 위해
서는 우리 마음을 십자가 구속의 은혜로 가득 채워야 되는 것입
니다. 예수님의 보혈로 씻고 성령으로 기도하여 하나님의 은혜
를 마음에 가득 채우면 어떠한 환경에도 행복과 기쁨을 갖고 살
수가 있는 것입니다. 예수 그리스도를 믿고 하나님 앞에서 얻은
기쁨은 세상으로 비교할 수가 없는 것입니다. 그래서 마음을 다
스리면 행복이 환경에도 다가오게 되는 것입니다.

**둘째, 예수를 믿었으면 희망찬 꿈을 그려보고 살아야 되는 것
입니다.** 우리는 모두 다 꿈을 갖고 사는 것입니다. 꿈이 없는 백
성은 망한다고 말한 것입니다. 작은 꿈, 큰 꿈, 살아있는 사람은
다 마음에 꿈을 갖고 있는 것입니다. 그런데 희망찬 꿈을 갖고
살아야지 꿈이 언제나 비관적이고 절망적이면 절대 행복하지

않아요. 비관적인 꿈을 가진 사람들이 요사이 자살을 많이 하지 않습니까? 대학생들도 대학교수도 자살을 하거든요. 그러면 희망찬 꿈을 어디에서 얻을 수 있느냐. 우리는 갈보리 십자가를 바라보고 희망찬 꿈을 얻을 수 있는 것입니다. 예수님이 우리의 모든 절망을 십자가에서 청산해 주었기 때문에 십자가를 바라보아야 희망찬 꿈을 얻을 수가 있는 것입니다.

우리가 실망하지 않는 것은 갈보리 십자가에서 몸 찢고 피 흘려 돌아가신 예수 그리스도를 바라보면 그 예수 그리스도 안에서 얻는 꿈은 희망차고 없어지지 않습니다. 예수님을 쳐다보면 용서와 의의 꿈을 언제나 꿀 수 있고 거룩하고 성령 충만한 꿈을 꿀 수 있고 치료받은 건강한 꿈을 꿀 수가 있고 아브라함의 복과 형통을 얻을 꿈을 꿀 수가 있으며, 부활 영생 천국의 꿈을 꿀 수가 있습니다. 꿈은 꿈이니까요. 그래서 내 영혼이 잘됨 같이 범사에 잘되며 강건하고 생명을 얻되 넘치게 얻는 꿈을 꾸고 나아가면 그 꿈이 그 세계로 이끌어 가는 것입니다. 우리가 꿈을 이루는 것이 아닙니다. 절대로 그것을 오해하지 마십시오. 꿈을 가슴에 품고 있으면 꿈이 이끌어 가는 것입니다.

그렇기 때문에 꿈을 갖는다는 것이 그렇게 중요한 것입니다. 믿음의 주요 또 온전케 하시는 예수를 바라보라고 성경은 말한 것입니다. 예수를 바라보고 나아가면 그 꿈이 우리를 예수께로 이끌어 주는 것입니다. 그래서 누구든지 그리스도 안에 있으면 새로운 피조물이라 이전 것은 지나갔으니 보라 새것이 되었도다. 이전의 죄악된 삶, 부패한 삶, 병든 삶, 패배와 실패, 낭패,

가난, 저주의 삶. 죽음의 고통의 삶이 다 사라지고 새로운 삶, 영혼이 잘됨같이 범사에 잘되며 강건하고 생명을 얻되 넘치게 얻는 삶으로 변화되는 것입니다. 그것은 내가 노력하고 힘쓰고 애써서 되는 것이 아니라 꿈이 그 세계로 이끌어 가는 것입니다. 예수를 바라보고 믿으면 성령이 오셔서 그 꿈대로 변화시켜 주는 것입니다.

사도행전 10장 38절에 "하나님께서 예수 그리스도에게 성령과 능력을 기름 붓듯 하셨으매 그가 두루 다니시며 선한 일을 행하시고 마귀에게 눌린 모든 사람을 고쳤다"고 했습니다. 예수님은 고치는 하나님이신 것입니다. 영혼을 고치고 마음을 고치고 육체를 고치고 생활을 고치는 하나님이신 것입니다. 그러므로 그리스도를 통해서 내가 치료받고 고침 받고 변화 받는 모습을 상상하면 성령께서 그 길로 이끌어 주시는 것입니다. 꿈을 꾸어야 되는 것입니다. 생각과 꿈을 꾸어야 되는 것입니다. 그러면 그대로 됩니다. 자꾸 못살고 안 되고 죽는 것을 생각하면 꿈이 여러분을 못살고 안 되고 죽는 것으로 끌고 가는 것입니다.

여기 한 성도의 간증을 들어보시기를 바랍니다. 저는 25년 전에 예수를 믿고 믿음 생활을 했습니다. 그런데 20년이 넘도록 예수님을 누리지 못하고 악성 빈혈과 심장병, 우울증으로 고통을 당하면서 지냈습니다. 그러다 성령님의 인도로 충만한 교회 강요셉 목사님을 만나 치유 받고 새로운 삶을 살고 있는 여 목회자입니다. 제가 목회자가 된 것도 이 질병 때문에 된 것입니다. 어느 분이 예언을 하는데 목회자의 사명이 있는데 사명을 감당하지 않으니 그런 질병으로 고통을 당한다는 것입니다. 만약 순종하면 질병은 금방 치유가 된다는 말을 믿고 신학을 하여 목회자가 된 것입니다. 그런데 목회자가 되니까 몸이 더 심하게 아픈 것입니다. 만약 이 간증을 읽는 분도 저 같은 경우라면 절대 속지 말고 내적치유를 받으시기를 바랍니다. 그리고 성령으로 세례를 받고 영의 통로를 뚫으시기를 바랍니다. 저의 체험으로는 목회자가 된다고 질병이 치유되는 것이 아닙니다. 또한 여러 가지 문제가 해결되는 것이 절대로 아닙니다. 직접 치유를 받아야 해결이 되는 것이라는 것을 저는 뼈저리게 체험했습니다. 좌우지간 저는 국민일보 광고를 보니 제가 사는 근처에서 강요셉 목사님이 오셔서 치유집회를 한다는 광고를 보고 참석하여 첫날부터 많은 은혜를 받았습니다. 그때까지 체험하지 못한 여러 가지 체험을 했습니다.

수많은 상처들이 떠나갔습니다. 귀신들도 많이 떠나갔습니다. 점점 몸이 가벼워지고 우울한 기분이 사라지는 것을 체험적으로 느꼈습니다. 그래서 집중 치유를 받겠다는 욕심을 가지고 충만한 교회에 적을 두다 시피하고 치유를 받았습니다. 특히 충만한 교회는 토요일에 개별 집중 치유하는 시간이 있는데 이때 성령의 역사가 강하게 일어납니다. 그 시간에 더 많은 상처를 치유 받은 것 같습니다. 정말 말로 표현 못하는 현상을 하면서 상처가 치유되었습니다. 점점 빈혈이 없어지고 가슴이 답답한 것도 사라지는 것입니다. 제가 치유를 받으면서 깨달은 것은 내가 예수를 믿었어도 여전하게 내 마음이 지옥이었구나, 이제 천국이 되니 이렇게 평안하고 건강해지는 구나, 저절로 하나님이 좋다, 예수를 믿기를 참 잘했다는 말이 나오는 것입니다.

제가 이렇게 몸이 건강해지니 남편도 너무나 좋아하는 것입니다. 그래서 몇 개월간 치유를 받다가 병원에 가서 검진을 받아보니 모두 정상으로 나오는 것입니다. 그래서 참 신기하기도 하다, 그렇게 많은 세월 약을 먹고, 나름대로 치유를 받겠다고 여기저기 다녔는데도 해결은 받지 못했는데, 충만한 교회에 와서 집중적으로 내적치유를 받고 마음의 천국을 이루고 건강하게 되니 얼마나 감사한지 모릅니다.

이제 건전한 꿈을 꾸고 살아갈 수가 있습니다. 얼마전만해도 생각하지도 못할 일입니다. 저에게 꿈이 있습니다. 저와 같이 예수를 믿으면서도 영육의 문제로 고통을 당하면서 사는 사람들을 치유하는 꿈입니다. 이제 그 꿈이 이루어 졌습니다. 제가 성령님의 은혜로 새사람이 되었으니 강하고 담대하고 치유의 복음을 전하면서 전도하고 치유할 수가 있게 된 것입니다. 원래 저의 꿈이 전도하고 병든자를 치유하는 것이었습니다. 성령님의 은혜로 내가 치유되니 자연스럽게 그 꿈이 이루어진 것입니다.

강요셉 목사님이 귀에 못이 박히도록 말씀하신 하나님의 일은 사람이 못합니다. 반드시 성령의 인도를 받아야 합니다. 사람이 하나님의 일을 하려고 하니 얼마나 힘이 들겠습니까? 하나님의 일을 하려고 하지 말고 하나님께 쓰임을 받으려고 해야 합니다. 하나님께서 성령으로 인도하시면서 사용하실 것입니다.

그런데 제가 치유 받으면서 여러 환상을 보았습니다. 엄마가 저를 임신하고 괴로우니까, 저를 지우려고 하는 것입니다. 그때의 충격으로 상처가 되어 우울증과 심장병에 혈액의 문제까지 당하고 세상을 산 것입니다. 그런데 치유를 받으면서 부모님을 용서하고, 그 때 생긴 태중의 상처를 치유하고, 두려워할 때 들어온 귀신들을 축사하고 나니, 난치의 질병들이 치유가 된 것입니다. 태중에서 상처가 있으니까, 계속 연속적으로 두려워하고 놀라는 일만 생기는 것입니다. 아버지와 어머니가 사고로 한꺼번에 돌아가셨습니다. 그때 얼마나 큰 충격을 받았는지 모릅니다. 그래서 저의 나이 스물에 소녀 가장이 된 것입니다. 그 모든 상처들을 하나님이 치유하여 주셨습니다. 성령하나님께 치유를 받고 나니 이제야 내가 하나님의 성전이라는 말씀이 믿어집니다. 제가 하나님의 성전이 된 것입니다. 걸어 다니는 성전이 된 것입니다. 치유를 받기 전에는 내가 하나님의 성전이라는 말이 믿어지지 않았습니다. 그냥 말씀으로 들렸습니다. 이제 하나님의 성전이라고 과감하게 입술로 시인하고 말로 선포하고 행동으로 옮길 수가 있습니다. 앞으로 저같이 상처로 고생하는 사람들을 치유하는 사역자가 되겠습니다.

결론적으로 예수님을 믿으면서도 천국을 누리지 못하고 하나님의 성전 된 생활을 하지 못하는 것은 체험이 없는 관념적인 지식적인 행위적인 믿음생활을 하기 때문입니다. 앞에서 간증한 분들과 같이 직접 몸으로 마음으로 체험해야 합니다. 그래야 하나님의 성전이라는 말씀이 믿어지고 걸어 다니는 성전으로 살아갈 수가 있습니다.

14장 사람을 의식하는 신앙생활의 습관으로

(삼상15:30)"사울이 이르되 내가 범죄하였을지라도
이제 청하옵나니 내 백성의 장로들 앞과 이스라엘 앞에
서 나를 높이사 나와 함께 돌아가서 내가 당신의 하나님
여호와께 경배하게 하소서 하더라"

하나님의 성전 된 성도는 사람을 의식하지 않습니다. 하나님
께서는 사람을 의식하는 성도와 같이 하시지 않습니다. 성도의
내면이 부실한 것은 사람을 의식하는 습관이 바뀌지 않았기 때
문입니다. 하나님은 "여호와께서 이와 같이 말씀하시니라 무릇
사람을 믿으며 육신으로 그의 힘을 삼고 마음이 여호와에게서
떠난 그 사람은 저주를 받을 것이라(렘 17:5)" 하나님은 영이시
기 때문에 육신에 속한 사람을 의지하는 사람과 교통할 수가 없
습니다. 사람(아담)은 하나님을 만나면 죽습니다. 반드시 예수
를 믿고 성령으로 거듭나야 하나님과 교통할 수가 있습니다. 예
수님은 "나의 계명을 지키는 자라야 나를 사랑하는 자니 나를
사랑하는 자는 내 아버지께 사랑을 받을 것이요, 나도 그를 사
랑하여 그에게 나를 나타내리라(요 14:21)" 말씀하셨습니다.

우리는 사울 왕과 같이 사람을 의식하지 말아야 합니다. 하나
님께서 사울 왕에게 "아말렉을 쳐서 그들의 모든 소유를 남기
지 말고 진멸하되 남녀와 소아와 젖 먹는 아이와 우양과 낙타와
나귀를 죽이라(삼상 15:3)"고 세밀하게 명령하셨습니다. 그러

나 이미 하나님에게서 멀어진 사울은 하나님 말씀을 적당히 흘러들었습니다. "진멸하라"는 명령을 "적당히 쳐부수라."는 말 정도로 흘려들은 사울은 아말렉을 진멸하지 않고 좋은 것들은 남깁니다. 이에 진노하신 하나님께서는 사울을 버려 왕이 되지 못하게 하셨다고 반복적으로 말씀하셨습니다(23절, 26절, 28절). 사울은 "하나님께서 버리셨다는 말씀"이 얼마나 무서운 것인지를 생각하지 않았습니다. 사울왕은 어려서부터 하나님의 말씀에 순종하지 않는 것이 습관이 된 것입니다. "네가 평안할 때에 내가 네게 말하였으나 네 말이 나는 듣지 아니하리라 하였나니 네가 어려서부터 내 목소리를 청종하지 아니함이 네 습관이라(렘 22:21)" 말씀에 순종하지 않는 사울왕의 타락한 영적 상태를 알고 하나님을 경외하는 성도들이 됩시다.

사울은 하나님 말씀에 대해 영적으로 귀가 막힌 사람이었습니다. 그는 하나님 말씀에 순종하지 않고 자기 생각대로 행하고서도 자신은 하나님께 순종하는 자로 착각하고 있었습니다. "사무엘이 사울에게 이른즉 사울이 그에게 이르되 원하건대 당신은 여호와께 복을 받으소서 내가 여호와의 명령을 행하였나이다…(15:13)" 그는 하나님 말씀보다 사람들의 말을 더 두려워하는 자였습니다. "사울이 사무엘에게 이르되 내가 범죄하였나이다. 내가 여호와의 명령과 당신의 말씀을 어긴 것은 내가 백성을 두려워하여 그들의 말을 청종하였음이니이다(15:24)" 사울을 왕으로 세우신 이는 하나님이시며 사울의 왕권을 보장하시는 분도 하나님이십니다. 그러나 그는 하나님보다 사람을 더 두려워함으로 인해 실패와 저주의 올무에 걸리고 말았습니다.

사울은 사람 중심의 종교를 가진 종교적인 위선자였습니다. 사무엘은 "여호와께서 왕을 버렸으므로 왕과 함께 가지 않겠다."고 말했습니다. 그러자 사울은 사무엘의 옷자락을 잡았습니다. 얼마나 꽉 잡았는지 사무엘의 옷이 찢어지고 말았습니다. 마치 12년을 혈루증으로 고생한 여인이 절박한 심령으로 예수님의 옷자락을 만졌던 것과 비슷한 상황입니다. 그런데 사울은 순전히 인간적인 목적으로 사무엘의 옷자락을 붙잡았습니다. "비록 내가 범죄하였을지라도 내 체면을 봐서 저와 함께 갑시다."고 한 사울의 말 속에 그의 속마음이 들어나 있습니다. 하나님께 책망 받고 버림당하는 것은 사울에게 별로 두려운 일이 아니었습니다. 그가 두려워한 일은 "사람들에게 무시당하는 일"이었습니다.

그래서 사무엘의 옷자락이 찢어지도록 붙잡고 함께 가자고 간청한 것입니다. 겉으로는 예배요 속으로는 자기 명예를 챙기는 종교적인 사기꾼 행각입니다. 사울과 같은 상황에 처하면 "명예 체면"보다 하나님께 용서받는 것이 백배 천배 더 중요한 일입니다. 다윗은 사울과 같은 상황에서 마음을 찢고 눈물로 회개하며 용서를 간구했습니다.

주님께서는 이 땅에 사실 때 "오직 아버지의 뜻"을 이루는 것에 온 마음과 힘을 기울이셨습니다. 수많은 기적과 표적을 행하셨기 때문에 "조금만 세상과 타협했더라면" 인기 만점으로 떵떵거리며 살 수 있었습니다. 그러나 주님은 세속과 타협하시지 않으셨습니다. 타락한 종교지도자들을 보시고 "위선자, 더 나아가 독사의 자식들"이라고 책망하셨습니다. 결국은 미움을 받으시고 십자가를 지셨습니다. 결박과 환난 중에도 오직 예수의 복음을 증거하기 위해 모든 것을 바친 사도들의 삶이 하나님께서 보시기에 아름다운 삶입니다. 사람을 두려워하고 자기 체면을 중시하는 이들은 하나님께서 싫어하십니다. 교회 생활하는 가운데 혹시 내 자존심과 이권 때문에 하나님을 무시하고 거만하게 행동하시지는 않으셨는지요? 주님 말씀보다 사람들의 말에 귀를 기울이시지는 않으셨는지요? 실패한 사울왕의 전철을 밟지 맙시다. 주님을 사랑합시다.

첫째, 하나님의 선민의 위대함을 모르는 사울입니다. 어떻게 해서 다윗은 골리앗을 정복했는데 사울과 그 군대는 골리앗 앞에서 혼비백산하고 뒤로 물러갔습니까? 그 이유가 어디에 있습니까? 하나님의 택한 선민이라는 긍지와 자부심이 없었습니다. 하나님께서 함께하신다는 믿음과 담대함이 없었습니다. 사울은 골리앗의 모욕적인 도발에 대하여 두려워하고 도망하기에 바빴습니다. 그래서 골리앗이 와서 고함을 치고 산천초목이 쩡쩡 울리면 사울과 그 군대는 정신을 차리지 못했습니다. 공포로 말미암아 숨을 곳을 찾는다고 모두 다 땅에 기고 엎드리고 야단이었습니다. 그러나 다윗은 골리앗의 도전 앞에 무너지는 이스라엘의 군대의 사기를 보고 통분히 여겼습니다. 사람이 현실의 어려움을 바라보고 통분히 여기지 아니하면 그 어려움에 대처할 수 없습니다.

사무엘상 17장 26절에 보면 "다윗이 곁에 서 있는 사람들에게 말하여 이르되 이 블레셋 사람을 죽여 이스라엘의 치욕을 제거하는 사람에게는 어떠한 대우를 하겠느냐 이 할례 받지 않은 블레셋 사람이 누구이기에 살아 계시는 하나님의 군대를 모욕하겠느냐" 사시는 하나님의 군대인 이스라엘이 골리앗 앞에서 혼비백산하여 모두 다 꼬리를 감추고 도망을 치는 이 마당에 소년 다윗은 통분히 여겼습니다. 이것이 무엇이기에 감히 사신 하나님의 군대를 이렇게 모욕하는가? 골리앗 앞에 도망을 치는 이스라엘 군대를 보고 그는 마음에 굉장히 통분을 느꼈습니다. 이것이 사울과 다윗의 다른 점입니다. 사울은 통분히 여기지 않았습니다. 사울은 그저 겁에 질려서 어찌할 바를 모르고 절절매었지만 다윗은 그 행실 없는, 할례 없는 블레셋 사람이 하나님의 군대를 모욕하는 것을 보고 마음 아프게 여기고 원통하여 여기고 분노를 느낀 것입니다.

개인의 삶도 한가지입니다. 개인의 삶도 자기의 현실적인 삶의 모자람을 바라보고 마음에 통분히 여겨서 눈물을 흘리며 각오와 결심을 하는 그러한 사람에게 하나님께서 함께하시며 은총과 사랑을 베풀어 줍니다. 동남풍아 불어라. 서북풍아 불어라. 바람 부는 대로 물결치는 대로 나는 세태를 따라 그냥 살아가면 그뿐이다, 흥하든 망하든 알 것이 무어냐 이렇게 하면 그러한 사람을 누가 하나님이 도와주겠습니까? 처자를 잘 먹여 살리지 못하는 것을 보고 통분히 여기는 가장이 있어야 하고,

남편과 자녀들을 잘못 돌보아주는 것을 통분히 여기는 주부가 있어야 하고, 부모를 잘 섬기지 못하고 또 열심히 공부하지 못하는 이 현실을 통분히 여기고 가슴을 치는 그러한 자녀들이 있어야 합니다. 이러한 사람들이 모이면 운명과 환경을 변화시키는 기적이 일어나게 되는 것입니다.

사울과 그 군대가 골리앗 앞에서 일신의 보호를 위해서 도망치기에 바쁠 때에 목동 다윗은 골리앗에 대해서 통분히 여겼습니다. "이 어쩐 일인고. 어찌 감히 할례 받지 못한 이방인이 하나님의 군대를 모욕하는 고, 천하에 이런 일이 있을 수 있는가?" 그는 통분히 여긴 것입니다. 그래서 하나님은 사울을 사용하지 않고 어린 다윗을 사용한 이유가 바로 거기에 있는 것입니다.

둘째, 하나님께서 함께하심을 망각한 사울입니다. 사울은 하나님의 위대하심을 알지 못했습니다. 그래서 사무엘상 17장 33절에 보면 "사울이 다윗에게 이르되 네가 가서 저 블레셋 사람과 싸울 수 없으리니 너는 소년이요 그는 어려서부터 용사임이니라" 다윗이 하나님을 의지하고 나가겠다고 그러는데 사울은 하나님의 말은 한 마디도 안 했습니다. 사울은 "다윗 너는 아직 어린 소년이고 저 골리앗은 어릴 때부터 용사요 장군이라 네가 나가서 싸워 그를 이기지 못한다." 여기에 사울은 하나님의 말씀을 한 마디도 하지 않았습니다. 그는 하나님을 알지 못했습니다. 종교는 가지고 있어도 하나님은 알지 못했습니다. 그러므로 위기에 처할 때에 하나님의 능력을 의지해서 위기에 대처할 수 있는 그러한 지식이 없었습니다.

그러나 다윗은 그렇지 않았습니다. 다윗은 자기가 비록 조그마한 초립동 목동이었지만 그러나 하나님에 대한 확실한 지식을 가지고 있었습니다. 그리고 하나님에 대한 체험적인 지식을 가지고 있었습니다. 그는 하나님의 위대함을 체험적으로 알고 있었습니다. 사무엘상 17장 34절로 37절에 보면 "다윗이 사울에게 말하되 주의 종이 아버지의 양을 지킬 때에 사자나 곰이 와서 양 떼에서 새끼를 물어가면 내가 따라가서 그것을 치고 그 입에서 새끼를 건져내었고 그것이 일어나 나를 해하고자 하면 내가 그 수염을 잡고 그것을 쳐죽였나이다. 주의 종이 사자와 곰도 쳤은즉 살아 계시는 하나님의 군대를 모욕한 이 할례 받지 않은 블레셋 사람이리이까, 그가 그 짐승의 하나와 같이 되리이다. 또 다윗이 이르되 여호와께서 나를 사자의 발톱과 곰의 발톱에서 건져내셨은즉, 나를 이 블레셋 사람의 손에서도 건져내시리이다 사울이 다윗에게 이르되 가라 여호와께서 너와 함께 계시기를 원하노라" 이 얼마나 하나님에 대한 확실한 체험적인 지식을 가지고 있습니까? 사울은 하나님에 대한 말도 안 했는데 다윗은 내가 비록 어린 소년이요 목동이지만 그러나 하나님이 나와 같이 계셔서 사자도 치고 곰도 치고 사자의 이빨과 곰의 발톱에서 나를 건진 하나님께서 이 블레셋 사람에게서 나를 능히 나를 건져 주신다. 그는 하나님에 대한 체험적인 확실한 지식을 가지고 있었습니다. 우리가 어려운 일을 당하고 그를 극복하려고 하면 하나님을 분명히 알아야 합니다. 하나님을 알지 못하고 현실 환경만 바라보고 두려워하고 떨면 아무 일도 하지 못합니다.

우리가 하나님을 어떻게 확실히 알 수 있는 것입니까? 십자가를 통하여 우리에게 말씀하신 그 하나님을 우리가 알아야 됩니다. 오늘날 하나님께서는 갈보리 십자가 예수 그리스도를 통해서 우리에게 끊임없이 말씀하십니다. 그 십자가 위해서 못 박혀 몸 찢고 피를 흘려 죽으면서 우리에게 전달하는 하나님의 메세지를 우리가 분명히 안다면 우리는 어떠한 위기도 극복할 수 있는 것입니다.

이사야 53장 5절에서 6절에 "그가 찔림은 우리의 허물을 인함이요 그가 상함은 우리의 죄악을 인함이라 그가 징계를 받음으로 우리가 평화를 누리고 그가 채찍에 맞음으로 우리가 나음을 입었도다. 우리는 다 양같이 그릇 행하여 각기 제 길로 갔거늘 여호와께서는 우리 무리의 죄악을 그에게 담당시키셨도다. 이것이 바로 십자가의 메시지입니다.

하나님은 예수 그리스도를 십자가에 못 박고 그를 통하여 우리에게 메시지를 전달하고 있는데 이 메시지를 우리가 분명히 알고 있어야 골리앗을 대적할 수 있습니다.

이 메시지는 무엇입니까? 예수 그리스도의 십자가를 통하여 하나님께서는 너의 모든 죄를 내가 용서한다. 네가 믿기만 하면 내가 의롭게 만들어 준다. 그러므로 용서와 의를 받으라. 이렇게 외치고 있습니다. 그 메시지를 받고 회개하고 용서와 의를 받아 당당한 믿음으로 나아갈 수 있는 것입니다.

분명히 내가 성령으로 세례를 받고 하나님의 자녀가 된 확신을 얻고 하늘과 땅과 세계와 그 가운데 모든 것을 지으신 하나님이 나의 친 아버지가 되시고 나는 그의 친 자녀가 되고 하나님의 가족의 일원이 되었다는 것을 알면 얼마나 가슴을 펴고 당당할 수가 있습니까? 곰이나 사자를 보고 두려워하겠습니까? 골리앗을 보고 두려워하겠습니까? 천지와 만물을 지은 하나님이 내 친 아버지가 되고 내가 친 자식이 되니 그 아버지께 기도하고 성령을 의지하고 나가는데 무엇을 두려워할 수 있겠습니까? 이러므로 십자가 위해서 우리에게 전달해 주는 하나님의 메시지를 우리가 분명히 알아듣고 깨달아 되는 것입니다.

십자가를 통하여 오늘도 하나님은 축복과 형통의 말씀을 전하고 있습니다. 귀 담아 들어야 하는 것입니다. 그리스도께서 우리를 위하여 저주를 받은바 되사 율법의 저주에서 우리를 속량하였으니 기록된바 나무에 달린 자마다 저주 아래 있는 자라 하였음이라 이는 그리스도 예수 안에서 아브라함의 복이 이방인에게 미치게 하려 함이라 이와 같이 하나님이 십자가를 통하여 우리에게 메시지를 전달하고 있습니다. 십자가를 통해서 전달해 오는 그 메시지에 귀를 기울여서 그 메시지를 받아들이면 우리는 저주에서 해방을 얻을 수가 있는 것입니다. 가난에서 자유를 얻을 수가 있고 마음에 큰 신념을 얻고 나갈 수 있고 이러한 사람에게 하나님이 복을 주시는 것입니다.

셋째, 사울왕은 자신의 가진 것만 생각했습니다. 우리가 담대하여 두려워하지 말아야 되는 것입니다. 담대함이 없이는 아무 일도 할 수 없습니다. 사울과 그 군대는 골리앗이 한번 외치니 모두 다 혼비백산하여 달아났습니다. 담력이 없습니다. 두려움으로 꽉 들어찼습니다. 그러나 하나님께서는 우리에게 담력을 가지라고 말을 합니다.

우리도 똑같은 말씀 아니겠습니까? 예수께서 말씀하기를 볼찌어다. 세상 끝날 까지 내가 항상 너와 함께 하리라고 말씀하셨습니다. 그날에는 내가 아버지 안에 너희가 내 안에 내가 너희 안에 있는 것을 너희가 알리라 너희 두세 사람이 내 이름으로 모인 곳에는 나도 너희와 함께 있겠노라. 그러므로 마음을 강하게 하고 담대히 하라. 강하고 담대한 마음이 없으면 우리가 우리의 운명에 대한 골리앗을 넘어뜨릴 수가 없습니다.

사울은 강하고 담대한 마음이 없었어요. 사무엘상 17장 24절로 25절에 보면 "이스라엘 모든 사람이 그 사람을 보고 심히 두려워하여 그 앞에서 도망하며 이스라엘 사람들이 이르되 너희가 이 올라 온 사람을 보았느냐 참으로 이스라엘을 모욕하러 왔도다. 그를 죽이는 사람은 왕이 많은 재물로 부하게 하고 그의 딸을 그에게 주고 그 아버지의 집을 이스라엘 중에서 세금을 면제하게 하시리라" 너무 너무 두려워해 가지고서 왕이 하는 말이 골리앗을 이기는 사람에게는 내가 내 딸을 주고 사위로 삼고 이스라엘에서 자유케 하여 마음대로 살도록 해 주겠다고 했습니다. 두려움으로 벌벌 떨었습니다.

그러나 강하고 담대한 다윗을 보십시요. 사무엘상 17장 32

절에 "다윗이 사울에게 말하되 그로 말미암아 사람이 낙담하지 말 것이라 주의 종이 가서 저 블레셋 사람과 싸우리이다" 이스라엘의 역전의 용사들이 다 도망을 치는데 조그마한 목동이 와서 그를 인하여 낙담하지 말지라 내가 가서 싸우겠다. 그는 담대했습니다. 하나님은 담대한 사람을 사용하십니다. 환경을 바라보고 겁이 나서 움츠려서 뒤로 물러가는 사람 하나님이 사용하지 않습니다. 자기의 신념을 가지고 하늘이 무너지고 땅이 꺼져도 눈을 부릅뜨고 용기와 힘을 가지고 담력을 가진 사람을 하나님이 사용하여 주시는 것입니다. 겁쟁이는 하나님이 절대로 사용하지 않습니다. 우리가 담대하기 위해서는 우리가 어떻게 해야 할까요? 히브리서 10장 35절에 "그러므로 너희 담대함을 버리지 말라 이것이 큰 상을 얻느니라"고 말씀하신 것입니다. 담대하기 위해서는 항상 말씀을 묵상해야 되는 것입니다. 성령님을 인정하고 환영하고 모셔드리고 의지합니다. 성령님 나와 함께 하여 주시옵소서. 하나님의 성령이 우리의 연약함을 도와주신다고 말씀하신 것입니다.

시편 3편 6절로 7절에 "천만인이 나를 둘러치려 하여도 나는 두려워 아니하리이다. 여호와여 일어나소서, 나의 하나님이여 나를 구원하소서 주께서 나의 모든 원수의 뺨을 치시며 악인의 이를 꺾으셨나이다" 성령이 일어나서 우리에게 힘을 주시는 것입니다. 그 다음에 순종의 삶을 살아야 담대하게 되는 것입니다. 하나님을 거역하고 살면 양심이 고통스러워 담대함이 없습니다. 하나님을 순종하는 삶을 살 때에 마음에 거리낌이 없고 우리 마음속에 담대함을 가질 수가 있는 것입니다.

넷째, 사울왕은 하나님을 계산에 넣지 않았습니다. 사울왕은 불가능에 도전하는 믿음이 없습니다. 사람의 생각으로 할 수 없다 안 된다 못한다는 것을 할 수 있다 하면 된다 해보자는 믿음으로 도전을 할 수 있어야 되는 것입니다. 사무엘상 17장 33절에 "사울이 다윗에게 이르되 네가 가서 저 블레셋 사람과 싸울 수 없으리니 너는 소년이요 그는 어려서부터 용사임이니라" 아예 불가능하다고 말했었습니다. 다윗을 보고 너는 저 골리앗과 못 싸운다 불가능하다. 그러나 다윗은 불가능에 대한 도전하는 믿음이 있었습니다.

사무엘상 17장 37절에 "또 다윗이 이르되 여호와께서 나를 사자의 발톱과 곰의 발톱에서 건져내셨은즉 나를 이 블레셋 사람의 손에서도 건져내시리이다 사울이 다윗에게 이르되 가라 여호와께서 너와 함께 계시기를 원하노라" 다윗은 불가능에 대해서 도전하기를 원했습니다. 다른 사람들이 다 안 된다고 말할 때에 다윗은 된다고 말했습니다. 우리가 하나님을 믿으면 불가능에 도전할 줄 알아야 되는 것입니다. 믿음이라는 것은 자기를 믿는 것이 아닙니다. 천지와 만물을 지으신 하나님을 믿기 때문에 하나님의 눈으로 바라보고 우리가 할 수 없는 일을 우리가 도전하는 것이 믿음인 것입니다.

마가복음 11장 22절로 24절에 "예수께서 대답하여 저희에게 이르시되 하나님을 믿으라 내가 진실로 너희에게 이르노니 누구든지 이 산더러 들리어 바다에 던지우라 하며 그 말하는 것이 이룰 줄 믿고 마음에 의심치 아니하면 그대로 되리라. 그러므로 내가 너희에게 말하노니 무엇이든지 기도하고 구하는 것은 받은 줄로 믿으라. 그리하면 너희에게 그대로 되리라" 예수님께서는 하나님을 믿었으면 태산에 도전하는 것입니다. 하나님을 믿었으면 산들에 명하여 저 바다에 던지우라. 이것은 도저히 인간적으로 불가능한 일입니다. 그러나 그런데 도전하고 나가라는 것입니다. 불가능에 도전하고 나가는 것이 하나님 믿는 사람입니다. 안 믿는 사람은 이성적으로 생각해 보고 타당성이 있는 일을 하지만 하나님 믿는 사람은 믿음으로 말미암아 불가능에 도전할 줄 알아야 되는 것입니다.

다섯째, 사울은 합리적이고 이성주의자였습니다. 사무엘상 17장 38절로 39절에 "이에 사울이 자기 군복을 다윗에게 입히고 놋 투구를 그의 머리에 씌우고 또 그에게 갑옷을 입히매 다윗이 칼을 군복 위에 차고는 익숙하지 못하므로 시험적으로 걸어 보다가 사울에게 말하되 익숙하지 못하니 이것을 입고 가지 못하겠나이다 하고 곧 벗고"라고 했습니다. 사울은 전쟁에 이길려면 자기 왕이 입고 있는 군복을 입고 자기가 하는 놋투구를 쓰고 자기의 갑옷을 입고 자기의 칼을 차야 된다. 이러한 완전무장을 하지 않고는 전쟁에 이기지 못한다. 그는 이성주의자였습니다. 합리주의자였습니다. 그러나 다윗은 하나님과 같이 있는데 무슨 특별히 투구가 있어야 이기고 갑옷이 있어야 이기고 칼이 있어야 이기느냐? 하나님이 같이 계시면 내 있는 그대로 가도 이긴다 그 말인 것입니다. 사울은 하나님을 언제나 계산에 넣지 않았습니다만 다윗은 자기의 하는 일에 언제나 하나님을 계산에 넣었습니다.

그리고 다윗은 기적을 기대했기 때문에 사울상 17장 40절로 44절에 "손에 막대기를 가지고 시내에서 매끄러운 돌 다섯을 골라서 자기 목자의 제구 곧 주머니에 넣고 손에 물매를 가지고 블레셋 사람에게로 나아가니라. 블레셋 사람이 방패 든 사람을 앞세우고 다윗에게로 점점 가까이 나아가니라. 그 블레셋 사람이 둘러보다가 다윗을 보고 업신여기니 이는 그가 젊고 붉고 용모가 아름다움이라. 블레셋 사람이 다윗에게 이르되 네가 나를 개로 여기고 막대기를 가지고 내게 나아왔느냐 하고 그의 신들의 이름으로 다윗을 저주하고 그 블레셋 사람이 또 다윗에게 이르되 내게로 오라 내가 네 살을 공중의 새들과 들짐승들에게 주리라 하는지라" 그런데 여기에 다윗이 뭐라고 대답을 했습니까? 다윗은 나는 사울의 투구를 쓰고 사울의 갑옷을 입고 사울의 칼을 가졌다. 현대식 무기로 무장했으니 나오라 그렇게 말했습니까? 아닙니다. 다윗은 그의 하는 일에 언제나 하나님을 보태었습니다. 그는 하나님을 계산에 넣고 말하는 것입니다.

사무엘상 17장 45절로 51절에 "다윗이 블레셋 사람에게 이르되 너는 칼과 창과 단창으로 내게 나아 오거니와 나는 만군의 여호와의 이름 곧 네가 모욕하는 이스라엘 군대의 하나님의 이름으로 네게 나아가노라. 오늘 여호와께서 너를 내 손에 넘기시리니 내가 너를 쳐서 네 목을 베고 블레셋 군대의 시체를 오늘 공중의 새와 땅의 들짐승에게 주어 온 땅으로 이스라엘에 하나님이 계신 줄 알게 하겠고, 또 여호와의 구원하심이 칼과 창에 있지 아니함을 이 무리에게 알게 하리라 전쟁은 여호와께 속한 것인즉 그가 너희를 우리 손에 넘기시리라. 블레셋 사람이 일어나 다윗에게로 마주 가까이 올 때에 다윗이 블레셋 사람을 향하여 빨리 달리며, 손을 주머니에 넣어 돌을 가지고 물매로 던져 블레셋 사람의 이마를 치매 돌이 그의 이마에 박히니 땅에 엎드러지니라. 다윗이 이같이 물매와 돌로 블레셋 사람을 이기고 그를 쳐죽였으나 자기 손에는 칼이 없었더라. 다윗이 달려가서 블레셋 사람을 밟고 그의 칼을 그 칼집에서 빼내어 그 칼로 그를 죽이고 그의 머리를 베니 블레셋 사람들이 자기 용사의 죽음을 보고 도망하는지라"

여기에 사울과 다윗의 다른 점이 있습니다. 사울은 현대 무기를 가지고 나아가야 골리앗과 대결할 수 있다고 생각했는데 다윗은 있는 그대로 목자의 제구 물맷돌 다섯 개를 들고서 하나님이 같이 계심으로 하나님이 싸워 주신다. 하나님의 함께하심을 믿은 것입니다.

15장 보이는 면에 치중하는 신앙 습관으로

(고전 3:16-17)"너희는 너희가 하나님의 성전인 것과 하나님의 성령이 너희 안에 계시는 것을 알지 못하느냐? 누구든지 하나님의 성전을 더럽히면 하나님이 그 사람을 멸하시리라 하나님의 성전은 거룩하니 너희도 그러하니라."

하나님의 성전 된 성도는 보이는 면보다 자신의 내면세계에 관심을 가지고 살아갑니다. 하나님은 유형교회들이 성도들의 내면세계에 관심을 가지고 목회를 하기를 원하십니다. 성도들 역시 내면의 능력과 지혜를 활성화하는 믿음생활을 하기를 원하십니다. 하나님께서 성도들의 마음 안에 성전삼고 주인으로 계시기 때문입니다. 하나님은 성도들의 마음 안에 성전삼고 계시면서 성도들을 통하여 세상에 나타내시기를 소원하십니다. 기독교는 종교가 아닙니다. 기독교는 하나님께서 친히 제정하신 것입니다. 절대로 기독교를 이방 종교와 비교해서는 안 됩니다. 하나님께서 예수를 믿는 사람을 통하여 나타나시는 것입니다. 성도들의 마음 안에 하나님께서 주인으로 계시는 것입니다.

기독교 신앙의 본질은 근본적으로 열심히 하고 많이 알아야 하는 외형적인 것이 아닙니다. 마음 안에 성전삼고 계시는 하나님께서 나타나는 생명의 신앙입니다. 우리의 신앙은 복음을 복음답게 깨달아 간다면 샘솟는 감격에 찬 신앙이 될 것입니다. 또 하나의 기독교 신앙에 대한 오해는 점차 "외형적인 것을 마치 신앙의 본질"인 것으로 간주하는 현상입니다. 만약 기독교 신앙의 본질을 세상에서의 보이는 성공에 둔다거나, 세상적인 기준에서의 사회정의에 둔다거나, 외형적인 교회의 크기에 두는 것은 기독교의 기독교 됨, 즉 세상을 이기신 그리스도의 절대적인 가치와 긍지를 상실하고, 오히려 세상의 상대적인 철학과 세속적인 가치관에 동화된 서글픈 상황이 되는 것입니다. 힘이 없는 종교로 전락하게 됩니다.

사도 바울은 고린도 전서에서 고린도 교회의 문제 상황을 분석하면서, 고린도 교회 성도들이 "보이는 사람 중심의 파당과 분쟁"의 미숙함을 지적하고 있습니다. 그러한 교회생활의 미숙은 결국 "보이지 않는 영원한 하나님의 세계"를 보지 못하는 것임을 고린도 후서에서 다음과 같이 설명하고 있습니다. "우리의 돌아보는 것은 보이는 것이 아니요 보이지 않는 것이니 보이는 것은 잠깐이요, 보이지 않는 것이 영원함이라(고후 4:18)"

위의 말씀은 우리의 신앙이 참으로 보이는 외형적인 차원에 초점이 있는 것이 아니라, 보이지 않고 자신 안에 성전삼고 계시는 영원하신 하나님의 세계를 목적삼고 있음을 강력하게 증거하고 있습니다. 우리는 신앙생활을 한다고 할 때 자칫하면 이미 "신앙"이라는 것은 어느 정도 이루어 진 것으로 생각하고, 그저 겉으로 드러나는 "생활"을 잘해야 하는 것으로 생각하기 쉽습니다.

진정한 신앙이라는 것은 일차적으로 하나님을 살아계신 하나님으로 깨달아감으로서 인격의 내면에서 변화가 이루어지는 일이므로, 감각적인 눈으로는 보이지 않는 신령한 세계의 일입니다. 살아계신 성령의 역사가 성도를 장악함으로 이루어지는 일입니다. 사람의 눈에는 보이지 않는 세계의 일입니다. 내면에 관심을 가지고 추구해야 보이며 하나님의 형상으로 변할 수가 있습니다. 반드시 성령으로 거듭나야 볼 수가 있는 신령한 세계입니다.

그것은 우리의 눈으로는 보이지 않는 하나님을 성경 진리의 말씀을 통해서 깨닫고, 그 하나님의 보이지 않는 은혜의 섭리를 우리 삶의 전 영역을 통해 발견하고 느끼는 삶입니다. 살아계신 하나님께서 마음 안에 성전삼고 계시면서 성령의 역사와 체험을 통하여 하나님의 형상으로 바꿔지는 신령한 일입니다. 이는 관심을 가지고 추구하지 않으면 알 수가 없는 세계의 일입니다. 성령의 살아있는 역사가 아니면 깨달을 수가 없습니다. 깊은 내면세계에 관심을 집중해야 변화되고 체험할 수가 있는 깊은 세계입니다. 하루 이틀에 바뀔 수가 없는 깊고도 신비한 초자연적인 세계입니다. 그것은 평생토록 성령의 지배와 인도를 받아야 깊어질 수 있는 세계입니다. 일반적인 크리스천의 눈에는 보이지 않는 세계입니다.

보이지 않기 때문에 보이는 면으로 신앙을 성숙을 판단하니 참으로 안타까운 현실입니다. 물론 밖으로 나타나는 열심도 있어야 합니다. 그러나 내면이 생명의 말씀과 성령으로 강하게 되어 걸어 다니는 성전 된 상태에서 열심히 해야 합니다. 먼저는 자신의 내면을 강하게 하는 일이라는 것입니다. 자신의 내면이 성전이 된 다음에 열심히 하고 많이 알기 위해서 노력하라는 것입니다. 필자가 말하는 것은 보이는 열심과 많이 알아야 된다는 외형에 치우치면 안 된다는 것입니다. 하나님께서는 이렇게 말씀을 하십니다. "너희가 내 안에 거하고 내 말이 너희 안에 거하면 무엇이든지 원하는 대로 구하라 그리하면 이루리라(요 15:7)" 하나님께서는 밖으로 나타나는 열심을 강조하시지 않았습니다. "너희가 내 안에 거하고 내 말이 너희 안에 거하면 무엇이든지 원하는 대로 구하라 그리하면 이루리라" 하시면서 내면을 강조하셨습니다. 예수님은 내면을 강조하는 말씀을 많이 하셨습니다. 마음 안에 계신 성령님의 감동을 받아 순종하면 원하는 것이 이루어진다는 말씀입니다.

하나님은 살아계십니다. 인격이십니다. 인격이신 하나님은 예수를 믿는 성도 안을 성전삼고 계십니다. "너희 몸은 너희가 하나님께로부터 받은바 너희 가운데 계신 성령의 전인 줄을 알지 못하느냐 너희는 너희 자신의 것이 아니라(고전 6:19)" 하나님은 사람이 지은 건물 안에 계시지 않습니다. 하나님은 살아계시고 인격이신 하나님이시기 때문입니다. 하나님은 절대로 성도들이 보이는 열심가지고 하나님을 섬기라고 말씀하시지 않으셨습니다. "우주와 그 가운데 있는 만물을 지으신 하나님께서는 천지의 주재시니 손으로 지은 전에 계시지 아니하시고, 또 무엇이 부족한 것처럼 사람의 손으로 섬김을 받으시는 것이 아니니 이는 만민에게 생명과 호흡과 만물을 친히 주시는 이심이라(행 17:24-25)" 단지 하나님을 주인으로 모시고 성령의 지배를 받는 성도들을 통하여 하나님께서 나타나시기를 원하십니다. 그렇기 때문에 예수를 믿는 성도들의 내면관리에 관심을 가지고 하나님께서 마음 안의 성전에 주인으로 거하실 수가 있도록 하는 것이 기독교 신앙의 본질입니다.

필자가 누누이 말했지만 영적인 일을 관심이 중요합니다. 관심을 보이는 면에 두고 믿음의 수준을 열심히 하고 많이 아는 것에 둔다면 행위로 하는 열심과 많이 알기 위하여 집중하게 될 것입니다. 자연스럽게 자신의 내면 관리를 등한히 할 수 밖에 없습니다. 내면에 계신 하나님을 찾고 기도하며 관리를 등한히 하니까, 정작 자신 안에 성전삼고 변화를 고대하시는 하나님과 관계가 열리지를 않게 됩니다. 왜냐하면 보이는 면에 치우치면 중요한 자신의 내면을 등한히 할 수가 있기 때문입니다. 내면에 계시는 성령님을 찾고 구해야 역사하시기 때문입니다.

그런데 그런 내면의 신앙에 대한 진실한 고려와 관심보다는 외형적인 일이나 생활 자체로 무게 중심이 옮겨지고 있다면 그것은 참으로 염려스러운 일입니다. 중세 교회 당시 타락의 징후가 어떻게 드러났습니까? 하늘을 찌르는 웅장한 예배당 건물들, 드높아가는 사제들의 무소불능한 권위, 치밀한 조직적인 교회 제도의 운영, 이런 찬란한 외형적인 것들 안에 참된 내면의 신앙은 오히려 퇴색하고 영혼들은 억압을 받았습니다.

16세기의 종교 개혁은 그러한 외형적인 허구를 진리의 눈으로 꿰뚫어 보고 하나님과의 관계를 중시하는, 그래서 "하나님 앞에서의 내면적인 신앙의 세계"를 회복시키신 것입니다. 하나님께서 성도 한사람, 한사람의 마음 안, 성전에 주인으로 계시기 때문입니다. 그렇다고 해서 외형적인 일이나 교회의 아름다운 제도의 운영을 무시하는 것은 결코 아닙니다. 16세기의 종교 개혁은 일차적으로 진리의 회복이면서 동시에 외형적인 교회 제도의 개혁으로 이어진 것입니다. 기독교 신앙의 주가 되는 것이 무엇인지 알고 행하라는 것입니다. 분명하게 주가 되는 것은 내면을 건실하게 하여 살아계신 하나님께서 성전삼고 역사하시게 하는 일입니다.

그러한 "외형적인 일이나 교회제도"들은 어디까지나, "보이지 않는 마음 안에 성전 되는 신앙의 형성" 만큼 따라 나오는 것이라는 점을 필자가 여기서 강조하는 것입니다. 더욱 중요한 것은 우리의 외형적인 일과 생활, 그리고 교회의 제도적인 운영은 실상 우리의 신앙의 내면이 만들어 내는 결과이면서, 동시에 우리 신앙을 키우기 위한 교육적 방편이라는 점입니다. 내면이 강해져야 외적인 행위의 신앙도 건실해지는 것입니다. 내면에 성전삼고 계신 하나님께서 밖으로 나타나기 때문입니다. 성령의 역사가 밖으로 나타나니 외형적인 일들도 자연스럽게 카리스마가 강한 역사가 나타나는 것입니다.

즉 "성도들의 마음 안에 성전삼과 계시는 하나님을 의지하고 경외하는 신앙"을 키우는 것이 궁극적인 목적이고, 외적으로 "드러나는 일이나 교회 제도의 운영"은 그를 위한 수단에 불과합니다. 이 점은 기독교적 신앙의 본질을 파악하고 바르게 성장하는데 있어서 너무도 중요합니다. 하나님은 왜 우리로 하여금 복음을 전파하게 하고 교회를 세워가는 일을 하게 하십니까?

만약 우리가 외형적인 일중심의 사고방식에 매여 있다면 그것 자체가 우리 신앙의 지상목표가 되어 버립니다. 자연스럽게 외형적인 일들, 즉 노방전도나 총동원 전도행사를 통해 복음을 전파하는 일, 예배당을 짓는 일, 당회, 노회, 총회 등 교회의 제도를 운영하는 일들에 목적을 두고 신앙생활이 이루어지게 됩니다. 왜냐하면 성도들이 보이는 면으로 신앙의 수준을 평가하는 눈으로 발전이 되기 때문입니다. 외형적인 일들은 모두 그것 자체가 결코 기독교 신앙의 궁극적인 목적이 아닙니다.

만약 그것이 궁극적인 목적이라면 우리는 "자신 안에 성전삼고 주인으로 계시는 하나님" 보다, "밖으로 나타나는 열심과 보이는 일이라는 우상"을 섬기게 되는 오류에 빠지게 됩니다. 그것들은 모두 이 땅에서 하나님을 배우고 체험하며 의지하게 하는 교육적 방편들입니다. 하나님의 택한 자녀들을 사용하셔서 복음을 전파하게 하시고, 교회를 세워가도록 섭리하시는 목적은 그 과정을 통해서, 하나님의 무궁하신 영광을 드러내시어, 우리 성도들로 하여금 하나님의 놀라우신 은혜를 깨닫게 하시고, 내면의 신앙을 키우려는 것입니다. 유형교회에서 하는 보이는 행사는 성도들이 자신 안에 하나님께서 살아서 역사하시고 계신다는 것을 체험하고, 세상에 하나님의 살아계심을 증명하기 위해서 필요한 것입니다. 그래서 외적인 행위가 주가 되어서는 안 된다는 것입니다. 주된 목적은 성도 한사람, 한사람의 마음 안에 성전삼고 계시는 하나님께서 그의 영광과 권능을 성도들을 통하여 나타내시는 것이 되어야 합니다.

그래서 하나님은 예수를 믿는 우리 성도들을 이 고난 많은 땅에 두시고 연단도 시키시고, 또한 교회 일들도 하게 하시는 것입니다. 우리는 삶의 과정에서 하나님을 배우고 경외하게 하시는, 즉 한마디로 신앙하게 하시는 섭리의 궁극적인 목적을 잃어버리면 이 땅의 보이는 일들을 목적으로 삼아 이른바 "외형적인 일이라는 우상"을 섬기며 살아가는 오류에 빠지게 됩니다.

예수님을 따라다니던 많은 무리들이 예수님께 하나님의 일의 성격에 대해서 물었습니다. "우리가 어떻게 하여야 하나님의 일을 하오리이까?(요한 6:28)" 예수님의 대답은 외형적인 어떤 일을 예상하던 그들의 기대와는 전혀 다른 차원에서 다음과 같이 말씀 하십니다. "하나님의 보내신 자를 믿는 것이 하나님의 일이니라(6: 29)" 자신 안에 하나님께서 성전삼고 계신다는 것을 믿고 행하라는 것입니다. 이는 진정 놀라운 말씀입니다.

하나님의 보내신 자를 믿는 것이 하나님의 일이라는 예수님의 가르침은 참으로 "드러난 일과 보이는 차원의 외형"에 매여 있기 쉬운 우리 인생들의 허탄한 사고방식을 근본에서부터 흔들어 놓는 비수와 같은 말씀입니다. 주일날 교회 잘 참석하고, 헌금 열심히 하고, 심방하고 봉사하는 일, 교회의 각종 회의의 운영 등등. 그러한 일들은 신앙이 무르익어 가면서 참으로 자연스럽게, 그리고 자발적으로 이루어지는 일들일 것입니다. 분명하게 말씀을 드리면 주일날 교회에 와서 하나님께 예배를 드리면서 자신의 내면을 생명의 말씀과 성령으로 강하게 하는 것입니다. 주일날 교회에 와서 봉사하고 찬양하고 하는 행동들을 통하여 자신의 내면을 강하게 하는 것입니다. 주일날 예배를 드리면서 마음 안에 성전삼고 계시는 하나님께서 자신을 통하여 나타나시도록 자신의 내면을 생명의 말씀과 성령으로 정화하여 하나님께서 온전하게 자신을 통하여 나타나시도록 하는 것입니다.

그러나 하나님 앞에서 참으로 중요한 것은 그러한 외형적인 일 이전에 얼마나 하나님을 체험적으로 알아 하나님만을 의지하는 신앙의 인격이 가꾸어져 가고 있느냐 하는 것입니다. 밖에다가 관심을 집중하니 내면관리가 되지 않는 것입니다. 위의 성경 말씀대로 하나님의 진정한 일은 이런 내면적인 신앙의 성숙입니다. 그러므로 기독교 신앙은 무슨 외형적인 일을 많이 하는 것이 우선이 아니라, 우리의 내면이 말씀의 능력에 의하여 새롭게 변화하여 하나님께서 주인으로 계시는 것을 중시하는 것입니다. 하나님은 성도들을 통하여 세상에 나타내십니다. 그런데 필자가 그동안 성령치유 사역을 하면서 체험한 바로는 인격의 성숙과 변화가 되는 것이 아니더라는 것입니다. 보편적으로 외형적인 신앙생활을 하다가 나이가 들어서 믿지 않는 사람들보다 더 인격이 성숙되지 못하더라는 것입니다. 거기다가 영육의 문제로 고통을 당하는 크리스천들이 많이 있다는 것입니다.

지금 한국교회에는 많은 수의 크리스천들이 내면관리에 치중하면서 체험적이고 살아 있으며 성령의 인도를 받는 실제적인 믿음생활이 아니고, 밖으로 보이는 많이 알고 열심히 하면 다된다는 관념적인 믿음생활을 하고 있습니다. 정말 문제가 심각합니다. 보이는 면을 가지고 판단하는 것입니다. 보이는 면으로 열심히 하면 성령 충만한 것으로 믿어버리는 것입니다. 필자가 제일 안타까워하는 것이 있습니다. 젊은 시절 믿음생활을 아주 열심히 하던 분이 스트레스와 상처가 쌓이고 쌓여서 영적이고 정신적인 문제로 발전하여 정상적인 생활을 하지 못하고 요양원에서 지낸다는 말입니다. 저에게 전화를 하는 분들이 많습니다.

대표적인 예를 하나 들겠습니다. 목사님! 저는 ○○○에 사는 크리스천 김○○입니다. 저의 어머니를 어떻게 하면 좋겠습니까? 사연인즉, 자신의 어머니가 젊은 시절 복음에 열정이 있어서 노방전도도 다니고, 교회봉사도 열심히 하고, 예배란 예배는 빠지지 않고 다 드리고, 철야기도도 많이 하셨고, 교회 건축할 때 건축헌금도 많이 하셨고, 구역장으로 여전도회장으로 열심 있게 믿음생활을 하셨는데 50이 넘고 갱년기에 들어서 우울증에다가 불면증으로 고생하시다가 60대 초반에 치매 증세가 너무 심하여 집에서 지낼 수가 없어서 3년 전에 요양원에 가셨습니다.

목사님! 제가 목사님의 책들을 읽고 영적인 면에 눈을 뜨고, 깨닫고 느껴지는 것은 어머니의 내면세계에 형성된 스트레스와 상처, 혈통의 문제를 젊은 시절에 해결하지 못하여 이런 지경까지 온 것 같습니다. 무조건 열심히 많이 알면 되는 관념적인 신앙생활이 저의 어머니를 이 지경으로 만든 것 같습니다. 언제인가 성령 치유하는 곳으로 모시고 갔는데 입구에서부터 너무 악을 쓰면서 거부가 심하여 들어갈 수 없어서 돌아왔습니다. 외할머니도 어머니와 같은 증세로 고생하시다가 세상을 떠나셨습니다. 지금 저의 어머니가 같은 증상으로 고생을 하십니다. 주변에서 잘 이해하지 못하는 분들이 예수 믿어도 소용이 없다고 빈정대는 말이 제일로 듣기가 거북스럽습니다. 목사님! 어찌하면 좋겠습니까? 자매님의 말이 맞습니다. 젊은 시절에 성령의 인도를 받으면서 내면세계에 형성된 스트레스와 상처들을 정화했으면 이런 지경까지 오지 않았을 것입니다. 이제 누구에게도 탓하지 마시고 받아들여야 합니다. 어머니에게 기도를 시키세요. 숨을 들이쉬면서 예수님! 내쉬면서 사랑합니다. 소리를 내지 못하니 마음으로 계속 예수님을 찾도록 해야 합니다. 무의식적으로 '예수님 사랑합니다.'가 나올 수 있도록 시켜야 합니다. 그래서 영원한 천국에 가실 수가 있습니다. 마음으로 계속 기도하게 하세요.

그리고 자매님도 내면세계에 관심을 가져야 합니다. 스트레스와 상처가 잠재의식에 집을 짓지 못하게 해야 합니다. 생명의 말씀과 성령으로 적극적인 치유를 해야 합니다. 성령의 인도를 받는 믿음 생활을 해야 합니다. 그래야 나아가 들어 갱년기에 들어서 어머니와 같은 고생을 하지 않습니다. 실제적인 믿음생활이 되려면 교회를 잘 찾아가셔야 합니다. 필자는 아무리 혈통에 영육으로 정신적으로 흐르는 비정상적인 문제가 있다고 할지라고 성령으로 충만하여 내면의 스트레스와 상처를 정화하는 믿음 생활을 하면 건강하게 장수하면서 지내다가 영원한 천국에 간다는 믿음과 실증(체험)이 있습니다. 실제로 우리 교회는 94세가 되신 분도 건강하게 걸어서 교회에 오셔서 예배드리고 기도하면서 심령을 성령으로 정화하니 영육이 건강하게 지내시는 것입니다. 얼마 전에는 주일날 예배드리고 월요일 날 영원한 천국에 가신 권사님도 계십니다. 이분은 젊은 시절부터 영적으로 정신적으로 상처가 많아서 고생하셨는데 우리 교회에 오셔서 생명의 말씀과 성령으로 내면세계를 정화시키니 건강하게 된 것입니다.

그래서 건강하게 지내시다가 주일 예배드리고 월요일 날 영원한 천국에 가신 것입니다. 지금도 94세 된 권사님이 아주 정정하게 예배드리면서 기도하면서 내면을 성령으로 정화시키면서 건강하게 예배를 드리며 지내시고 있습니다. 특별하게 혈통에 영적이고 정신적이고 육체적인 문제가 흐르는 분들은 성령의 강한 역사가 있는 교회에 적을 두고 믿음 생활하는 것이 자신을 위해서도, 가족을 위해서도, 하나님을 위해서도 좋다고 생각합니다. 영원한 천국에 입성하는 날까지 관심을 가져야할 부분입니다. 필자는 모든 성도들이 늙도록 부하고 존귀하며 건강하게 살다가 영원한 천국에 입성하는 것이 잠재의식 심기도록 매주일 예배 때마다 선포하며 기도하고 있습니다. 이는 하나님의 뜻이기 때문입니다. 말과 생각이 중요합니다. 그래서 말씀을 아는 것으로 열심히 하는 관념적인 믿음생활은 전인격이 변화를 받지 못한다는 것입니다. 성령의 인도를 받는 체험적이고 실제적인 믿음 생활이 되어야 합니다. 젊어서부터 스트레스와 상처를 정화하는 것이 체질화 되어야 합니다. 하나님께서 자신 안에 살아계신다는 것을 날마다 체험하면서 믿음생활을 해야 합니다. 관념적이 되어서는 하나님께서 주신 것들을 누릴 수가 없습니다. 더 나아가 하나님께서 살아계신다는 것을 증명하는 믿음생활이 되어야 합니다. 이렇게 적극적인 내면을 강하게 하는 믿음 생활이 되면 절대로 늙어서 요양원에 가지 않을 것입니다. 살아계신 하나님께서 자신의 주인이 되어 장악하고 계시는데 혈통의 문제가 어떻게 문제를 일으키겠습니까? 필자가 항상 강조하는 것이 있습니다. "나는 걸어 다니는 성전이다. 하나님께서 나의 주인이다. 내 안에 하나님이 계신다. 그분에게 질문하면 어떤 문제도 해결할 수 있는 지혜를 주신다. 주신 지혜대로 순종하면 문제는 하나님께서 해결하신다." 아주 중요합니다. 살아계신 하나님을 날마다 체험하는 아주 좋은 관심이고, 습관입니다. 하나님께서 자신을 통하여 나타나는 것입니다. 내면세계에 형성된 스트레스와 상처, 혈통의 문제는 절대로 세상방법이나 관념적인 믿음생활로는 해결되지 못합니다. 반드시 살아계신 성령의 역사가 영의차원에서 역사해야 해결이 됩니다. 내면의 치유에 대하여 세부적으로 알고 싶은 분은 "내적치유 쉽게 하는 법"을 참고하시기를 바랍니다.

이렇게 외적인 면에 치중하는 믿음생활을 하니 세상 사람들에게 부끄러운 성도가 되는 것입니다. 내면의 능력과 지혜가 활성화되는 믿음생활을 해야 합니다. 우리가 바르게 알고 신앙생활을 해야 할 것은 신앙의 내면이 성숙되지 않고 이루어지는 외형적인 일들은 언제나 자기 자랑의 근거가 되거나 지체간의 갈등의 요인이 될 수밖에 없습니다. 즉 신앙의 내면이 어린아이와 같다면 어린아이와 같은 유치하고 미숙한 신앙생활을 할 수밖에 없습니다.

우리의 가장 소중한 신앙의 본질은 일차적으로 외형적인 일들 보다는, 우리의 신앙의 내면을 중시하고 건실하게 가꾸어 가는 일입니다. 이점이 분명하고 확고하지 않으면 우리의 신앙이 빗나갑니다. 하나님 앞에서의 당당함을 잃고 언제나 남의 눈치와 평가에 연연하는 고달픈 삶이 됩니다. 그러나 성경적 참된 신앙은 이를 극복할 수 있습니다.

내면의 능력이 강하게 되는 신앙생활을 해야 한다는 것을 아는 것으로 내면이 강해지지 못합니다. 교회에 나와서 열심히 한다고 내면의 능력과 지혜가 활성화되지 못합니다. 성경말씀을 많이 안다고 내면의 능력과 지혜가 활성화되지 못합니다. 담임목회자가 내면의 능력을 강조한다고 내면의 능력과 지혜가 강화되지 못합니다. 말로는 내면의 능력과 지혜가 활성화되지 못합니다. 반드시 초자연적인 역사가 사람의 마음 안에서 일어나야 내면의 능력과 지혜가 활성화됩니다.

알아야 될 것은 열심히 하는 것과 많이 알고 강조하는 것은 외적인 활동이기 때문입니다. 자신 안에 성전에서 성령의 역사가 일어나야 내면의 능력과 지혜가 극대화될 수 있습니다. 내면의 능력과 지혜를 극대화하려면 반드시 성령으로 세례를 받아야 합니다. 성령으로 세례를 받고 성령의 인도를 받아야 합니다. 내면의 능력이나 지혜는 성령의 역사가 강화시키기 때문입니다. 내면의 능력과 지혜의 극대화는 말로 되는 것이 아닙니다. 살아계신 성령께서 역사하셔야 내면의 능력이 강하게 되고 내면의 지혜가 풍성해지는 것입니다.

4부 하나님의 집 성전이 되기 위해서

16장 성령의 지배와 장악을 받아야 한다.

(갈 5:25)"만일 우리가 성령으로 살면 또한 성령으로 행할지니"

하나님의 집, 성전으로 살아가려면 무엇보다도 성령의 지배와 장악을 받고 성령의 인도를 받는 생활이 중요합니다. 자신 안에 주인으로 계시는 성령께서 자신의 전인격을 주장해야 하나님의 집이나 성전으로 살아갈 수가 있는 것입니다. 성령의 지배와 인도로 걸어 다니는 성전이 되는 삶을 살아야 하나님의 축복 속에서 살게 되는 것입니다.

하나님은 크리스천들의 전인격이 성령의 지배와 장악이 되어 성령의 인도를 받는 사람이 되기를 원하십니다. 하나님은 모든 성도들이 성령의 지배와 장악이 되기를 소원하십니다. 우리 예수 믿는 사람들의, 삶의 특징이 있다면, 그것이 무엇이라고 생각하십니까? 입으로만 예수를 믿는다고 시인하는 그런 보통의 신앙의 삶이 아니라, 예수를 믿고 난 다음에 변화된 삶을 살아가는 성도들의 특징을 말하는 것입니다. 이러한 성도들의 삶의 특징이 무엇이겠습니까? 그것은, "영-혼-육 전인격이 성령의 지배와 장악을 받아 성령의 인도를 받는 삶"이라, 그렇게 말 할 수 있습니다. 예수님을 나타내면서 살아간다고 말할 수 있습니다.

그러면, 성령의 지배와 장악이 받는 삶이란, 또 무엇을 말하는 것입니까? 전인격이 성령께 사로잡혀 사는 것을 말하는 것입니다. 성령을 주인으로 모시고 세상을 살아가는 것입니다. 매사를 성령님과 의논하고 성령의 뜻을 따라 사는 것을 성령의 지배와 장악이 된 삶이라고 말할 수 있습니다. 성령의 인도함을 받아, 성령의 능력에 의해서 살아가는 삶을 말하는 것인 줄로 믿습니다. 성령님이 나를 지배하고 다스리는 삶, 이전에 우리의 삶이, 육체의 본능이 지배하는 삶이었고, 죄가 지배하는 삶이었다면, 이제 예수를 믿고, 변화를 받고 난 다음에 나타나는 삶은, 성령에 의해서 지배와 장악을 받는 삶이 되어야 합니다.

에베소서 5장 14절 말씀을 보게 되면, "그러므로 이르시기를, 잠자는 자여 깨어서 죽은 자들 가운데서 일어나라. 그리스도께서 네게 비취시리라 하셨느니라." 말씀하고 있습니다. 지금 우리의 신분은 어떤 신분입니까? 이제 예수 안에서, 새로운 생명을 소유하고 태어난, 하나님의 자녀들입니다. 그러므로 이제는, 과거의 세상 적이고, 육신적인 삶의 방식은 벗어버리고, 하나님의 자녀로서 살아가야 하는 삶의 방식을 따라야 한다는 것입니다. 그 하나님의 방식을 따르는 삶, 이것이 바로 성령의 지배와 장악이 된 삶이라는 것입니다.

그러나 오늘 우리 성도들의 삶은 어떻습니까? 아직도 우리는 많은 부분이 주님의 방식을 따르지를 못하고 있습니다. 아직도 내 자아가, 내 속에 살아 쉼 쉬고 있고, 아직도 내 뜻이 내 인생의 대부분을 결정하고 있습니다. 어둠의 권세에 속해 있는 죽음의 자리에서 이제는 벗어나, 나의 삶을 주장하시고, 온전히 이끌어 주시기를 원하시는, 빛 되신 예수 그리스도를 향해, 걸어가야 하는데도 불구하고, 우리는 여전히 그 빛을 외면하고, 고개를 어둠의 세상을 향해, 돌리고 있다는 것입니다. 우리의 삶에 빛이 크게 비취면, 어두움은 작아지게 되고, 결국에는 그 어둠이 흔적 없이 물러가게 됩니다. 그러나 반대로, 우리의 삶에 어두움이 크면 어떻습니까? 빛이 작게 느껴지게 됩니다. 그리고 이 상태로 계속 있게 되면, 나중에는 그 어두움이, 빛을 완전히 삼켜 버리게 된다는 것입니다.

그래서 예수를 믿어도, 예전과 비교해 별로 변화된 것이 없는 여전히 세상 흑암 속에서 헤매며, 오히려 더 무능력한 가운데, 오히려 더 고통스런 가운데, 삶을 살아가게 된다는 것입니다. 왜냐하면 성령의 역사가 일어나지 않으니 스트레스를 받게 하여 몸속에 독소를 만들고 마귀와 귀신들이 자꾸 장악하기 때문입니다. 그래서 오만가지 문제가 발생하는 것입니다. 빨리 알아차리고 성령의 지배와 장악을 받아야 합니다. 가슴에 손을 얹고 생각해 보세요. 주님이 우리에게 요구하시는 삶의 모습이, 과연 이러한 것이겠습니까? 주님이 우리에게 요구하시는 삶은, 결코 이러한 모습의 삶은 아닐 것입니다. 주님은 우리에게, 변화된 삶을 요구하십니다. 그것도 어정쩡한 변화가 아니라, 확실히 변화된 삶을 요구하십니다. "아니 저 사람 예수 믿고 나더니, 완전히 달라졌네!" 이런 평가와 칭찬을 듣는 그러한 삶을 원하신다는 것입니다. 그런데 이렇게 변화되기 위해서는 반드시 성령의 역사가 있어야 가능한 것입니다. 성령의 지배와 장악을 받아야 변화되는 것입니다. 예수를 믿으면서도 변화되지 않는 것은 성령의 역사 없이 이론으로 지식으로 전통으로 관념적인 믿음 생활을 하기 때문입니다.

그래서 이런 찬송이 있지요? "내 죄 사함 받고서 예수를 안 뒤, 나의 모든 것 다 변했네. 지금 나의 가는 길 천국 길이요, 주의 피로 내 죄 씻었네." 할렐루야! 예수를 믿고 나서, 자신의 모든 것이 변화되어 지는 것, 바로 이러한 놀라운 삶의 변화의 역사를, 하나님은 우리 모두에게 기대하고 계신다는 것입니다.

우리의 신앙의 출발은, 하나님의 권능을 믿는 믿음에서 출발하는 것입니다. "하나님은 나의 모든 것을 아시는 가운데, 나의 모든 것을 주의 권능으로 채워주시며, 온전케 하시는 하나님이시다." 이것은 모두 성령으로 되는 것입니다. 우리가 이것을 믿어야, 하나님을 평생에 주인으로 모시며 따를 수 있는 것입니다. "내가 사망의 음침한 골짜기로 다닐지라도 해를 두려워하지 않을 것은, 주께서 나와 함께 하심이라." 다윗은 담대하게 신앙의 고백을 했습니다. 그리고는 선언하지요. "나의 평생에 선하심과 인자하심이 정녕 나를 따르리니 내가 여호와의 집에 영원히 거하리로다." 할렐루야!

세상 사람들이 우리를 향해, 너는 못한다고 말할지라도, 우리 예수 믿는 성도들은 예수 안에서 할 수 있다고, 얼마든지 가능하다고 말하며, 믿음으로 밀고 나가 행해야 기적을 체험하는 것입니다. 삶에 자신감과 담대함이 있어야 한다는 것입니다. 왜입니까? 하나님의 권능이 오늘도 나와 함께 하시기 때문에…. 성령의 역사가 오늘도 나의 삶에 나타나기 때문에…. "너 가는 길을 누가 비웃거든, 확실한 증거를 보여 주어라. 성령이 친히 감화하여 주사, 저들도 참 길을 얻으리…" 지금 우리 모두가, 성령의 다스림 속에서, 성령의 인도함 속에서, 이런 확실히 변화된 인생을 살아갈 수 있기를, 주님의 이름으로 축원 드립니다.

그러면, 오늘 우리가 어떻게 하면 이런 성령의 지배와 장악을 받는 능력 있는 삶을 살아갈 수 있겠는가? 여기에 대한 고민이 있어야 진정한 성도일 것입니다. 그래야 바른 길을 찾아서 성령의 인도를 받으며 성령의 지배와 장악을 당한 성도가 될 수 있기 때문입니다. 그런데 이에 대한 해답이 바로 에베소서 5장 18절에 나타나 있다는 것입니다. "술 취하지 말라. 이는 방탕한 것이니, 오직 성령의 충만을 받으라." 했습니다. 우리가 성령의 지배와 장악된 삶을 살아가는 방법, 뭐 다른 게 있겠습니까? 내 속에 성령의 크기를, 내 자아보다 더 크게 만들면 되는 것입니다. 성령이 자신을 지배하게 하면 됩니다. 성령님을 주인으로 모시고 살면 되는 것입니다. 성령이 내 속에 끊임없이 임하게 만들어서, 그 성령이 나의 삶을 온전히 주장할 수 있도록, 자신의 신앙을 가꾸어 나가면 되는 것입니다. 그렇잖아요? 그 외에 무슨 방법이 있겠습니까? 성령의 지배를 받으며 살아가는 것 알고 보면 너무나 쉽습니다. 습관이 되지 않기 때문에 어려운 것입니다.

그러면, 우리가 생각해 볼 것은 무엇입니까? 성령의 지배와 장악된 삶을 살아가려면 먼저 성령으로 세례를 받아야 합니다. 이 성령이 최초에 언제 어느 때에, 우리에게 임하고 장악하게 되는가? 하는 것입니다. 직장에서 일할 때 성령이 임합니까? 가정에서 설거지 하고, 청소할 때 성령이 임합니까? 학교에서 공부할 때 성령이 임합니까? 언제 우리에게 성령이 임하게 되어집니까? 물론 성령으로 세례 받고 충만 받은 크리스천은 아무곳에서나 기도할 때 성령이 임하십니다.

그러나 최초 성령이 임하시는 것은 성령이 역사하는 건물교회에서 우리가 말씀 듣고, 기도하고, 찬송할 때, 성령이 임하고 장악이 되는 것입니다. 그래서 성도들에게 건물교회는 아주 중요합니다. 성령은 반드시 성령의 역사가 일어나는 장소에서 체험할 수가 있기 때문입니다. 성령의 역사가 강하게 일어나는 교회에서 성령으로 세례를 받고 성령으로 장악이 되어 삶의 현장에서 기도할 때 성령의 지배를 받을 수 있습니다.

성경을 보세요. 초대 교회의 성도들이 언제 성령을 체험하고 받았습니까? 각 가정마다 모여 예배하고 말씀 들을 때, 또 마가의 다락방 같은 곳에 모여, 그들이 기도하고, 찬송할 때, 하늘로부터 급하고 강한 바람 같은 성령이, 홀연히 그들 가운데 임하게 되어졌다는 것입니다. 그렇다고 가정에서만 성경보고, 기도하라는 얘기는 아닙니다. 그때는 그 가정이 곧 교회였습니다. 초대 교회는 곧 가정 교회였습니다. 하나님은 언제나 교회 가운데, 좌정하여 계시는 줄 믿습니다. 교회는 유형교회와 무형교회를 모두 망라하는 것입니다. 그래서 지금도, 언제나 성령의 역사가 일어나는 교회에 모여 성경보고, 말씀 듣고, 기도하고, 찬양할 때, 성령이 임하게 된다는 것입니다. 그런데 홀연히 라는 말이 무슨 말입니까? 갑자기라는 말이지요. 오로지 하나님만을 생각하며 몰입 집중하여 기도할 때 홀연히 성령이 장악하시는 것입니다.

성령이 임하시는 것은 전적으로 성령님의 뜻이지만 분명한 것은 적당히 말씀보고, 적당히 기도하고, 적당히 찬송할 때 임하는 것이 아니라, 마음 중심으로 예배하고, 말씀을 깊이 묵상하고, 전심으로 기도하고, 뜨겁게 찬송할 때, 성령은 우리 가운데 분명 임하게 된다는 사실입니다. 그러므로 내 삶 속에 말씀 보는 시간을 늘리고, 기도하는 시간을 늘리고, 찬송하는 시간을 늘리면, 그 때에 우리도 성령이 충만하게 될 가능성이 더 많아진다는 것입니다. 그러면 우울정신영적인 문제을 일으키는 몸속의 독소가 배출되기 때문에 건강한 삶을 살아갈 수가 있습니다.

에베소서 5장 15절-16절 말씀에, "그런즉 너희가 어떻게 행할 것을 자세히 주의하여 지혜 없는 자같이 말고, 오직 지혜 있는 자같이 하여 세월을 아끼라. 때가 악하니라." 했습니다. 무슨 뜻입니까? 세상에 취하여, 하나님의 주신 시간들을 자기 임의로 사용하여, 허송세월을 보내지 말고, 우리의 시간들을 영적인 부분들에 할애해서, 말씀과 기도와 찬양의 시간들을 통하여, 하나님의 뜻을 온전히 분변한 가운데, 그 뜻대로 살아가는 신앙의 모습이, 필요하다는 것입니다. 항상 하나님을 생각하고 집중하는 자세가 중요합니다. 그래서 결과적으로 우리의 삶이, 성령이 원하시는 대로, 성령이 이끄시는 대로, 성령의 지배함을 받아, 살아가게 된다는 것입니다.

우리가 이렇게 성령의 지배를 받게 되면, 우리의 삶에 어떤 역사가 나타나겠습니까? 먼저 우리는 하늘의 신령한 지혜와 강력한 능력을 이끌어낼 수가 있습니다. 몸속의 독소가 녹아져서 배출이 됨으로 영-혼-육이 건강한 삶을 살아가는 것입니다. 그리고 세상에 능력을 행사하게 됩니다. 그래서 세상을 살아가도 힘 있게, 당당하게 살아가게 된다는 것입니다. 사단의 권세가 지배하는 이 세상에서, 사단의 올무에 걸려 허우적거리는 인생을 살아가는 것이 아니라, 하나님의 자녀답게 하나님의 권능을 힘입어, 사단의 권세를 깨뜨리며, 귀신을 지배하며 주의 이름으로 날마다 승리하며 살아가는 삶, 이런 역사들이 우리의 삶에 나타나게 된다는 것입니다.

더 나아가 마음에 천국을 이루어 항상 하나님과 교통하면서 살아갈 수가 있는 것입니다. 성도는 무엇보다도 하나님과 관계를 열어 친밀하게 지내야 합니다. 하나님과 친밀하게 지내려고 성령의 지배를 받는 것입니다. 성령의 지배와 장악을 받게 되니 우울정신영적인 문제를 일으키는 몸속에 독소가 생기지 않고 성령으로 녹아지고 배출이 됩니다. 마귀와 귀신이 감히 넘보지 못하는 성도가 되는 것입니다. 그래서 무시로 하나님을 찾는 것입니다. 항상 성령으로 충만하여 성령의 지배와 장악을 받는 삶을 살기위해서 하나님을 찾는 것입니다. 많은 성도들이 성령이 충만 하면은 교회에 나가서 기도할 때 손을 흔들고 벌벌 떨면서 기도하면 성령으로 충만한 줄로 착각합니다.

그러나 성령으로 충만하다는 것은 항상 하나님을 생각하면서 하나님을 찾는 상태가 성령으로 충만한 상태인 것입니다. 이렇게 될 때 전인격이 성령의 지배를 받게 되는 것입니다. 성도들은 성령의 권능으로 살아가야 합니다. 성도들에게서 성령의 능력이 빠진 인간의 힘이나, 경험으로는 하나님을 기쁘시게 하지 못합니다. 성령의 도우심이 빠진 인간의 재주나 재능으로 세상을 이길 수가 없습니다. 성령의 지배를 받지 않는 성도는 잎만 무성한 무화과나무로 자라게 만들 뿐이라는 겁니다. 열매가 없이 잎만 무성한 무화과나무, 그 나무는 인간의 눈으로 볼 때는 멋있게 자란 나무이고, 가지도 무성하고, 잎도 너무나도 푸른 나무이지만, 결국 어떻게 되었습니까? 주님의 저주로 인해 말라 죽고 말았다는 것입니다. 이러한 사실을 우리는 유념해야 할 줄로 압니다. 전인격이 성령의 지배를 받아야 합니다. 그러면, 성령의 지배와 장악을 받아 성령의 인도를 받는 사람들에게 나타나는 삶의 변화는 무엇일까요?

첫째, 예수님의 인생을 살게 된다. 크리스천이 바르게 알아야 할 것은 하나님께서 부르신 것은 하나님을 위해서 부르신 것입니다. 분명하게 사무엘상 16장 3절에 "이새를 제사에 청하라. 내가 네게 행할 일을 가르치리니 내가 네게 알게 하는 자에게 나를 위하여 기름을 부을지니라." 하나님을 위하여 다윗에게 기름을 부으라고 하셨습니다. 하나님께서 우리를 부르시고 성령의 인도를 받게 하신 것은 훈련시켜서 종으로 부려먹기 위해서 부르신 것이 아닙니다. 우리의 영-혼-육을 건강하게 하여 하나님을 나타내면서 살아가게 하려고 부르신 것입니다.

그래서 우리가 예수를 믿는 순간에 죽고, 다시 예수님으로 태어나는 것입니다. 하나님께서 분명하게 말씀하셨습니다. "그리스도의 사랑이 우리를 강권하시는 도다. 우리가 생각하건대 한 사람이 모든 사람을 대신하여 죽었은즉 모든 사람이 죽은 것이라. 그가 모든 사람을 대신하여 죽으심은 살아 있는 자들로 하여금 다시는 그들 자신을 위하여 살지 않고 오직 그들을 대신하여 죽었다가 다시 살아나신 이를 위하여 살게 하려 함이라(고후 5:14-15)" 분명하게 "자신을 위하여 살지 않고 오직 그들을 대신하여 죽었다가 다시 살아나신 이를 위하여 살게 하려 함이라고" 하셨습니다. 예수님을 위하여 살게 하려고 부르신 것입니다. 예수님께서 하신 일을 하게 하려고 부르신 것입니다. 하나님을 위하여 다윗을 기름부었습니다. 다윗이 자기 마음대로 했습니까? 하나님께서 하라는 대로 했습니다. 마찬가지로 우리도 예수님을 위하여 살아야 합니다. 다윗과 같이 예수님의 말씀에 순종하면서 살아야 합니다. 예수님께서 하라는 대로 순종하면서 살아야 합니다. 그래야 우울정신영적인 문제을 일으키는 몸속의 독소가 쌓이지 않게 됩니다.

영-혼-육이 건강해야 예수님을 위하여 살아갈 수가 있는 것입니다. 이제 자신의 인간적인 생각이나 지혜나 열심으로 살지 말아야 합니다. 성령의 인도를 받아야 합니다. 성령으로 깨닫고 성령으로 행하고 성령으로 기도하면서 하나님의 말씀대로 살아가는 것이 몸에 배여야 하나님을 삶에서 누리면서 살아갈 수가 있기 때문입니다. 하나님은 분명하게 말씀하셨습니다. "이르시되 너희가 너희 하나님 나 여호와의 말을 들어 순종하고 내가 보기에 의를 행하며 내 계명에 귀를 기울이며 내 모든 규례를 지키면 내가 애굽 사람에게 내린 모든 질병 중 하나도 너희에게 내리지 아니하리니 나는 너희를 치료하는 여호와임이라 (출 15:26)" 크리스천들도 건강하게 살아가면서 하나님께서 주신 것들을 누리면서 하나님을 나타내면서 살아가도록 성령으로 훈련하시는 것입니다. 크리스천의 영-혼-육의 건강은 하나님의 뜻입니다.

필자는 어떡하면 예수님을 믿는 사람답게 지금 천국을 누리면서 살아가도록 할 것인가에 두고 목회를 하고 치유집회를 인도합니다. 항상 생각하고 기도하는 것이 이 땅에서 예수님을 누리면서 건강하게 지내면서 하나님의 도구로 쓰임을 받다가 영원한 천국에 입성하는 것입니다.

성경 말씀 데살로니가전서 5장 23절을 보겠습니다. "평강의 하나님이 친히 너희를 온전히 거룩하게 하시고 또 너희의 온 영과 혼과 몸이 우리 주 예수 그리스도께서 강림하실 때에 흠 없게 보전되기를 원하노라." 하나님은 오늘 우리들이 어떻게 살기를 원하실까요? 이 말씀에는 건강한 삶의 3가지 내용을 소개

합니다. 하나님의 평강을 누리면서 살라(평강의 삶). 너희의 삶이 거룩한 삶, 구별된 삶을 살기를 원한다(거룩한 삶). 세상사는 동안 영과 혼과 몸이 흠 없이 병 없이 건강하기를 원한다(건강한 삶). 하나님은 예수를 믿고 성령으로 거듭난 성도들이 평강의 삶, 거룩한 삶, 건강한 삶을 살아가면서 예수님을 누리며 하나님을 자랑하기를 원하십니다.

둘째, 거룩한 삶을 산다. 거룩이 무엇입니까? 하나님의 집, 성전되어 사는 것을 말하는 줄 믿습니다. 거룩이란, 구별된 삶, 분리된 삶, 정결한 삶을 말합니다. 성경에 거룩이란 말이 최초로 나오는 곳은 (창2:3)입니다. 창세기 2장 3절을 보겠습니다. "하나님이 그 일곱째 날을 복되게 하사 거룩하게 하셨으니 이는 하나님이 그 창조하시며 만드시던 모든 일을 마치시고 그 날에 안식하셨음이니라." 거룩은 히브리어로 '카다쉬'라고 하며, 그 말의 뜻은 성별, 구별, 분리, 봉헌, 성화, 성결을 말합니다. 주일을 거룩하게 지키는 삶을 말합니다. 이론으로 말로 몸으로 거룩하게 지키는 것이 아니고, 성령의 지배와 인도를 받으면서 주인을 지키는 삶입니다. 성령의 지배와 인도를 받는 삶으로 걸어 다니는 성전의식을 가지고 하나님과 집중하여 기도하는 삶입니다. 성령의 인도가운데 안식을 누리는 삶입니다. 하나님과 성령으로 교통하는 삶입니다. 하나님의 음성에 집중하며 사는 삶을 거룩한 삶이라고 할 수가 있습니다.

우리는 세속에 더럽혀지고, 세상 속에서 죄에 빠지기 쉬운 존재인데 어떻게 거룩할 수 있습니까? 어떻게 구별된 삶, 정결한 삶, 의로운 삶을 살 수 있습니까? 성령의 지배와 인도를 받는 삶을 살아가는 것입니다. 예수님을 믿는 다는 것은, 또 교회에 다닌다는 것은 우리가 더 이상 예전처럼 세속에 빠져서 죄를 짓는 삶을 사는 것이 아니라, 이제는 나쁜 습관과 행동을 모두 버리고 예수님처럼 깨끗하고 정결하게 살아가는 것을 의미합니다. 우리는 예수님을 닮아가는 사람이 되어야 합니다. 예수님을 믿는 것은 이 땅에서 천국을 누리며 살다가 주님이 오라고 부르시면 영원한 천국 가는 티켓으로만 생각하는 사람들도 있습니다. 그래서 "나는 하나님을 믿으니까 이제 영원한 천국에 갈 수 있어. 그러니 이제부터는 아무렇게나 살아도 되겠지." 라는 생각을 하면 안 됩니다. 물론 우리는 예수님을 믿음으로 구원을 약속받았습니다. 그런데 이제 구원 받았으니까 아무렇게나 살아도 될까요? 하나님은 이렇게 말씀하십니다. "나는 너희의 하나님이 되려고 너희를 애굽 땅에서 인도하여 낸 여호와라 내가 거룩하니 너희도 거룩할지어다(레위기11:45)" 구별된 삶을 살아가라고 하십니다. 자신의 힘이나 의지로 거룩하게 되지 못합니다. 반드시 성령의 지배와 인도로 되는 것입니다. 성령이 아니고서는 거룩하게 될 장사가 하나도 없습니다. 거룩은 하나님의 속성으로 반드시 성령으로 되는 것입니다. "기록되었으되 내가 거룩하니 너희도 거룩할지어다 하셨느니라(벧전1:16)" 이 말씀에 의하면 거룩하지 못한 우리가 죄로 더럽혀진 세상에서 거룩하게 살 수 있는 길이 무엇이겠습니까? 성령으로 세례를 받고 성령의 인도를 받으면서 걸어 다니는 성전의식을 가지고 자신 안에 주인으로 계신 하나님께 집중하여 하나님을 찾고 하나님의 말씀을 주야로 묵상하며 성령의 인도를 따르면 거룩하신 하나님처럼 거룩하게 살게 됩니다.

셋째, 평강의 삶을 산다. 예수님은 이렇게 답을 주십니다. "너희는 마음에 근심하지 말라 하나님을 믿으니 또 나를 믿으라(요14:1)" 근심과 두려움을 이길 수 있는 유일한 길은 하나님과 하나님의 말씀을 믿는 믿음의 삶에 있습니다. 하나님께서 함께하고 계신다는 것을 믿는 것입니다. 항상 "나는 걸어 다니는 성전이다. 내안에 하나님께서 성전삼고 주인으로 계신다." 마음으로 믿고 입술로 시인하는 것입니다.

분명하게 하나님은 이렇게 말씀하십니다. "무릇 하나님께로부터 난 자마다 세상을 이기느니라. 세상을 이기는 승리는 이것이니 우리의 믿음이니라(요한1서 5:4)" 예수를 믿고 성령을 다시 태어난 사람마다 자신의 주인을 하나님이시다. 믿는 믿음이 세상을 이기게 합니다. 항상 입술로 "믿음이 이기네. 믿음이 이기네. 주 예수를 믿음이 온 세상 이기네."를 선포하여 사시기를 바랍니다. "주님께서 함께 하심을 믿습니다. 이 상황에서도 무슨 일을 만나든지 주님을 믿습니다. 주님께서 주시는 레마대로 순종하면 문제가 해결될 것을 믿습니다." 믿음이란 헬라어로는 '피스티스'라고 합니다. 하나님의 말씀을 믿고, 의지하고(하나님께서 하라는 대로 순종하고), 내 뜻을 포기하고 맡기고 순종하는 삶입니다. 예수님께서 자신을 통하여 하실 것을 믿고 순종하는 것입니다. 성령이 충만하여, 성령에 지배함을 받는 삶을 살아가면, 어떤 어려운 환경도, 능히 극복하며 성공할 수 있게 되는 것입니다. 그래서 성령 충만한 분들의 얼굴을 보면, 늘 웃음이 가득합니다. 활기가 있습니다. 오늘 죽도록 일했는데, 내일이면 금방 회복됩니다. 하나님으로부터 공급받는 힘으로 일을 하기 때문에, 성령 충만한 사람들은 일하고도 지지치 않습니다. 이것이 성령의 지배함을 받는 사람들의 특징이라는 것입니다.

오늘 인생을 살아감에 있어, 직장 생활을 함에 있어, 또는 교회에서 맡은 사역을 감당함에 있어, 자꾸만 힘이 들고, 자꾸만 내가 피곤하게 느껴지는 때가 있습니까? 인생에, 사역에 나타나는 열매는 없고, 자신의 힘만 고갈되는 그런 경험을 하신 적이 있습니까? 그래서 모든 것 그냥 포기하고 싶은 그런 생각이 드십니까? 혹 이런 가운데 지내는 분들은 없으십니까? 곰곰이 생각 해 보시기 바랍니다. 일이 많아 힘든 것이 아닙니다. 환경이 어려워 힘든 것이 아닙니다. 무엇 때문입니까? 내가 성령에 충만하지 못하기 때문에 힘이 든 것입니다. 내가 성령의 지배를 받지 않고, 내 힘과 내 뜻으로 살아가려고, 그 일을 감당하려고 했기 때문에 힘이 든 것입니다. 자신의 힘으로 하나님의 일을 하려고 하기 때문에 힘이 드는 것입니다. 우리가 바르게 알아야 할 것은 성도가 하는 모든 일은 하나님의 일입니다. 그렇기 때문에 성도는 성령이 지배하여 성령의 힘으로 인생을 살아가고,

직장 생활을 해야 됩니다. 사람의 힘으로 하나님의 일을 하려니 얼마나 힘이 들겠습니까? 상상에 맡깁니다.

19세기의 사역자, D.L 무디가 이런 말을 했습니다. "사역자들을 망가뜨리는 것은 과도한 사역이 아니라 성령 없이 일하는 것이다" 참 멋진 얘기 아닙니까? 우리가 과도한 사역을 해서 무너지는 게 아니라는 겁니다. 성령 없이 일하기 때문에 무너지는 것입니다. 기계가 망가지는 게 기계를 많이 돌려서 망가지는 것입니까? 아닙니다. 윤활유 없이 돌리기 때문에 망가지는 것입니다. 오늘 우리가 하나님 앞에 성령의 충만을 위해 기도해야 하는 이유가 여기 있는 것입니다.

하나님 앞에서 기도하는 가운데 성령의 은혜를 받고, 성령의 능력으로 사명을 감당하는 하나님의 거룩한 자녀들이 다 되시기를 바랍니다. 우리는 사명을 꼭 교회에서 사역하는 것으로 한정하면 안 됩니다. 성도들이 하는 모든 일은 하나님께서 주신 사명입니다. 직장 생활도 사명입니다. 사업을 하는 것도 사명입니다. 예수를 믿고 성령으로 거듭난 성도가 하는 모든 일은 사명입니다. 사명을 거창하게 생각하지 마시기를 바랍니다. 다 같이 한 번 따라합시다. "주여! 성령 없이는, 아무 일도 하지 않게 하옵소서." "주여! 성령에 사로잡힌 인생이 되게 하옵소서." 성령의 지배와 장악이 되는 삶을 살아감으로 우울정신영적인 문제를 일으키는 몸속의 독소가 쌓이지 않게 하시기를 바랍니다. 걸어 다니는 성전 된 크리스천의 성령의 지배와 장악은 어떤 무엇보다도 중요합니다.

17장 성령 안에서 온몸으로 기도해야 한다.

(유 1:20)" 랑하는 자들아 너희는 너희의 지극히 거룩
한 믿음 위에 자신을 세우며 성령으로 기도하며"

성도가 하나님의 집과 성전으로 살아가려면 기도를 성령으로
해야 합니다. 많은 성도들이 기도를 바르게 하지 못한다는 것입
니다. 또, 기도에 대하여 관심을 갖지도 않는 것이 보통입니다.
이유는 자신은 지금 기도하고 있기 때문이라는 것이지요. 이러
한 생각 때문에 기도한 만큼 전인적인 변화가 있어야 하는데 그
러하지 못하다는 것입니다. 이는 이성적으로 자신만 알아주는
기도를 하기 때문입니다. 기도는 온몸으로 해야 합니다.

그럼 어떡해야 온몸으로 기도할 수 있습니까? 목으로 생각으
로 말로 기도하지 말고 성령으로 기도해야 합니다. 기도할 때 주
의해야 할 것은 생각이나 머리나 목에서 올라오는 소리로 기도
하지 말라는 것입니다. 배꼽 아래 15센티에 의식을 두고 아랫배
에다가 가볍게 힘을 주고 들이쉬고 힘을 빼고 내쉬면서 기도하
는 습관을 들이는 것입니다. 배에서 올라오는 소리로 기도하라
는 것입니다. 이것이 제일 중요한 것입니다. 이렇게 하다가 보면
자연스럽게 온몸으로 기도하게 되어 기도하면 할수록 전인격이
치유가 되고 예수님의 성품으로 변화를 체험할 것입니다. 육적
으로는 심장이 튼튼해집니다. 장이 건강해집니다. 언어가 배속
에서 올라옴으로 말을 많이 해도 성대가 상하지 않습니다. 성령

의 권능, 영력이 강해지는 것입니다. 온몸으로 기도하는 비결은 차차 이 책을 읽어가면서 터득하게 될 것입니다. 제일 중요한 것은 지금까지 기도하는 습관으로 기도하지 않는 것입니다. 빨리 잘못된 기도의 습관을 바꾸려고 의지적인 노력을 해야 기도한 만큼 영육의 변화를 체험하게 될 것입니다. 자신의 기도를 정확히 분별하여 하나님의 보좌와 연결되는 기도를 해야 합니다. 내면에서 성령의 역사가 올라오는 기도를 해야 합니다.

기도가 바뀌어야 합니다. 무조건 많이 한다고 잘하는 기도가 아닙니다. 성령으로 바르게 해야 합니다. 기도가 바르지 못하니까, 10년 동안 믿음 생활을 해도 변화되지 않는 것입니다. 성령으로 바르게 기도를 하면 변화되지 말라고 해도 변화될 수밖에 없습니다. 왜 30년 믿음생활을 열과 성의를 다하여 열심히 하고, 천일을 철야하고, 영육의 문제 해결을 받고, 내적치유와 축귀능력을 받으려고 10년 이상 30군데 이상을 다니고, 정신적이고 육적이고 영적인 질병을 치유 받으려고 성령의 역사가 강하다는 15년 동안 30군데를 교회를 다니고, 능력을 받으려고 20년을 성령 사역하는 곳을 다녀도 변화가 없고 치유되지 않고 능력이 나타나지 않는 것일까요? 기도를 바르게 하지 못하기 때문입니다.

교회나 성령 사역하는 곳에 가서 말씀 듣고 기도합시다. 하면 자신이 지금까지 하던 식으로 기도를 하기 때문입니다. 이렇게 기도하니 성령의 역사가 자신 안에서 일어나지 않기 때문에 변화가 일어나지 않는 것입니다. 성령의 역사가 자신 안에서 일어나야 치유도 되고 능력도 나타나고 문제도 해결이 되는 것입니다. 이렇게 자신이 하던 방식으로 기도하니 잠재의식에 쌓인 영적이고 심리적인 독소가 녹아질 수가 없고 배출될 수가 없는 것입니다. 자연스럽게 변화되지 않고 영-혼-육의 건강도 누릴 수가 없는 것입니다. 이를 방지하기 위하여 우리 충만한 교회같이 기도할 때 담임목사가 돌아다니면서 기도하는 상태를 점검하면서 안수를 하여 기도를 교정하여 성령의 역사가 성도의 마음 안에서 일어나게 해야 합니다. 성도의 마음 안에 있는 성전에서 분출되는 기도가 되도록 안수하면서 교정하여 주어야 합니다. 자기가 종전에 하던 습관적인 기도를 몇 시간씩 해도 변화되지 못합니다. 자신 안에 있는 상처가 습관적인 기도에 적응이 되어있기 때문입니다. 그렇게 하지 않으면 절대로 변화를 체험하지 못합니다. 몸속의 독소가 꼼짝하지 않습니다. 그래서 모든 크리스천은 기도를 클리닉 해보아야 합니다. 이렇게 성령으로 기도하면 변화되지 말라고 해도 변화가 되고 치유가 됩니다.

우리는 기도를 바르게 알아야 합니다. 기도는 하나님과 사귀는 것입니다. 하나님과 가까이 하는 것입니다. 하나님과 함께 시간을 보내는 적극적인 행위입니다. 하나님과 사랑을 나누는 시간입니다. 하나님께 사랑을 고백하고 감사하는 시간입니다. 우리의 삶에서 가장 깨어있는 시간, 하나님의 소리를 듣는 시간입니다. 자신을 치료하는 시간입니다. 예수를 믿는 성도가 하는 기도는 세상 사람들이 하는 기도와 다릅니다. 자신이 매일 철야하며 새벽기도를 해도 영육이 변화되지 않고, 환경이 어려운 것은 세상적인 기도를 하기 때문입니다. 예수를 믿는 성도가 하는 기도는 다음과 같은 원칙을 가지고 해야 합니다.

첫째, 성령 안에서 기도하라. 바른 기도생활을 위해서 '좋은 기도의 습관'이 중요하긴 하지만 그 보다 더 중요한 것이 있습니다. 그것은 바로 기도의 영을 받아 가지고 있는 겁니다. 우리가 새벽기도를 생각해볼 때 우리가 항상 새벽에 그 시간에만 살아가는 것이 아니지 않습니까? 우리가 예배당 안에서만 살고 있지는 않지 않습니까? 우리가 가정에서나 직장에서나 세상에서 살아갈 때 우리 앞에 다양하게 펼쳐지고, 우리에게 다가오는 그런 도전과 문제, 그 어려운 상황 속에서 우리의 기도가 정해진 기도의 제목만으로는 우리 삶을 다 감당하지 못해요. 그래서 좋은 기도의 습관을 갖는 것도 중요하지만, 우리가 기도의 영을 가져서 성령 안에서 기도하는 것 그것은 더욱 중요합니다. 마치 내 영이 기도의 영이신 성령 안에 푹 잠겨 있는 것처럼 내가 하루 24시간 어디에서 무엇을 하고 있든지 하나님과 끊임없는 교통가운데서 내 삶이 진행되는 것, 그것이 바로 기도의 영을 가지는 것인데, 이것이 바로 기도생활의 이상이라고 할 수 있습니다. 그래서 하나님 말씀은 우리에게 '성령 안에서 기도하라' '성령으로 기도하라'라는 말씀을 여러 번 당부하십니다.

그 중 한 곳인 에베소서 6장 18절을 같이 읽겠습니다. "모든 기도와 간구를 하되 항상 성령 안에서 기도하고 이를 위하여, 깨어 구하기를 항상 힘쓰며, 여러 성도를 위하여 구하라" 과거 개역에는 '무시로 성령 안에서 기도하라'고 했는데, '무시로'란 항상 이란 뜻입니다. 영어로 always 또는 all times입니다.

그렇다면 어떻게 기도하는 것이 '성령 안에서 기도'하는 것일까요? '성령 안에서 기도한다'는 의미는, "성령의 영성과, 성령의 지성과, 성령의 감성을 따라서 기도하는 것이다" 라고 말할 수 있습니다. 또, 성령의 임재 가운데 기도하는 것입니다. 실제적으로 성경에 보면, 성령께서 우리를 위하여 말할 수 없는 탄식으로, 성령의 생각이 삼위일체 하나님과 합치된 상태에서 우리 안에 와계신 성령께서 우리를 위하여 계속 기도하고 계십니다.

'성령 안에서 기도하라'는 엡6장 18절의 말씀을 실행 할 수 있는 그 약속이, 이 로마서 말씀에 주어져 있습니다. 로마서 8장 26~27절속에는, 성령의 [영성] [지성] [감성]이 나타나 있어요. 성령의 영성은 무엇과 같은가요? 어머니의 영성과 같지요. 어머니는 자녀들을 한없는 사랑으로 용납해주고 품어줍니다. 그러한 것처럼 성령은 포근한 영성, 온유하신 영성, 인자하신 영성으로서 마치 어머니가 자식을 위해 기도하듯이, 성령께서 우리를 위하여 기도하고 계신다는 거예요. 우리는 무엇을 위하여 기도하는지도 모르고, 우리 앞에 어떤 일이 일어날지도 모릅니다.

그렇기 때문에 성령께서 '우리를 위하여 마땅히 무엇을 위해서 기도할지 모르지만, 우리를 위하여 앞서 기도'하고 계신다는 것입니다. 성령의 영성이 그러하단 것입니다. 또 성령의 영성은, 성령은 지성을 가진 인격체이셔서 우리를 위해서 기도 할 바를 명확하게 인지하시고, 그리고 그 생각을 갖고 기도하고 계십니다.

롬8장 27절 말씀에 성령은 지성을 지니신 분이시다. 라는 것을 보여주는 한 표현이 있습니다. '마음을 살피시는 이가 성령의 생각을 아시나니' '성령의 생각'이라고 했습니다. 성령은 생각하신다. 즉, 지성을 지니신 분이십니다. 우리를 향하신 그 성령의 생각이 얼마나 많은지 시편 40편 5절에 이런 말씀이 나옵니다.

"여호와 나의 하나님이여 주의 행하신 기적이 많고 우리를 향하신 주의 생각도 많도소이다" 우리의 부모가 자녀를 위해서 기도하지 않습니까? 자녀에 대한 모든 사정을 헤아리고 살펴서 자녀를 위해서 기도합니다. 부모는 자녀를 위해서 기도하지만, 자녀는 부모를 그렇게 생각하지 않아요. 자기 인생이 바쁘기 때문에 내리 사랑을 해서 부모는 자녀를 위해서 그렇게 안타깝게 간절히 기도하지만, 자녀들은 그 부모에 대한 마음을 헤아리지 못합니다. 저도 자녀를 위해서 기도하면서 '이 아이들이, 부모인 내가 이렇게 하나님 앞에서 간절히 자기들을 위해 기도하는 것을 알고 지내기나 하나?' 그런 생각을 할 때가 있습니다.

마찬가지로 우리는 별로 하나님을 생각하지 못하고 살아가지만 성령께서 우리를 위하여, 해변의 모래보다 더 많으신 그 생각, 그 사랑의 생각을 가지고 우리를 위해서 기도하고 계십니다. 또한 성령은 감성을 지닌 분이십니다. 로마서 8장 26절 말씀에 성령의 감성을 보여주는 한 어구 한 표현이 있습니다. "말할 수 없는 탄식으로 우리를 위하여 기도하시는 성령님"이라고 했습니다.

성령은 감성을 가지고 계세요. 우리는 성령을 근심하게 할 수도 있고, 우리는 성령을 기쁘시게도 할 수 있습니다. 성령이 인격적으로 우리를 대해주십니다. 이 말씀이 보여주는 바대로 성령님은 어머니와 같은 그런 넓으신 자애로우신 사랑의 영성을 지니셨고, 또한 성령은 생각을 가지신 지성을 지니신 인격체이시고, 성령은 우리를 위하여 말 할 수 없는 탄식으로 하나님 앞에서 기도하시는 감성을 지니신 분이십니다. 성령께서 우리 안에 오셔서 우리를 위해 그토록 기도하시는 그 성령의 영성과 지성과 감성을 따라 기도하는 것이 성령님 안에서 기도하는 것입니다.

둘째, 성령으로 기도하라. 우리에게 그 기도는 필요하죠. 내 생각대로, 내 욕심대로, 내 마음대로 기도하는 것이 아니라, 내 영이 성령 안에 잠긴 것처럼 성령이 그 영성과 지성과 감성을 따라서 기도하는 것, 그것이 바로 우리가 지향하는 이상적인 기도입니다. 예를 들어서 설명 드립니다. 이미 세월이 지나서 다 잊어버리셨겠지만, 부모님들이 어린 자녀들을 키울 때, 자녀들이 막 글자를 깨우쳐 갈 나이일 때 글씨 쓰는 법을 가르쳐 주지 않습니까? 그때 어떻게 가르쳐 주셨어요? 아이가 글자를 삐뚤삐뚤 쓰니까 엄마나 아빠가 아이를 품안에 안고 아이의 작은 손을 내가 손으로 잡고 연필을 쥔 아이의 손을, 내가 붙잡아서 글자를 써갑니다. 마찬가지로 기도할 줄 모르는 우리들을 성령께서 안으시고 품으시고, 나의 작은 손을 그 권능의 손으로 붙드셔서 내게 기도하는 법을 가르쳐 주신다는 거예요. 부모가 어린자녀든 장성한 자녀든 자녀를 위해서 밤낮 기도하듯이 성령께서 우리에게 오셔서 나는 의식도 하지 못하는데, 나는 느끼지도 못하는 사이에 나를 위하여 말할 수 없는 탄식으로, 그 많으신 성령의 사랑의 생각을 갖고서, 하나님의 뜻에서 합치된 방향으로 나를 위하여 기도하고 계시는데 내가 그것을 깨닫고 성령의 인도를 따라 기도하는 것이 바로 성령 안에서 기도하는 것입니다.

그것이 그토록 중요한 이유는 우리가 성령 안에서 기도하게 되면, 우리가 중언부언 하는 기도는 하지 못하죠. 여전히 우리는 내 짧은 욕심이 들러붙은 그런 마음의 손을 가지고 기도를 하는데, 우리가 점차적으로 성령 안에서 변화를 받게 되면, 우리가 마음 속에 품게 되는 소원과 우리가 하나님께 아뢰는 기도의 제목들이 하나님의 뜻에 합치되는 방향으로 내 그 기도가 바뀐다는 것입니다. "이와 같이 성령도 우리의 연약함을 도우시나니 우리는 마땅히 기도할 바를 알지 못하나 오직 성령이 말할 수 없는 탄식으로 우리를 위하여 친히 간구하시느니라." 우리의 기도가 성령 안에서 드려지게 되면 우리가 간구하는 것이 하나님의 뜻에 맞게 되니까 하나님께서 하나님의 뜻을 이루어주시지 않겠습니까?

로마서 8장 28절에 보면 "우리가 알거니와 하나님을 사랑하는자 곧 그 뜻대로 부르심을 입은 자들에게는 모든 것이 합력하여 선을 이루느니라."하셨습니다. 우리 기도가 성령 안에서 드려지는 기도, 우리의 뜻이 하나님의 뜻에 합치되는 방향으로 변화 받게 되면, 우리가 기도하는 바를 하나님이 응답해 주실 뿐만 아니라, 우리에게 둘러싼 삶의 환경을 하나님께서 절대주관 가운데 품으시고, 붙드시고, 변경하시고, 조정하셔서 모든 것들을 합력하여 선을 이루게 해 주신다는 겁니다.

그러니까 로마서 8장 28절에 '성도의 모든 것을 합력하여 선을 이루신다'는 구절은, 문맥상 26절과 연결해서 해석할 때, 성령 안에서 기도하는 성도에게, 모든 것이 합력해서 선이 이루어진다는 뜻입니다. 즉 28절의 '성도의 모든 것이 합력해서 선을 이루는' 은총은 26절의 성령 안에서 기도하며 살아가는 자에게 주어지는 축복입니다. 시편 37편 4절 말씀에도 '또 여호와를 기뻐하라. 저가 내 마음의 소원을 이루어 주시리로다.'라고 하셨습니다.

우리 기도가 성령 안에서 기도하는 것으로 점차로 바뀌어서 우리가 성령 안에서 하나님을 기뻐하며 살아가게 될 때, 성령님께서 우리 마음속 안에 있는 모든 소원들을 아시고 헤아리시고 살피셔서, 우리로 하여금 하나님께 기도드려서 그 소원들을 다 이루게 해주시기 때문에 성령 안에서 기도하는 것이 그토록 중요합니다. 그런데 혹자는, '성령 안에서 기도 한다.'는 것은 방언기도 하는 것을 뜻한다고 하여 성령 안에서 기도와 방언기도를 동일시합니다. 저는 부분적으로는 맞는다고 생각해요. 그러나 다 맞는 것은 아니고, 부분적으로 맞습니다. 성령께서 우리에게 방언의 은사를 주시면, 그 사람은 그 방언기도를 하는 가운데 성령 안에서 기도하게 됩니다. 성령의 영성과 지성과 감성에 내가 편입되어서 내가 그 의미를 다 모르고 기도하는 사이에도 내가 성령 안에서 기도하는 것으로, 나의 기도가 바뀔 수가 있어요. 그래서 방언기도는 귀중한 은사입니다.

그런데 '성령 안에서 기도하는 것'을 [방언기도]로 한정해 놓으면, 그런데 진정 하나님 안에 구원받은 하나님 자녀들 가운데서도 아직 방언기도를 하지 못하는 분들도 많습니다. 성령세례를 받았는데 방언기도가 터지지 않은 분들이 있습니다. 방언이라는 것은 은사입니다. 은사는 다양하게 모든 사람에게 주어지는 것이지, 한 은사를 모든 그리스도인에게 나누어 주시는 것은 은사가 아닙니다. 내가 비록 방언의 은사를 받지 못했지만, 남이 가지고 있지 않은 은사가 나에게 주어집니다. 섬김의 은사, 구제의 은사, 가르침의 은사, 예언의 은사, 병 고침의 은사 등, 방언의 은사 말고도 더 많은 은사들이 있습니다. 그런데 '성령 안에서 기도하는 것'을 방언기도로만 한정해놓으면, 방언기도를 하지 않는 다른 그리스도인은 성령 안에서 기도할 수 없는 것으로 되니까. 그것은 말이 안 되는 것이지요. 그러므로 방언은사를 받지 않은 많은 그리스도인들도, 얼마든지 성령 안에서 기도할 수 있습니다.

셋째, 성령 안에서 온몸으로 기도하는 방법. 기도에 대하여 바르게 알아야 합니다. 많은 성도들이 문제가 있으면 무조건 기도하면 문제가 풀어지는 줄로 알고 있습니다. 그래서 무조건 기도하라고 합니다. 그렇지 않습니다. 기도는 하나님의 뜻을 구하는 것입니다. 문제의 원인에 대하여 하나님께 질문하여 하나님께서 알려주시는 해결방법을 해결하면서 기도해야 합니다. 예를 든다면 회개라든가, 용서라든가, 하나님께서 알려주시는 레마를 받아 순종하며 기도해야 문제가 풀어지는 것입니다. 막연하게 문제를 해결하여 주시옵소서. 하며 기도하면 문제가 해결되지 않습니다.

반드시 하나님에 알려주시는 해결 방법을 적용하여 해결하면서 기도해야 문제가 풀어지는 것입니다. 성도들이 바르게 알아야 할 것은 자신이 당하는 문제는 하나님의 문제라는 것을 믿어야 합니다. 그래서 자신에게 일어나는 문제는 하나님이 해결해야 합니다. 왜냐하면 자신은 예수를 믿을 때 죽었습니다. 다시 예수로 태어났습니다. 지금 예수 인생을 사는 것입니다. 그렇기 때문에 성령으로 기도하여 영의 상태가 되면 하나님께 해결 방법을 질문하여 응답받은 대로 조치를 해야 문제가 해결되는 것입니다. 그렇기 때문에 문제를 해결하려면 성령으로 기도하지 않으면 안 되는 것입니다. 성령으로 기도하여 영의 상태가 되어야 내적인 상처도 치유되고, 귀신도 떠나가고, 병도 고쳐지고, 문제도 해결되고, 하나님의 레마도 들을 수가 있는 것입니다.

성령으로 기도하는 것은 성령의 임재가운데 성령 안에서 기도하는 것을 말합니다. 마음으로 기도하여 마음의 문이 열려야 영으로 기도하게 되는 것입니다. 영으로 기도하는 것이 성령으로 기도하는 것입니다. 그렇기 때문에 먼저 마음의 기도로 마음의 문을 열어야 영으로 기도할 수가 있는 것입니다. 성령으로 기도하는 비결은 이렇습니다. 아랫배에 의식을 두고 가볍게 힘을 주면서 숨을 들이 쉬고 내 쉬면서 주여! 숨을 들이 쉬고 내 쉬면서 주여! 숨을 들이 쉬고 내 쉬면서 주여! 자연스럽게 주여! 를 하면 되는 것입니다. 자신이 머리를 써서 장구하게 기도하는 것이 아니고 단순하게 예수님을 찾는 것입니다.

어떤 분들은 기도를 하다가 아랫배나 등허리나 옆구리나 어깨나 뭉치가 생기면 자신의 힘으로 떠나가게 하려고 힘을 주면서 왝왝하면서 기도를 하는데 이는 절대로 금물입니다. 우리가 알아야 할 것은 자신의 힘으로나 노력으로 자신 안에 불순물이 떠나가는 것이 절대로 아닙니다. 왜냐하면 자신의 능력은 3차원이기 때문입니다. 성령의 권능으로 불순물이 떠나가는 것입니다. 성령님은 초자연적인(5차원) 역사를 일으키는 살아계신 분입니다. 성령의 역사가 자신 안에서 일어나야 불순물이 쉽게 떠나갑니다. 이유는 불순물 뒤에는 귀신들이 있을 수가 있습니다.

귀신들은 초인적인(4차원) 능력이 있습니다. 자신은 인간적인(3차원) 능력입니다. 자신의 인간적인 노력으로는 불순물이 떠나가지 않는 것입니다. 그렇기 때문에 자연스럽게 성령의 역사가 일어나도록 숨을 깊게 들이쉬고 내쉬면서 지속적으로 기도하는 것입니다. 그러면 자신 안에서 올라오는 성령의 불의 능력으로 불순물이 떠나가는 것입니다. 바르게 알고 기도해야 기도가 쉽고 기도하면서 자신을 치유할 수가 있습니다.

방언으로 기도할 줄 아는 분들은 호흡을 들이쉬고 내쉬면서 방언기도하고, 호흡을 들이쉬고 내쉬면서 방언기도를 합니다. 즉 내면의 활동이 강화되어 자신의 마음속 영 안에 계신 성령이 밖으로 나오시게 해야 합니다. 코로는 바람을 들이쉬고 배꼽 아랫배로 호흡을 하는 것입니다. 호흡을 들이쉬고 내쉬면서 주여! 주여! 주여! 하다가 성령께서 감동을 주시는 것이 있습니다.

예를 든다면 "자녀를 위하여 기도하라!" 하실 수도 있습니다. 그러면 자녀를 위하여 기도하는 것입니다. 자녀에게 문제가 있는 것도 할 수가 있습니다. 자녀에게 바라는 것이 있으면 그것을 기도해도 좋습니다. 기도를 마치고 다시 주여! 주여! 주여! 하면서 기도를 합니다. 다시 성령께서 너의 물질문제를 기도하라고 하실 수도 있습니다. 물질문제를 기도합니다. 물질문제가 어떻게 해서 생겼는지 하나님에게 질문하며 기도합니다. 죄악으로 인한 것이라면 회개를 합니다. 회개하고 계속 성령 안에서 기도하면 성령의 역사로 귀신이 떠나갑니다. 성령이 충만한 상태이므로 귀신들이 잘 떠나갑니다. 다시 다른 기도를 위하여 주여! 주여! 주여! 하면서 기도를 합니다.

그러면 성령께서 다시 감동을 합니다. 너의 건강을 위하여 기도하라! 그러면 자신의 건강을 위하여 기도합니다. 기도하면서 하나님에게 질문을 합니다. 하나님! 저의 어느 부분이 문제가 있습니까? 하면서 기도하여 조치를 취하면 됩니다. 무엇을 결정해야 할 경우는 어느 정도 기도하여 성령으로 충만한 상태가 되면 지속적으로 문의 하는 것입니다. 이것을 어떻게 해야 합니까? 이것을 어떻게 해야 합니까? 이것을 어떻게 해야 합니까? 지속적으로 질문을 하면 문득 떠오르는 생각이 있습니다. 이것이 하나님의 방법입니다. 이것을 해결하면 치유가 되는 것입니다. 이것이 성령으로 기도하는 것입니다. 어려울 것이 없습니다.

자신의 생각이나 욕심을 내려놓고 순수하게 성령을 따라 기도하는 것입니다. 보통 성도님들이 하시는 말씀대로 기도분량이 채워지니까 성령께서 알려주신 것입니다. 기도분량이 채워졌다는 것은 성령님이 역사하실 수 있는 영적인 상태가 되었다는 것입니다. 절대로 성령은 육의 상태에서 응답을 주시지 못합니다.

반드시 성령으로 충만한 영의 상태가 되어야 레마를 들려주십니다. 그러므로 영의 상태가 되도록 성령으로 깊은 영의기도를 해야 합니다. 영의 상태에서 하나하나 감동이나 음성으로 알려주시는 것입니다. 기도의 성공요소는 영의 상태에 들어가는 것입니다. 영의상태에서 성령님과 교통할 수가 있기 때문입니다.

넷째, 기도하는 장소를 바르게 해야 한다. 필자가 어느 날 새벽에 기도하니까, 성령하나님께서 이렇게 감동하시는 것입니다. "왜 무당들이 유명한 산에 올라가 장구치고 북치고 하면서 기도하는지 알고 있느냐" 잠시 생각을 해보니까, 유명한 산에 역사하는 산신령을 접신 받으려고 유명한 산을 찾아 기도한다는 생각이 떠올랐습니다. 그래서 "산에 역사하는 산귀신을 접신 받으려고 산에 가서 기도하는 것입니다." 했더니 성령께서 "그렇다. 산에 역사하는 산신령을 접신 받으려고 산에 가서 기도하는 것이다." 말씀하시는 것입니다. 그러면서 자네는 어디에서 기도를 해야하느냐고 질문하십니다. 그래서 내 안에 하나님께서 주인으로 계시니 내 안에 관심을 집중하고 기도하면 된다고 했습니다.

맞는다고 하시면서 다른 목회자들이나 성도들에게 알려주어 기도 장소의 계념을 바르게 알고 기도하도록 하라고 말씀하셨습니다. 크리스천은 기도는 하나님이 계시는 자신 안에 마음 성전에 집중하여 기도하게 하라는 것입니다. 기도는 자신 안에 계신 하나님께 기도하시기를 바랍니다. 우리 성도들의 의식이 기도

하려면 "기도원가야 한다. 산에 가야한다. 교회에 가야한다." 로 고정되어 있기 때문에 자신의 심령에 관심이 두지 않습니다. 자신의 마음에 관심을 두지 않기 때문에 예수를 믿으면서도 변화되지 못하는 것입니다. 그렇다고 교회나 기도원에 가서 기도하지 말라는 말로 이해하면 안 됩니다. 교회에 가서 기도에 대하여 바르게 배우고 바르게 해야 합니다. 교회에 가서 성령으로 세례도 받아야 합니다. 필자는 자신 안에 계신 하나님께 관심을 가지고 기도하라는 것입니다.

기도는 자신 안에 계신 하나님께 기도하여 자신이 하나님의 입장이 되어 하나님의 길을 제대로 따라가고 있는지, 바르게 가고 있는지, 돌아가고 있는지를 보는 것입니다. 그리고 자신 앞에 있는 문제를 하나님께 기도하여 하나님의 해결 방법을 알아내는 것입니다. 그리고 알려주신 해결방법대로 순종하기 위해서 기도하는 것입니다. 기도는 하나님께 무엇을 얻어내려고 하는 것이 절대로 아닙니다. 자신의 상처를 치유하고, 성령으로 충만하며, 하나님과 대화하기 위하여 기도하는 것입니다. 지친 영혼의 쉼을 얻기 위하여 기도하는 것입니다. 기도는 영-혼-육이 쉼을 얻는 시간이라고 생각하며 성령으로 해야 합니다. 이 중요한 기도가 잘못되면 먼저 영혼이 만족을 누리지 못하는 것입니다. 다음은 혼이 만족을 누리지 못하니 정신이 안정되지 못하고 산란한 것입니다. 더 진전이 되면 육체의 질병으로 발생합니다. 따라서 예수를 믿으면서도 세상 사람들과 똑 같은 영육간의 고통을 당하고 사는 것입니다.

18장 해가 지기 전 마음의 분을 풀어야 한다.

(엡 4:26)"분을 내어도 죄를 짓지 말며 해가 지도록
분을 품지 말고"

하나님은 성전으로 살아가게 하기 위하여 "분을 내어도 죄를 짓지 말며 해가 지도록 분을 품지 말고, 마귀에게 틈을 주지 말라(엡 4:26-27)" 말씀하셨습니다. 이유는 이렇습니다. 해가지도록 분을 해소하지 않고 잠을 자는 경우에 잠재의식에 스트레스와 독소가 쌓이기 때문입니다. 독소가 잠재의식에 쌓이다가 보면 결국 영육에 밸런스를 깨뜨려서 우울정신영적인 문제을 일으키거나 영적인 탈진이나 심인성 질환이 발생할 수가 있기 때문입니다. 하나님은 크리스천들을 특별하게 사랑하십니다. 사랑하시기 때문에 해가 지도록 분을 품지 말라고 말씀하시는 것입니다. 필자가 평소에 생각하고 있는 것은 하나님의 말씀대로 살아가지를 않기 때문에 영육의 질병이 발생한다고 믿고 있습니다. 성령의 인도를 받지 않고 자신의 욕심을 따라 살기 때문에 스트레스에 의하여 영육의 질병이 발생하는 것입니다. "분을 내어도 죄를 짓지 말아야"합니다.

분은 불꽃과 같습니다. 화를 내거나 심히 노를 발한 후에 그 남은 분노가 불꽃같이 마음에 분을 뿜습니다. 분을 삭이지 못해서 계속 품고 있으면 그 영향으로 죄를 짓게 되며 해가 지도록 분을 품고 있으면 그 기회를 쫓아 마귀가 들어와서 집을 짓게 되고 도

적질하고 죽이고 멸망시키는 큰 해를 끼치게 되는 것입니다.

첫째, 분을 내면 죄를 짓게 된다고 한다. 요사이 무시무시한 범죄가 많이 일어나는데 그 배후에 보면 분노가 꼭 자리 잡고 있는 것입니다. 최근 세상에 큰 문제를 일으킨 땅콩 회항 사건은 참지 못한 분노가 큰 사고를 저지른 것입니다. 마음에 스트레스가 쌓여서 분노를 조절하지 못하여 발생한 사건입니다. 스트레스는 만 가지 문제의 원인이라고 하는 것입니다. 하나님은 이를 아시기 때문에 "분을 내어도 죄를 짓지 말며 해가 지도록 분을 품지 말고, 마귀에게 틈을 주지 말라(엡 4:26-27)" 말씀으로 강조하시는 것입니다.

하버드대 보건대학원에서 발표한 바에 의하면 분노는 뇌졸중, 심장마비 등의 위험을 높인다고 합니다. 하루에 다섯 번 이상, 화를 내면 건강상 위험 상태에 이른다고 말합니다. 화를 낸 상태에서 잠을 자면 깨어났을 때 마음에 불행도가 높아지고 부정적인 감정이 더 악화된다고 합니다. 잠재의식에 우울정신영적인 문제을 일으키는 분노가 집을 지었기 때문입니다. 분노 뒤에 귀신이 역사하니 더 악화되는 것입니다.

분을 품고 잠을 잘 수 없지 않습니까? 그러나 분을 품고 잠을 자면 치료를 받을 것 같은데 잠을 잘 때에 잠재의식에 스트레스가 쌓이게 됩니다. 잠재의식에 스트레스가 쌓이니 귀신의 거처 독소가 되는 것입니다. 잠재의식에 스트레스가 쌓여서 귀신의 거처가 되니 아침에 일어나도 개운하지 못하고 마음에 불행한 느낌이 더 크다는 것입니다. 하나님은 크리스천들을 사랑하시기 때문에 에베소서 4장 26절로 27절에 "분을 내어도 죄를 짓지 말며 해가 지도록 분을 품지 말고 마귀에게 틈을 주지 말라"고 경고하시는 것입니다. 잠언 12장 16절에 "미련한 자는 당장 분노를 나타내거니와 슬기로운 자는 수욕을 참느니라" 잠언 29장 11절에 "어리석은 자는 자기의 노를 다 드러내어도 지혜로운 자는 그것을 억제하느니라" 그런데 분노를 억제하려면 마음에 여유가 있어야 가능한 것입니다. 마음에 여유는 하루하루 해가 지기 전에 생명의 말씀과 성령으로 스트레스를 정화해야 가능합니다. 성령으로 충만할 때 우울정신영적인 문제을 일으키는 분노를 억제할 수 있는 여력이 생기는 것입니다.

성경에 보면 제일 먼저 사람을 죽인 사람이 가인입니다. 가인은 논농사, 밭농사 이런 것을 지었고 아벨은 양을 쳤습니다. 하나님께서 그 두 사람에게 분명히 1년에 한 번씩 하나님 만나러 올 때 제사를 드리되 어린 양을 잡아 피를 쏟고 향기로운 제사로 불을 태워 하나님께 올리라고 말씀을 했을 것입니다. 그런데 1년간 농사를 짓고 난 다음에 가인은 역시 내가 손으로 지은 열매를 가지고 하나님께 드려야지. "하나님께서 내 손의 열매를 받으십시오." 하고 열매 맺은 곡식단을 들고 와서 하나님께 드렸습니다. 그런데 하나님은 그것을 보시고 고개를 흔들었습니다. 왜, 하나님이 원하는 제사를 지내야지 하나님이 원치 않는 제물을 가인이 자기 원하는 것으로 드렸던 것입니다.

그러나 아벨은 양 한 마리를 잡아서 피를 뿌리고 불을 붙여서 향기로운 냄새가 나는 제사를 드렸습니다. 피를 흘려서 속죄 제사를 드린 것입니다. 하나님이 아벨의 피의 제사를 기쁘게 받았습니다. "가인과 그의 제물은 받지 아니하신지라. 가인이 몹시 분하여 안색이 변하니 여호와께서 가인에게 이르시되 네가 분하여 함은 어찌 됨이며 안색이 변함은 어찌 됨이냐 네가 선을 행하면 어찌 낯을 들지 못하겠느냐 선을 행하지 아니하면 죄가 문에 엎드려 있느니라 죄가 너를 원하나 너는 죄를 다스릴지니라 가인이 그의 아우 아벨에게 말하고 그들이 들에 있을 때에 가인이 그의 아우 아벨을 쳐죽이니라"(창 4:5~8). 제일 첫 살인 사건이 에덴동산에서 일어난 것입니다.

시편 37편 8절에 "분을 그치고 노를 버리며 불평하지 말라 오히려 악을 만들 뿐이라" 분이 곧 삭여지지 아니하면 악을 행하게 되는 것입니다. 분의 결과로 악을 행하여 살인도 하게 되고 파괴하고 무서운 일들이 생겨날 수 있는 것입니다.

미국 하버드대 보건대학원의 연구 결과는 분노가 우리의 건강과도 밀접한 관련이 있다는 것을 보여 줍니다. 분노가 폭발하고 난 뒤 2시간 이내에는 심장마비, 부정맥, 뇌졸중의 위험도가 무려 4-5배 이상 증가한다는 것입니다. 분노 횟수가 축적되면 심장마비 위험률이 높아지는데, 하루에 다섯 번 이상 분노를 발하면 위험한 상태에 이른다고 경고합니다. 빈번한 분노는 결국 자신의 건강과 정신을 망가지게 하는 행위라는 것입니다. 그러므로 자신에게 화를 끼치지 않도록 분노를 발하면 안 됩니다. 매일 해가 지기 전에 분노를 정화해야 자신이 행복합니다.

둘째, 화는 고통스러운 결과를 초래한다. 분노를 통해서 화를 내면 시야가 좁아져서 자동차 운전을 할 때 사고를 낼 확률이 높습니다. 그리고 분을 낸 사람에게 사연을 설명해도 이해를 하지 않습니다. 사고가 좁아지기 때문인 것입니다. 화를 낸 상태에서 식사를 하면 소화기능이 떨어져 설사나 변비가 오며 고당분 음식을 선호하게 됨으로 혈당이 높아지고 건강에 지장이 다가오는 것입니다. 욥기 5장 2절에 "분노가 미련한 자를 죽이고 시기가 어리석은 자를 멸하느니라"고 말한 것입니다.

2005년 "최장수 부부"로 기네스북에 올랐던 부부가 있습니다. 남편인 퍼시 애로스미스와 아내인 플로렌스 애로스미스인데, 남편이 105세이고, 아내가 100세입니다. 그들이 기네스북에 올랐을 때 한 기자가 금슬이 좋고 장수한 비결을 묻자, 아내가 이렇게 대답했습니다. "우리라고 해서 남들처럼 다투지 않겠어요? 우리도 종종 다투는데 그러나 화가 난 채로 잠자리에 들어가지 않습니다. 항상 화가 나면 그 화를 서로 대화하여 다 풀고 난 다음에 잠자리에 들어가서 등을 서로 대고 자지 않습니다." 한평생을 안고 잤다는 것입니다. 표창 받을 만하지요? 하나님이 그렇게 인정 있게 사는 부부에게 장수의 은혜를 주신 것입니다. 잠들 때는 언제나 친구처럼 포옹한 채로 잠이 들었다는 것입니다. 이 부부가 평생 실천했던 말씀은 에베소서 4장 26~27절, "분을 내어도 죄를 짓지 말며 해가 지도록 분을 품지 말고 마귀에게 틈을 주지 말라" 하는 말씀이었습니다. 화가 난 상태에서 잠을 자면, 자는 동안 부정적인 감정들이 잠재의식에 집을 짓기 때문에, 하나님의 말씀에 순종하여 화를 풀고 잠자리에 들어가야 부정적인 감정이 사라지는 것입니다.

셋째, 분을 품거나 화를 내지 않기 위하여. 김이라는 목사님이 충남 면소재지에 있는 교회에 부임하셨습니다. 교회의 실정을 파악하면서 성도들에게 이 교회에서 부부 금슬이 제일 좋은 부부가 누구냐고 질문했답니다. 교인들이 하는 말이, 저 앞 산 밑 사시는 70대 집사님 부부가 제일로 금슬이 좋은 잉꼬부부라고 대단한 칭찬을 하는 것입니다. 그래서 대관절 어떻게 살고 계시기에 노부부가 잉꼬부부로 정평이 날 정도로 잉꼬부부인가 직접 확인을 하고 배워서 목사님 부부도 그렇게 살기로 하셨습니다. 아침 일찍 집사님 댁에 방문하여 부부가 행동하는 일거수일투족을 보셨습니다. 그런데 아침부터 부부가 말다툼을 하면서 일을 하는 것입니다. 그렇게 말다툼을 하다가 오후에는 여집사님이 속이 상해서 방안으로 들어가 버리는 것입니다.

목사님이 생각하기를 저렇게 아침부터 다투는데 무슨 소문 난 잉꼬부부인가 과장된 것이라 생각하면서 인내를 가지고 하루 종일 부부의 행동을 관찰기로 했습니다. 어느덧 해가 뒷동산에 걸쳤습니다. 그러자 남편 집사님이 이렇게 말하는 것입니다. 여보! 해가 넘어갑니다. 그러니까, 부인 집사님이 방안에서 나와서 서로 손을 잡고 기도를 하더니 다정하게 대화하며 방안으로 들어가 저녁을 드시는 것입니다.

그때 목사님이 깨달았습니다. 부부가 낮에 다투다가 해가지기 전에 기도하며 화해하고 잠자리에 들어간다는 것입니다. 아

~ 그래서 부부간에 의가 상하지 않고 응어리가 생기지 않고 잉꼬부부로 살아가는 구나하면서 낮에 단면만 보고 판단한 것을 회개했다는 것입니다. 목사님도 해가지도록 분을 가지고 살지 않기로 했답니다. 분명하게 이 부부는 하나님의 말씀과 같이 "분을 내어도 죄를 짓지 말며 해가 지도록 분을 품지 말고, 마귀에게 틈을 주지 말라(엡 4:26-27)"는 말씀을 지키면서 살아가기 때문에 잉꼬부부로 살아갈 수가 있었던 것입니다.

우리가 살아가는 동안에 많은 시련과 환난을 당하는데 시련을 당할 때 좋으신 하나님이 우리들을 버리지 않기 때문에 모든 것이 합력하여 유익을 이루어서 나중에 좋게 만들어 주는 것입니다. 하나님께서 무조건 누구나 좋게 만들어 주시는 것이 아니고, 하나님께서 자신 안에 성전삼고 주인으로 계실 때 가능한 것입니다. 요셉이 형들에게 말하기를 "형들은 나에게 해를 주려고 애굽의 종으로 팔았지만 하나님은 오히려 이것을 돌이켜 선이 되게 해서 오늘날 수많은 사람을 굶주림에서 건지는 아버지 노릇을 하게 하셨다"고 했습니다. 하나님을 사랑하는 자 곧 그 뜻대로 부르심을 입은 자들에게는 모든 것이 합력하여 선을 이루느니라. 이 말은 참 맞는 말입니다. 어려운 일을 당할 때 분을 내거나 화를 내지 말고 하나님께 엎드려서 성령의 임재가운데 모든 일을 하나님께 고백하면 하나님께서 자신을 붙들어서 모든 것이 합력하여 선을 이루게 되는 것입니다. 놀라운 일이 일어나게 되는 것입니다.

바울도 분 냄을 새로운 피조물이 된 사람들이 버려야 할 죄악의 목록에 포함시키고 있는 것입니다. 에베소서 4장 31절로 32절에 "너희는 모든 악독과 노함과 분냄과 떠드는 것과 비방하는 것을 모든 악의와 함께 버리고 서로 친절하게 하며 불쌍히 여기며 서로 용서하기를 하나님이 그리스도 안에서 너희를 용서하심과 같이 하라" 하나님은 예수 그리스도 안에서 우리들을 철저히 용서해 주신 것입니다. 예수 그리스도는 영원한 하나님 아닙니까? 육신을 쓰고 영원한 하나님이 오셨는데 예수님이 우리 대신하여 재물이 되고 심판을 받았는데 영원한 예수님이 우리 위하여 심판을 받았기 때문에 영원히 심판을 받았습니다.

영원한 예수님이 우리 재물이 되어서 제사를 드렸으니까 다시는 드릴 제사가 필요 없습니다. 한 제사로써 모든 것이 다 이루어진 것입니다. 우리는 죄를 짓고 불의하고 추악하고 버림을 받아야 마땅한 존재임에도 불구하고 죄지은 그대로 못난 그대로 빈 손 든 그대로 주님께 나와서 주님을 구주로 모시면 그 보혈이 우리 보고 이 제사로써는 너는 영원히 사함을 받았다 그렇게 말하는 것입니다.

그러므로 그리스도의 구원이 얼마나 철저한지 이루 말로 다 할 수 없습니다. 우리들이 주님 앞에 나와서 영원히 용서를 받아 버렸으니 다음에 용서받을 죄가 없습니다. 주님은 우리들을 영원히 용서하시고 그 다음에는 성령을 보내 주셔서 보혜사 성령이 우리 안에 거하면서 거룩하게 살게 되도록 가르쳐주시는 것입니다. 우리 예수 믿는 사람들은 하나님께서 우리를 위해서 구원의 터를 다 닦아 놓으시고 우리에게 구원을 주시는 것을 알아야 되는 것입니다.

마음의 즐거움은 양약이라도 심령의 근심은 뼈를 마르게 하느니라. 마음의 즐거움은 아주 좋은 약입니다. 요사이 저는 암에 걸려서 죽어가는 사람이 주님 안에서 기뻐하고 즐거워하고 웃고 그래서 암이 나았다는 간증을 많이 듣고 있습니다. 몸이 약한 사람은 집에서 자꾸 웃어야 됩니다. 남편은 아내를 웃기십시오. 웃기면 양약이 되는 것입니다. 아주 좋은 약을 대접하게 되는 것입니다. 야고보서 1장 19절로 20절에 "내 사랑하는 형제들아 너희가 알지니 사람마다 듣기는 속히 하고 말하기는 더디 하며 성내기도 더디 하라. 사람이 성내는 것이 하나님의 의를 이루지 못함이라" 로마서 12장 17절로 19절에 "아무에게도 악을 악으로 갚지 말고 모든 사람 앞에서 선한 일을 도모하라 할 수 있거든 너희로서는 모든 사람과 더불어 화목하라. 내 사랑하는 자들아 너희가 친히 원수를 갚지 말고 하나님의 진노하심에 맡기라 기록되었으되 원수 갚는 것이 내게 있으니 내가 갚으리라고 주께서 말씀하시니라"

하나님께서는 우리가 직접 원수 갚기를 원하지 아니하시고 원수는 주님이 갚아 줄 테니까 주님께 다 맡기라 하는 것입니다. 주님께 맡겨 놓으면 주님이 안 갚을 때가 많습니다. 주님은 우리를 불쌍히 여기기 때문에 내게 맡겨라. 내가 대신 갚아 줄 테니까 맡기라고 말씀하십니다. 예수님께 맡기라는 말은 마음에 맺힌 것을 마음 안에 주인으로 계신 예수님에게 다 이야기해서 예수님이 해결하게 하라는 말입니다.

빌립보 감옥에서 바울과 실라가 분노를 기도와 찬송으로 삭인 것을 기억해 보십시오. 그들이 빌립보에서 복음을 증거 하다가 귀신 쫓아내고 나니까 더 이상 점을 치지 못하므로 그 주인이 돈벌이가 없어져서 온 아는 사람을 다 충동해서 바울과 실라를 고소, 고발했습니다. 감옥에 갇혔는데 밤중에 그 사람들이 배도 고프고 몸에 맞은 데가 피가 흐르고 쓰라리기도 한데 불평이나 원한이나 분을 내지 않고 찬송을 불렀습니다.

둘이가 쇠고랑에 묶여 있으니까 박수는 못 치고 서로 아마 부딪치면서 찬송을 불렀습니다. 바울과 실라가 성령으로 충만한 상태에서 부르는 그 찬송소리에 빌립보 교도소가 천국이 된 것입니다. 천국에는 교도소가 없으니 하나님이 지진을 보냈습니다. 찬송소리에 맞춰서 지진으로 박자를 쳤습니다. 온 빌립보 시가 지진에 울렁거리고 죄수들이 갇혀있는 방문들이 다 열리고 차꼬가 다 풀리고 자유와 해방이 다가온 것입니다. 우리가 마음에 기쁨과 감사를 가지면 자유와 해방을 체험하게 되는 것입니다. 우리 주님의 역사에는 언제나 자유와 해방이 있습니다.

예수 믿는 사람이 그저 기독교라는 의식만 가지고 율법주의자로 살아가는 것은 기독교 신앙이 아닙니다. 예수님께서 자기 고향땅 나사렛에 돌아와서 이 세상에서 왜 왔느냐 말씀하실 때 주의 성령이 내게 임하셨으니 이는 나로 하여금 가난한 자에게 복된 소식을 전하게 하려고 기름을 부으시고 그러니 예수님은 복음을 전할 때 가난한 사람들에게 복된 소식을 전하는 것이 제일 첫째 사명입니다. 가난을 원치 않습니다. 에덴에서 주님은 아담과 하와를 위해서 얼마나 준비를 잘해 놓았는데 결국 반역하고 쫓겨났기 때문에 가시와 엉겅퀴가 나고 축복을 빼앗겼지 하나님은 우리들을 아브라함의 복과 형통을 받도록 하는 것입니다.

그래서 우리 주님이 계신 곳에는 언제나 해방과 자유가 있는데 어떤 해방이냐, 가난에서 해방인 것입니다. 가난을 생각하지 말고 생각을 언제나 부요를 생각하십시오. "아브라함의 복이 내게 있다. 아브라함의 형통이 내게 있다." 그것을 늘 생각하십시오. 그 다음에는 "가난한 자에게 복된 소식을 전할 뿐 아니라 포로된 자에게는 자유를 마음에 염려, 근심, 불안, 초조, 절망, 우울증 같이 포로된 자에게 해방을 주시는 일을 하신다. 그리고 병든 자는 고쳐주는 것은 눌린 자를 자유하게 하신다."는 것입니다. 마귀는 사람을 눌러서 병들게 하는 것입니다. 사도행전에 보면 하나님께서 나사렛 예수에게 성령과 능력을 기름 붓듯 주시며 저가 두루 다니며 착한 일을 행하시고 마귀에게 눌린 모든 자를 고치셨으니…. 마귀가 누르니까, 병이 드는 것입니다. 마귀가 압박하고 있습니다. 그것을 주님께서 자유롭게 해주시는 것입니다. 그리고 은혜의 해를 전파함이라. 우리가 율법을 지키므로 고행을 하므로 구원을 받는 것이 아니라, 하나님의 은혜로, 은혜는 선물입니다. 예수님은 가난한 자에게 복된 소식을 전하시지요. 포로 된 자에게 자유를 주시지요. 눈먼 자에게 보게 해주시지요. 눌린 자에게 자유를 주시지요. 은혜의 해를 전하시지요. 우리에게 오면 엄청나게 좋은 일을 하기 위해서 오신 것입니다. 오늘 이 시간 생명의 말씀을 들으면 생애 속에 가난

귀신이 물러가고 축복과 형통의 생각이 들어오게 될 것입니다. 그러면 "네 믿음대로 될지어다." 하시며 이루어지게 하십니다. 그리고 성령이 오셔서 영안을 여셔서 하늘나라를 바라보게 해 주시고 마음에 포로된 자, 육체에 포로된 자, 생활에 포로된 자, 자유와 해방을 얻게 되는 것입니다. 상처와 스트레스로 고난스러운 것을 주님께서는 갖고 살기를 원치 않습니다.

예수 이야기만 하면 해방과 자유입니다. 눈에 보이지 않는 원수 마귀에게 해방과 마귀가 가져온 모든 고통에서 자유를 얻게 되니 그 기쁨은 말로 다할 수 없습니다. 그런데 항상 알아야 될 것은 마음에서 먼저 일어난 일이 밖에서 일어나는 것입니다. 예수님의 십자가 보혈로 죄 사함을 받은 것을 마음속에 확실히 알아야 죄에서 이길 수 있는 것입니다.

허물에서 씻음 받은 것을 담대하게 믿을 때 성결한 사람이 되는 것입니다. 저가 채찍에 맞음으로 나음을 입었느니라, 마음속에 생각이 병에서 놓여남을 받은 생각을 하게 되면 바깥에 체험의 치료가 다가오게 되는 것입니다. 마음속에서 내가 축복을 받아서 형통하고 아브라함의 부요함이 들어온 것을 능력으로 믿으면 환경에서 그런 일이 일어나게 되는 것입니다. 마음으로 천국 고향이 가득하고 죽음이 겁나지 않는 사람은 죽으면 낙원에 가는 것입니다. 해가 지기 전에 분을 풀면서 사는 습관을 들이시기를 바랍니다. "분을 내어도 죄를 짓지 말며 해가 지도록 분을 품지 말고, 마귀에게 틈을 주지 말라(엡 4:26-27)"란 이렇게 이해하시면 쉽습니다. 크리스천이 악함이 판을 치는 세상에서 살아가는 것이 스트레스입니다. 이 스트레스를 잠자기 전에 마음으로 하나님을 찾으면서 기도하면 5차원의 초자연적인 영적인 상태가 되는 것입니다. 영적인 상태에서 생각나는 일들을 영상으로 보면서 회개하고 용서하는 것입니다. 회개하고 용서하지 않아도 5차원의 초자연적인 상태가 됨으로 세상에서 받은 스트레스난 상처가 밖으로 밀려나가면서 정화되는 것입니다. 절대로 말로 머리로 해서는 스트레스나 상처가 정화되지 않습니다. 반드시 성령의 임재가운데 스트레스나 상처가 정화되는 것입니다. 그렇기 때문에 성령으로 세례 받고 성령으로 충만한 믿음생활이 되어야 해가 지기 전에 분을 풀면서 살수가 있는 것입니다. 전적으로 성령께서 분을 풀도록 하시기 때문입니다.

해가 지기 전에 분을 푸는 방법은 사람과 관계에 얽혔으면 성령의 임재가운데 영상으로 그리면서 화해하십시오. 마음에 상처를 받았다면 침소에 들어가 기도하세요. 호흡을 들이쉬고 내쉬면서 기도하십시오. 이렇게 하면 됩니다. 배꼽아래에 의식을 두고 "호흡을 들이쉬면서 예수님! 내쉬면서 도와주세요." "다시 호흡을 들이쉬면서 예수님! 내쉬면서 사랑합니다." 이렇게 지속적으로 하다가 보면 성령의 깊은 임재가운데 들어가게 됩니다. 임재가운데 들어가 스트레스와 상처받는 현장을 보면서 풀어냅니다. 그러다가 자기도 모르는 순간에 깊은 잠에 들어가는 것입니다. 이렇게 매일 깊은 영의기도를 습관적으로 하면 주간동안 마음에 쌓인 스트레스와 상처가 마음 안에 집을 짓지 못하게 됩니다. 본인의 의지와 노력과 습관이 되어야 합니다.

19장 정기적인 예배를 통하여 성전을 견고하게

(요 4:20-24)"우리 조상들은 이 산에서 예배하였는데 당신들의 말은 예배할 곳이 예루살렘에 있다 하더이다. 예수께서 이르시되 여자여 내 말을 믿으라. 이 산에서도 말고 예루살렘에서도 말고 너희가 아버지께 예배할 때가 이르리라. 너희는 알지 못하는 것을 예배하고 우리는 아는 것을 예배하노니 이는 구원이 유대인에게서 남이라. 아버지께 참되게 예배하는 자들은 영과 진리로 예배할 때가 오나니 곧 이 때라. 아버지께서는 자기에게 이렇게 예배하는 자들을 찾으시느니라. 하나님은 영이시니 예배하는 자가 영과 진리로 예배할지니라."

하나님의 집과 성전으로 살아가기 위하여 예배당에서 드리는 정기적인 예배가 참으로 중요합니다. 요즈음 코로나19로 인하여 예배당에서 예배를 마음대로 드리지 못하니까, 아예 예배당을 찾지 않고 예배를 등한히 하는 분들이 계시다고 합니다. 이는 참으로 큰 문제입니다. 예배당에서 드리는 예배는 자신을 성전 만들기 위한 적극적인 활동입니다. 예배당에서 오셔서 진리의 말씀을 들으면서 영을 깨우고 성령으로 기도하면서 성령 충만 받는 것입니다. 하나님의 집과 성전은 자신 혼자 인터넷으로 신앙생활을 해서는 하나님께서 원하시는 영성을 가질 수가 없습니다. 예배당에서 예배를 드리면서 성령으로 충만 받아 자신의 전인격을 성전 만드는 것입니다.

성도들이 예배당에서 예배들 드리고 성령으로 기도하면서 성령의 불로 지배와 장악이 되면 발에 발동기를 달아준 것과 같은 효과가 납니다. 이렇게 주일날 신령한 하늘의 능력을 받아 한 주 동안 세상에 나가 마귀와 대적하며 승리하는 삶을 사는 것입니다. 정말 주일이 중요합니다. 모두 중요한 주일을 잘 활용하시기를 바랍니다. 평일 날 교회에 나와서 은혜는 받고 싶으나 먹고 살아가기 위해서 여건이 되지 못하는 분들이 많습니다. 성도는 하늘의 양식을 먹고 능력을 받아야 합니다. 하늘의 양식을 먹는 시간이 예배시간입니다. 예배를 성령이 역사하는 예배를 드려야 합니다. 그래야 성도들이 하나님의 성전이 될 수가 있습니다.

영-혼-육으로 말씀이 들려야 심령이 영적으로 변합니다. 정말로 주일은 중요합니다. 우리 성도들이 주일날 이와 같이 성령의 충만함을 체험하면서 심령의 상처와 세상 것들 몸속의 독소를 몰아내야 깊은 영성을 유지할 수가 있습니다. 예배를 거룩하게 드려야 한다고 하는 분들이 있습니다. 거룩하게 드리는 것이 영과 진리로 드리는 것입니다. 성령의 지배와 장악된 가운데 예배를 드리는 것입니다. 우리는 항상 말씀을 영적으로 해석을 해야 합니다. 영과 진리로 드리려면 성령을 체험하여 임재 가운데로 들어갈 줄을 알아야 합니다. 성령의 음성과 감동에 따라 순종하는 성도와 목회자를 영적이라고 할 수가 있는 것입니다.

성령의 인도를 받아야 영혼이 건강할 수가 있습니다. 절대로 성령의 인도 없이는 영혼이 건강할 수가 없는 것입니다. 그러므로 기본이 성령의 세례이고, 성령의 인도입니다. 성령으로 영혼이 치유가 되어 강건하게 되는 것입니다. 영혼이 성령으로 장악이 되어야 육체가 성령의 지배를 받아 건강해지는 것입니다. 이러한 영적인 법칙을 체험하고 이해한 목회자를 만난다는 것은 복중에 복입니다. 이런 교회를 다니면 매 주일 성령을 체험하고 영혼이 강건하여 영-혼-육이 건강하게 지낼 수가 있습니다. 교회는 이런 일을 하는 곳이기 때문에 교회를 잘 정해야 영-혼-육이 건강하게 지낼 수가 있습니다.

◎교회는 영과 진리로 예배드리는 곳입니다. 예배를 어떻게 드려야 하는지를 밝히 알고 행해야 합니다. 하나님은 이렇게 말씀을 하십니다. "아버지께 참되게 예배하는 자들은 영과 진리로 예배할 때가 오나니 곧 이 때라 아버지께서는 자기에게 이렇게 예배하는 자들을 찾으시느니라. 하나님은 영이시니 예배하는 자가 영과 진리로 예배할지니라"(요 4:23-24). 하나님만을 주목하는 예배, 하나님께 참되게 예배하는 것은 무엇을 의미합니까? 어떻게 드리는 예배를 가리켜 아버지께 참되게 예배하는 것입니까?

하나님께 참되게 예배하는 자는 영으로 예배합니다. 영으로 드리는 예배가 무엇입니까? 우리가 이를 바르게 알기 위해서는 먼저 성경말씀을 바르게 알아야 합니다. 원래 헬라어 성경을 보면 24절에서 "하나님은 영이시니… 영으로 예배하라." 하는 구절의 '영'을 가리켜 '성령'(pneuma)으로 표기했습니다. 복잡하게 설명하지 않겠습니다. "하나님은 영이시니." 즉 하나님은 성령 하나님이십니다. 그러므로 "영으로 예배할지니라." 즉 성령 하나님으로 예배하라는 말씀입니다. 더 쉽게 설명을 드리면 '성령의 인도함 가운데, 성령님 안에서 예배하라.'는 것입니다.

◎교회는 성령으로 세례 받게 하는 곳입니다. 성도들은 물세례 받은 것으로 만족하면 안 됩니다. 반드시 성령으로 세례를 받아야 합니다. 교회는 성도들을 성령으로 세례를 받게 하는 곳입니다. 성령세례는 성령세례 받은 사람(담임목사)을 통하여 전이 됩니다. 성령세례를 받은 사람은 자기가 성령세례 받았다는 것을 압니다. 성령세례는 우리가 의식할 수 있는 의식적 체험입니다. 오순절 성령강림이 있을 때 성령이 제자들 각 사람 위에 임하였습니다. 그리고 제자들은 나가서 복음을 증언하기 시작했습니다. 제자들에게 '여러분들은 언제 성령세례를 받았습니까?' 라고 물으면 '오순절입니다' 라고 분명히 대답할 것입니다. 사도바울이 갈라디아교회에 편지를 씁니다. "너희가 성령을 받은 것이 율법의 행위로냐 혹은 듣고 믿음으로냐?"(갈 3:2). 사도 바울이 이 질문을 하는 것은 갈라디아교회가 성령 받은 것을 알고 있었다는 것입니다.

성경은 성령 받은 것에 대해서 많은 기록을 남기고 있습니다. 빌립이 전도했던 사마리아교회, 고넬료의 가정, 에베소교회 등 성령 받은 교회나 가정들은 성령을 받은 것을 정확히 알고 있습니다. 성령세례는 우리가 알 수 있는 분명한 체험입니다. "당신은 성령을 받았습니까?"라는 질문에 대해서 딱 부러지게 "예" "아니오"로 대답할 수 있는 체험입니다. 아울러 성령세례는 하나님과 그리스도에 대한 감사와 사랑을 불러일으킵니다.

성령세례는 예수를 믿을 때 영 안에 임재하신 성령께서 순간 전인격을 장악하는 것입니다. 성령으로 세례를 받을 때 하나님의 영광과 그분의 존재의 실상을 전인격이 자각하는 것을 의미합니다. 살아계신 성령의 역사를 몸으로 느끼고 눈으로 볼 수 있는 현상이 일어나는 것입니다. 물론 다른 사람도 자신이 성령으로 세례를 받는 것을 눈으로 볼 수가 있는 것입니다. 그래서 성령세례 받은 사람들은 이렇게 말합니다. "(벧전 1:8)예수를 너희가 보지 못하였으나 사랑하는 도다. 이제도 보지 못하나 믿고 말할 수 없는 영광스러운 즐거움으로 기뻐하니" 교회는 성도들이 성령으로 세례 받아 권능 있는 삶을 살게 하는 곳입니다. 성령으로 세례를 받아야 성도가 진정한 하늘의 사람으로 변화되기 시작합니다. 성령세례는 참으로 중요한 체험입니다. 성령으로 세례를 받아야 우울정신영적인 문제을 일으키는 독소가 배출됩니다.

◎교회는 성령으로 기도하는 곳입니다. 하나님의 나라에서 하는 기도는 땅에서 하는 기도와 완전하게 다릅니다. 영이신 하나님께 기도하기 때문입니다. 영이신 하나님께 기도하는 것이기 때문에 반드시 성령으로 기도해야 합니다. 교회에 들어오면 먼저 담임목사님으로부터 기도를 어떻게 하는지 바르게 배우고

해야 합니다. 세상에서 하던 기도방식으로 기도하면 하나님이 들으실 수가 없기 때문입니다. 기도는 참으로 중요합니다. 반드시 기도는 성령으로 해야 합니다. 기도하는 법을 배우고 해야 하는 중요한 영적 행동입니다.

◎교회는 영이신 하나님을 만나게 하는 곳입니다. 영이신 하나님은 우리 안에 임재 하여 계십니다. 영이신 하나님을 만나려면 인간적인 방법으로는 만날 수가 없습니다. 예배의식에 참석한다고 자동적으로 하나님을 만나지는 것은 아닙니다. 하나님은 시공을 초월해 계시는 영이시기 때문에 어디든 계시며, 자신을 부르면 우리 마음속을 성령으로 채우시는 분입니다. 그러므로 시간과 장소가 중요하지 않습니다. 그렇다면 하나님을 어떻게 만날 수 있겠습니까? 마음 안에 임재하신 하나님을 간절히 찾으면 만날 수 있습니다. '만일 마음을 다하고 뜻을 다하여 그를 찾으면 만나리라'(신4:29), '너희가 온 마음으로 나를 구하면 나를 찾을 것이요 나를 만나리라'(렘 29:13), '나를 간절히 찾는 자가 나를 만날 것이니라'(잠 8:17) '구하라. 그러면 너희에게 주실 것이요, 찾으라. 그러면 찾아낼 것이요, 문을 두드리라. 그러면 너희에게 열릴 것이니… 너희 하늘 아버지께서 구하는 자에게 성령을 주시지 않겠느냐 하시니라'(눅 11:9~13). 이렇게 예수님도 말씀하셨습니다. 우리가 하나님을 만나지 못하는 이유는 하나님을 간절히 찾지 않기 때문이요, 하나님을 찾지 않는 이유는 믿음이 없기 때문입니다. 하나님은 찾아야 응답하시는

분입니다.

◎교회는 상한 마음을 치유하는 곳입니다. 교회에 들어와 성령으로 세례를 받으면 성령께서 마음의 상처를 치유하십니다. 우울정신영적인 문제을 일으키는 독소를 배출해야 합니다. 마음의 상처가 치유되어야 진정한 영의 사람으로 바뀌기 시작하기 때문입니다. 자아를 부수십니다. 자아가 남아있으면 성령의 역사를 방해하고 말씀의 비밀을 깨닫지 못하도록 방해합니다. 혈통의 문제를 해결하십니다. 세상 신을 몰아내십니다. 이 모든 영적활동이 성령하나님께서 우리들의 마음에 성전을 만드시는 일입니다. 우리는 우리 안에 거하시는 하나님과 함께 새로운 삶을 만들어야 합니다. 수평적 삶을 만들고, 수평적 사회, 사랑의 사회를 만들 수 있습니다. 그럴 수 있는 능력이 있습니다.

크리스천이 되고, 풍성한 삶을 누린다는 것은 이러한 관계를 새롭게 창조해나가는 삶을 살아간다는 것입니다. 나를 변화시키고, 이웃을 변화시키는 것입니다. 이것이 내적치유입니다. 사람들은 많은 칭찬은 쉽게 잊어버리는 반면에 단 한마디의 상처를 주는 비평은 잊지 않고 기억합니다. 자신이 행한 일보다는 자신의 인간성에 대한 긍정적, 또는 부정적 말을 훨씬 더 깊게 받아드립니다. 인간성을 깎아 내리는 말은 자존감에 심각한 영향을 줍니다. 사람들은 상처를 당할 때에 자기의 감정을 억누르고 상처를 빨리 싸매어 버리기 때문에 아무도 눈치 채지 못합니다. 그러나 그 상처는 소독을 하지 않았기 때문에 곪게 되고, 시간이 흐르면 싸맨 곳을 통하여 고름이 새어나오기 시작합니다. 이것이 오래 전의 상처가 현재 삶에 영향을 미치는 것입니다. 상처를 받지 않고 살 수는 없지만, 치유는 하면서 살 수 있습니다. 상처는 일단 받으면 다른 사람에게 상처를 주게 되어있습니다. 상처의 악순환, 빈곤한 삶의 악순환입니다.

상처를 받지 않을 수는 없지만, 상처를 치유할 수는 있습니다. 상처를 치유해야 이 악순환에서 벗어날 수 있게 됩니다. 상처 권에서 벗어날 수 있게 됩니다. 드디어 풍성한 삶으로 나아갈 수 있게 됩니다. 상처가 별로 나에게 영향을 주지 않게 되고, 남에게도 상처를 주지 않는 부드러운 성품이 되며, 상처가 주는 감정에 휩쓸리지 않는 든든한 삶을 살게 됩니다. 말씀과 성령으로 자신의 무의식과 잠재의식에 있는 상처를 찾아서 의식수준으로 가지고 나와서 치유하여 배출해야 합니다. 자꾸 심령에서 성령의 역사를 일으키면 상처는 치유되게 되어 있습니다. 그러므로 상처치유에만 치중하지 말고 성령으로 충만한 임재 상태에 들어가도록 노력해야 합니다. 우리 안에 성전을 성령께서 만드시기 위하여 마음의 상처를 치유하십니다. 자아를 부수십니다. 혈통에 역사하는 귀신을 축귀하십니다. 마음을 열고 받아들여야 합니다.

◎교회는 성도들의 우울정신영적인 문제을 일으키는 몸속의 독소를 배출하는 곳입니다. 몸속에 독소가 쌓여서 영-혼-육에 문제가 생기고, 환경에 현실문제가 있을 때 하나님의 해결방법을 알아내라고 주신 것이 바로 기도입니다. 하나님께서는 예수

그리스도를 믿는 자녀들에게 주신 것이 바로 기도입니다. 기도는 하나님의 뜻을 알아내는 중요한 수단입니다. 크리스천이 속에 독소가 쌓여서 영-혼-육에 문제가 생기고, 환경에 현실문제가 발생했을 때 하나님의 해결방법으로 문제를 해결해야 합니다. 기도는 하나님의 해결방법을 알아내는 중요한 수단입니다. 기도는 하나님의 지혜와 권능을 받는 적극적인 수단입니다. 예수를 믿는 크리스천은 모든 문제를 하나님의 방법으로 해결해야 합니다. 하나님께 기도하여 알려주시는 방법으로 순종하면 문제가 기적같이 해결이 됩니다. 문제가 있을 때 성령으로 기도하십시오. 어려움을 당할 때 성령으로 기도하십시오. 몸이 아플 때 성령으로 기도하십시오. 기도는 하나님께 문제해결방법을 알아내는 것입니다. 현실 문제란 어떤 것일까요? 부부불화가 있다. 어깨통증이 있다. 등과 허리에 통증이 있다. 머리가 아프다. 어지럽다. 불면증이 있다. 불감증이 있다. 우울증이 있다. 꿈이 많아 깊은 잠을 자지 못한다. 위궤양이 있다. 잘 놀란다. 교통사고, 사고, 수술 후유증이 있다. 불안과 두려움이 심하다. 온몸에 근육통증이 있다. 허리와 목 디스크로 고생한다. 요통이 있다. 골반 통증이 있다. 가슴이 답답하다. 기도가 안 된다. 늘 피곤하다. 늘 졸린다. 아랫배에 통증이 있다. 이해하지 못할 사고를 잘 당한다. 생각하지 못한 일로 물질이 손해가 난다. 역류성 식도염이 있다. 공황장애가 있다. 불안장애가 있다. 서러움이 많다. 짜증과 혈기가 심하다. 부모님이 중풍이 있다. 부모님이 치매가 있다. 자녀가 정신문제로 고생한다. 자녀가 학교에서 왕따 당한다. 귀신역사로 고생한다. 신 끼로 고생한다. 식탐으로 먹고 토한다. 이런 모든 것이 현실 문제입니다. 크리스천들이 바르게 알아야 할 것은 하나님은 성도들의 몸속의 독소나 현실의 문제를 성령으로 인도하시면서 해결하게 하십니다. 신구약 성경을 자세히 보면 믿음의 사람들은 모두 현실의 문제를 하나님께 문의하여 해결하며 믿음의 사람이 되었습니다.

◎교회는 영육의 병을 고치는 곳입니다. 성도들은 질병이 생기면 하나님께 기도하여 하나님의 방법으로 질병을 치유해야 합니다. 세상 의술도 이용해야 합니다. 인간의 힘으로 안 될 때, 성령의 권능이 역사하는 교회에 와서 우리가 기도하면 하나님의 기적이 나타나는 것입니다. 하나님이 원하시는 것은 치료에 있지 '병원에 가서 치료를 받아서 나았느냐, 주님이 안수기도를 해서 나았느냐' 그것을 따지지 않습니다. 크리스천이 치료해서 건강해지기를 하나님이 원하시는 것입니다. 그러므로 질병이 있을 때 하나님께 기도하면 병원에 보내서 병원의 도움을 받게 하기도 하시고, 그렇지 않으면 주님이 주님의 일꾼을 통해서 직접 안수해서 고쳐주기도 하시는 것입니다.

그러므로 방법에 대해선 걱정하지 말고, 구원의 치료를 받는다는 그 목적을 주님께서 관심을 가지고 계시다는 것을 잊지 마시기 바랍니다. 사도행전 10장 38절에 보면 "하나님이 나사렛 예수에게 성령과 능력을 기름 붓듯 하셨으매 그가 두루 다니시며 선한 일을 행하시고 마귀에게 눌린 모든 사람을 고치셨으니 이는 하나님이 함께 하셨음이라" 모든 사람을 고쳤습니다. 특별한 사람만 고친 것이 아닙니다.

하나님께서 예수님을 보내시매 그가 두루 다니시며 모든 사람을 고쳐주셨습니다. 크리스천 한사람 한 사람이 예수님의 몸이니깐, 유형교회 와서 기도를 통해서 예수 그리스도의 음성을 듣고 순종하면 불치병도 낫는 것입니다. 교회에 나와 예배를 통하여 예수님을 만나면 그 만남은 은혜 속에서 주님이 고쳐주시는 것입니다. 고치는 것이 하나님의 뜻이요, 안 고치는 것은 마귀의 뜻인 것입니다. "도적이 오는 것은 도적질하고 죽이고 멸망시키는 것뿐이요 인자가 오는 것은 양으로 생명을 얻게 하되 더 풍성히 얻게 하려고 오노라" 죽이는 사망의 역사는 마귀가 가져오고 생명의 역사는 하나님의 아들이 가지고 오시는 것입니다. 축복을 받는 것은 하나님의 아들이 주시는 것이요, 패망케 하는 것은 원수마귀가 하는 것입니다.

◎교회는 땅의 사람을 하늘에 속한 사람으로 바꾸는 곳입니다. 그래서 하늘의 말로 바꾸기 위하여 사도행전 2장 1-4절에 보면 "오순절 날이 이미 이르매 그들이 다같이 한 곳에 모였더니, 홀연히 하늘로부터 급하고 강한 바람 같은 소리가 있어 그들이 앉은 온 집에 가득하며, 마치 불의 혀처럼 갈라지는 것들이 그들에게 보여 각 사람 위에 하나씩 임하여 있더니, 그들이 다 성령의 충만함을 받고 성령이 말하게 하심을 따라 다른 언어들로 말하기를 시작하니라." 성령이 오셔서 언어를 먼저 바꾸

셨습니다. 교회는 말과 행동과 사고와 생각 등등이 하나님의 나라에 맞도록 바꾸는 곳입니다. 그래서 하나님의 나라에 적응하는 시간동안 고통이 있을 수도 있습니다. 왜냐하면 성령의 역사가 일어나야 천국인으로 바뀌기 때문입니다. 성령으로 세례를 받을 때 이해하지 못하는 현상이 일어날 수가 있기 때문입니다. 이는 학생들이 전학을 가면 적응하는 기간이 있어야 하는 것과 같은 것입니다. 잠시 고통이 있을 수가 있다는 것입니다. 참고 인내해야 합니다. 그래야 하나님의 나라 자녀로서 복과 행복을 받아 누릴 수가 있습니다.

◎교회를 통하여 진리의 말씀을 주시며 기적을 베풀어 주십니다. 오직 예수님만이 진리이십니다. 성령으로 진리를 깨달은 만큼 믿음도 강해집니다. 권능도 강해집니다. 진리는 혼자 성경을 만 독을 한다고 깨달아 지는 것이 아닙니다. 교회에 와서 진리를 삶에 적용하여 깨달은 담임목사님으로부터 설교를 들으면서 깨닫는 것입니다. 많은 사람들은 세상이나 거짓이 진리인양 살고 있지만, 그것은 어둠의 권세가 장난치기 때문입니다. 하지만 오직 예수님만이 우리를 자유하게 하고 우리에게 소망을 주시며 예수님만이 우리를 구원의 길로 인도하십니다.

예수를 구주로 받아들인 사람은 진리를 알게 됩니다. 진리란 무엇입니까? 주의 법이 곧 진리입니다(시119:142). 하나님의 말씀이 바로 진리입니다. 예수를 믿는 성도는 교회에 들어와 진리를 바르게 듣고 깨달아야 하나님의 복과 기쁨과 행복을 누리면서 살아갈 수가 있습니다. 성도들은 바른 진리를 듣고 깨달아야 신앙이 자라고 하나님과 관계를 바르게 할 수가 있습니다.

◎교회는 마음에 행복을 주는 곳입니다. 성령이 충만하면 영의 만족을 누리게 됩니다. 영의 만족을 누리면 혼과 육의 모든 것이 정상적으로 작동을 합니다. 정상적인 활동을 하여 행복한 나날을 영위할 수 있습니다.

◎교회는 성도들의 신앙을 자라게 하는 곳입니다. 교회는 그냥 텅 빈 모임을 위한 공간이 아니라, 예수님의 이름을 붙인 성령님의 전인 것입니다. 교회 오는 사람들이 반드시 알아야 할 사항은 성령께서 교회를 세우셨고, 예수님은 어제나 오늘이나 영원토록 동일하시고, 우리와 함께 임재 하여 계심으로 우리는 교회의 살아있는 역사 속에 예배드려야 되는 것입니다. 목회자의 신앙지도를 받으면서 믿음이 자라게 해야 합니다. 거기다가 성령의 역사로 문제를 해결 받고, 상처를 치유하며, 병을 고치고, 스트레스나 몸속의 독소를 성령의 역사로 몰아내는 것입니다. 성령으로 귀신을 몰아내는 곳입니다. 예수 그리스도는 어제나 오늘이나 영원토록 동일하시고, 성령도 동일하시니 교회에 나와서 예수님을 만나고 성령 충만해지고 죄 사함을 받고, 마귀를 쫓아내고, 저주에서 해방되어 축복을 받고, 은혜를 받아 천국을 선물로 가슴에 품고 매일매일 성령의 도우심을 받아 죄악을 씻고 주님 나라를 앙망하는 그곳이 교회인 것입니다.

◎교회는 우리에게 믿음을 줍니다. 믿음이 없이는 하나님을 기쁘시게 할 수 없습니다. 믿음은 환경을 바라보는 것이 아닙니다. 하나님께서는 우리가 바라보고 선포하며 하나님을 의지하며 나가면 그대로 이루어주십니다. 지금 환경을 바라보고 좌절하면 안 됩니다. 믿음은 바랄 수 없는 중에서도 바라는 것임을 알아야 합니다. 힘들고 어려울 때도 좋은 것을 바라보고 될 것을 기대해야 합니다. 바랄 수 없는 중에 바라보는 것이 바로 믿음입니다. 교회는 바로 믿음을 주는 곳입니다. 믿는 자에게는 능치 못함이 없습니다. 믿음으로 간구한 것은 받은 줄로 아십시오. 우리가 간구하고 받지 못하는 것은 의심하기 때문입니다. 내가 할 수 있는 것은 하나님을 신뢰하고 하나님을 믿는 것입니다. 우리 자신들에게는 한계가 있을 수밖에 없지만 하나님을 의지할 때 불가능이 가능으로 바뀌게 됩니다.

◎교회는 하나님의 음성을 듣는 방법을 배우는 곳입니다. 하나님의 음성을 들어야 살 수 있기 때문입니다. 하나님의 음성을 들으려면 모든 통로를 열고 들으려고 노력해야합니다. 하나님의 자녀가 하나님의 음성을 듣는 것은 생사 간에 문제입니다. 자세한 것은 "하나님의 음성을 쉽게 듣는 법" 책을 참고하면 됩니다.

◎성령님과 동행하는 방법을 배우는 곳입니다. 성령님과 동행하는 삶을 살아가야 합니다. 하나님은 우리가 푸른 초장 맑은

시냇물 가에 있을 때에나, 사망의 음침한 골짜기를 지날 때에나 항상 함께 계십니다. 우리가 세상에서 어렵고 힘들고, 병들어 고통스러운 환난을 당하고 있다 할지라도 여전히 성령 하나님께서는 우리와 함께 동행 하십니다. 다윗은 "내가 사망의 음침한 골짜기로 다닐지라도 해를 두려워하지 않을 것은 주께서 나와 함께 하심이라."(시 23:4)고 노래했습니다.

성도는 주일날이 중요합니다. 주일날 성령 충만을 받고 뜨겁게 기도하며 영성을 유지할 수 있기 때문입니다. 지속적으로 성령의 지배와 장악 속에 들어갈 수가 있기 때문입니다. 예배를 통하여 자신의 몸속에 있는 독소를 녹이면서 배출할 수가 있는 것입니다. 저는 교회를 개척할 당시부터 주일 예배를 성령 충만한 예배로 드리고 있습니다.

오전에 40분기도, 오후 예배에 50분 기도하여 심령을 성령으로 정화하고 성령 충만을 받습니다. 이 기도 시간에 제가 일일이 안수하여 막힌 영의통로를 뚫어주고 성령이 충만하고 기도가 깊어지도록 지도합니다. 왜냐하면 세상에서 살아가기가 그리 쉽지 않기 때문에 주일 하루 밖에 교회에 오지 못하는 분들이 많기 때문입니다. 이분들이 성령의 지배와 장악 속에 들어가 우울정신영적인 문제를 일으키는 몸속의 독소를 녹이고 배출할 수 있는 시간이 주일밖에 없기 때문입니다.

20장 예수로 죽고 예수로 살아야 성전 된다.

(갈 2:20) "내가 그리스도와 함께 십자가에 못 박혔나니 그런즉 이제는 내가 사는 것이 아니요 오직 내 안에 그리스도께서 사시는 것이라 이제 내가 육체 가운데 사는 것은 나를 사랑하사 나를 위하여 자기 자신을 버리신 하나님의 아들을 믿는 믿음 안에서 사는 것이라"

하나님의 집과 성전으로 살아가기 위하여 자신이 어떤 존재인가 바르게 깨닫고 행하는 것이 중요합니다. 자신이 여전하게 살아있으면서 하나님의 집과 성전으로 살아간다는 것은 언어도단인 것입니다. 많은 수의 성도님들이 예수를 믿을 때 예수님과 함께 십자가에서 죽었다는 것을 알고 말하지 못합니다. 필자는 영적으로 육적으로 정신적으로 고통을 당하는 환자들이 많이 찾아와 치유 받고 자유 함을 누립니다.

필자가 환자가 찾아오면 질문하는 것이 있습니다. 치유 받고 싶습니까? 하면 아멘! 합니다. 그런데 예수님을 믿을 때 어떻게 되었느냐고 질문하면 대답을 못합니다. 그러면 자세하게 설명을 해줍니다. 성도님은 예수님이 십자가에 달려서 죽으실 때 죄인이던 성도님은 죽었습니다. 다시 예수님께서 부활할 때 의인으로 부활을 하여 지금은 성령의 인도를 받으면서 다시 사신 예수님의 인생을 사는 것입니다.

환자가 예수님의 이름으로 치유를 받으려면 예수님을 믿을 때 죽었고, 다시 예수님으로 부활하여 지금은 성령의 인도를 받으면서 예수님을 나타내며 살아간다는 것을 믿어야 성령의 역사로 치유가 되기 시작합니다. 죄인이던 자신이 살아있는 상태로는 치유가 되지 않습니다. 죄인에게는 성령의 역사가 일어나지 않기 때문입니다. 사도 바울은 로마서 6:8에서 "만일 우리가 그리스도와 함께 죽었으면 또한 그와 함께 살줄을 믿노니"라고 말했습니다. 그리스도와 죽지 않았다면 그는 그리스도와 함께 살지 않는 사람인 것입니다. '예수님을 믿을 때 나는 죽고 예수로 사는' 것을 믿지 못한 채 10년 20년 아무리 열심히 예수님을 믿어도 열매가 없습니다. 새 생명의 삶을 시작도 하지 않았기 때문입니다. 죄 보다 더 무서운 것이 죽지 않은 자아입니다. 자아가 죽지 않은 채, 열심만 있으면 하나님의 일을 방해할 뿐입니다. '자기 생각에 옳은 대로'(삿 21:25) 행하는 것이 죄입니다. 부부 싸움도 교회의 분란도 자기가 옳다고 생각하는 대로 주장하기에 생기는 것입니다.

언제인가 필자가 이런 말씀을 전한적인 있습니다. 자신의 아파트청소는 자신이 합니다. 쓰레기도 자신이 버립니다. 이는 자신이 아파트에 주인이고 사는 사람이기 때문입니다. 자신의 마음의 청소는 누가해야 합니까? 예수님이 주인으로 사시는 분이기 때문에 예수님이 하시는 것입니다. 쓰레기도 예수님이 버리시는 것입니다. 자신은 예수님을 주인으로 인정하고 마음 문을 활짝 열고 성령의 역사하시는 대로 순종하면 됩니다.

오늘날 복음에 대한 좌절감, 무력감이 기독 지성인들 사이에 무섭게 퍼져가고 있습니다. 그것은 십자가 복음이 무능해서 가 아니라 우리가 진정한 십자가 복음이 무엇이지 알지 못하고 믿지 않기 때문입니다. 십자가는 너무나 충격적이고 놀라우며 영광스러운 사건입니다. 온 인류의 구원의 문이 열린 것입니다. 그러나 우리가 믿지 않기에 온 인류는 고사하고 우리 자신도 변화시키지 못하는 무능한 복음이 되어버린 것입니다. 많은 그리스도인들이 자아의 죽음을 이해하지 못하여 죽으려고 애를 씁니다. 그것은 헛된 노력일 뿐입니다. 우리는 우리의 자아를 죽일 수 없습니다. 자아의 죽음은 전적으로 믿음의 사건입니다. "나는 안 죽은 것 같다"라고 대답하는 것은 겸손한 것이 아니라 믿음이 없는 것입니다.

로마서 6장 3-4절을 보면 예수님께서 십자가에서 죽으실 때, 우리의 옛사람이 예수님과 연합하여 죽게 하셨고 부활의 주님과 연합한 새 생명으로 살게 하셨습니다. 그래서 바울은 "오직 이면적 유대인이 유대인이며 할례는 마음에 할지니 영에 있고 율법 조문에 있지 아니한 것이라 그 칭찬이 사람에게서가 아니요 다만 하나님에게서니라"(롬 2:29). 말씀하시는 것입니다. 마음에 성령으로 세례를 받았다면 이미 장례식을 치르고 사는 사람인 것입니다. '나는 죽었다' '나는 죽었다' 하다보면 어느 순간 자아가 죽는 것이 아니라, 십자가에서 하나님께서 이루신 놀라운 일에 대하여 "아멘, 하나님, 감사합니다. 하나님을 찬양합니다." 하는 것입니다.

많은 사람이 '나는 죽고 예수로 사는 것'이 어렵다 하지만 실제는 쉬운 것입니다. '나는 죽고 예수로 사는 것'은 다른 종교처럼 수행하는 것이나 도를 닦는 것이 아닙니다. 자신이 지고 살던 삶의 무거운 짐을 주님께 넘겨 드리는 것입니다. "나는 죽었습니다." 고백하는 성도는 매일 매일 힘들게 사는 것이 아닙니다. 주님으로 사는 것 때문에 기대가 되고 흥분이 되는 삶입니다.

우리가 할 일은 모든 염려를 주님께 맡기고 어떤 상황에도 어떤 사람 앞에서도 "나는 죽었습니다." 고백하며 사는 것입니다. 이것이 예수님을 믿고 예수님을 주인으로 모신 우리가 할 수 있는 전부입니다. 그러면 부활의 주님을 만나고 부활의 능력으로 삽니다. 사도 바울은 고린도후서 4:10-11절에서 "우리가 항상 예수의 죽음을 몸에 짊어짐은 예수의 생명이 또한 우리 몸에 나타나게 하려 함이라 우리 살아 있는 자가 항상 예수를 위하여 죽음에 넘겨짐은 예수의 생명이 또한 우리 죽을 육체에 나타나게 하려 함이라"고 했습니다. 우리 자아가 죽었음을 믿을 때, 예수님의 생명으로 살며 우리를 통하여 주님의 역사가 나타난다는 것입니다.

필자의 교회에 성령치유 받으러 오신 집사님이 이렇게 고백했습니다. "저는 예수님을 통해 새 생명을 얻어 살아간다는 것은 알고 있었지만 예수님께서 십자가에 달려 죽으셨을 때 나의 옛 사람도 함께 죽었다는 사실은 제대로 알지 못했습니다. 또한 새 생명을 얻었기에 '예수님처럼 살도록 노력해야지'라고 생각했지, 정말 예수님의 생명으로 사는 것임을 깨닫지 못했습니다. 그러나 오늘 깨닫고 나니 예수님을 바라보는 마음이 더 감격스러워졌고 전보다 더 애정이 듬뿍 담긴 마음으로 예수님을 바라보게 되었습니다. 그래서 저는 누군가가 '당신의 매력은 무엇입니까'라고 묻는다면 저는 '제 안에 계시는 예수님입니다'라고 자랑스럽게 대답을 합니다." 우리 모두의 매력도 예수님입니다. 나 한 사람만 "나는 죽었다" "나는 예수님으로 산다." 고백하며 산다면 어떤 일이 벌어지겠습니까? 가정도 살고 교회도 살고 한국 교회가 살아날 것입니다. 그리고 살아계신 부활의 주님의 역사를 체험하게 될 것입니다.

우리에게 무엇 보다 분명해야 하는 것은 '예수님을 믿을 때 나는 죽고 예수로 사는 십자가 복음'을 분명히 하는 것입니다. 그러면 다시 시작할 힘을 얻게 될 것입니다. "예수님이 과연 우리의(나의) 진정한 삶의 주인이 되시는가?" 이 물음에 대해 고민 할 때 가장 많이 떠올리는 구절이 갈라디아서 2장 20절 일 것입니다. 이 말씀은 그리스도인으로 새롭게 태어나게 된 나의 정체성, 나의 신분이 무엇인지를 명확하게 밝혀 주면서, 믿음으로 말미암아 의인이 된 사람들이 걸어가야 할 삶의 방향을 뚜렷하게 제시해 주고 있습니다.

나의 신앙, 나의 본 모습은 언제 가장 잘 드러나는지 아십니까? 혼자 있을 때입니다. 혼자 있을 때는 아무도 나를 보지 않기 때문에 맘대로 할 수 있습니다. 혼자 있으니 조용한 가운데 하나님과 교제해야겠다고 생각하고 기도에 열심을 내거나, 찬양하거나, 말씀을 깊이 묵상하면 얼마나 좋겠습니까? 세속적인 것들을 찾고 보고, 남을 속일 생각, 나쁜 짓을 계획하고, 돈을 왕창 벌어서 펑펑 쓰면서 할 것 다해 보고 살아가는 허황된 망상을 하고, 미디어에 빠져 시간을 허비하고, 먹고 마시는 유흥을 즐길 거리가 없나, 이런 고민 아닌 고민을 하기가 쉽습니다.

혼자 있을 때는 자신의 내면에 잠재하고 있었던, 내가 가장 추구하며 살아가는 가치적인 것들이 고스란히 드러나는 것입니다. 혼자 있을 때 무슨 행동을 하며, 어떤 생각을 하면서 지내는가가, 곧 나의 믿음의 척도입니다. 우리 주님도 우리가 혼자 있을 때의 모습을 보시고, 우리 믿음을 평가 하신다는 것을 분명히 아셔야 합니다.

너무나도 중요한 말씀이기 때문에 다시 한 번 강조해서 말씀 드립니다. 나의 지금의 신앙 수준, 영성 수준은 교회 안에서 겸손하고, 예의 바르고, 모범적인 것으로 평가 되는 것이 아닙니다. 내가 혼자 있을 때, ① 나의 구원자요, 나의 주인이라고 고백한 우리 주님과 얼마만큼 영적인 교제 안에서 관계를 맺어 가는가 ② 그분이 주시는 의와 거룩함을 채움으로 죄와 자아를 얼마만큼 걷어내느냐 ③ 말씀이 주시는 능력과 하나님 나라에 대한 소망을 그 무엇보다도 갈급하게 요구하느냐 ④ 내 믿음이 연약하고 작은 것을 슬퍼하면서, 어떻게 하면 믿음으로 완전한 구원에 이를 수 있는가를 고민하고 또 고민 하는가 ⑤ 자녀들이 예수님을 깊이 만나게 해 달라고 눈물로 기도하는가 ⑥ 믿지 않는 우리 가족들에게 구원의 은혜를 베풀어 달라고 간절하게 간구하는가…. 등등 이런 엄청난 영적인 주제들을 가지고 혼자만의 시간을 보낼 수 있어야 진정한 믿음을 가지고, 구원받는 길을 당당하게 걸어갈 수 있는 그리스도인이 되는 것입니다.

우리 주님이 왜 십자가에서 돌아가셨을까요? 구원을 베푸시기 위해서이시죠. 너무나도 당연합니다. 하지만 구원만을 위해서만이 아닙니다. 데살로니가 전서 5장 10절을 읽어 드립니다. "예수께서 우리를 위하여 죽으사 우리로 하여금 깨어 있든지 자든지 자기와 함께 살게 하려 하셨느니라" 아멘. 예수님은 우리가 죽든지 살든지, 함께 살고 싶어서, 함께 대화 하고, 상담하시고, 위로해주시고, 능력주시고, 하늘나라로 무사히 데리고 가시고 싶어서 십자가에서 죽으셨다는 말씀입니다. 함께 하시고 싶어서 죽으셨다는 말씀이, 너무나도 기가막하고, 눈물 나는 말씀이 아닙니까?

예수님은 우리와 함께 하시기 위해 죽기까지 하셨는데, 그런데 왜 대다수의 신앙인들은 예수님을 믿는 다고 하면서도 이렇게 교회 안에서와 교회 밖에서의 이중적인 태도가 도무지 고쳐지지 않는 것일까요? 어째서 믿지 않는 사람들보다 더 불손하고 불량한 언행으로 눈살을 찌푸리게 하는 것일까요? 믿기 전이나 후나 그리스도인다운 칭찬이나 평가를 제대로 받지 못하면서도 올바른 신앙생활에 대해 진지하게 고민하지 않는 것일까요?

오늘 갈라디아서 말씀이 이러한 의문에 대한 답변입니다. 결론부터 말씀 드리면, 두 가지 문제 때문입니다. 첫째는, 우리가 예수님께서 십자가에서 죽으실 때 죽지 않았기 때문입니다. 더 솔직하게는, 죽는 것을 한사코 거부하기 때문입니다. "내가 그리스도와 함께 십자가에 못박혔나니" 사도 바울은 이 말씀을 자신의 믿음으로 선언했습니다. 그리고 정말 죽은 자처럼 살아 갔습니다.

예수님도 십자가에서 죽으셨기 때문에 다시 영광의 모습으로 부활 하셨듯이, 우리가 십자가에서 죄와 불순종에 찌들어져 있는 나의 옛 자아, 내 멋대로 말하고, 내 마음대로 행동하려고 하는, 하늘을 찌를 듯한 교만하기 짝이 없는 나의 옛 자아를 못박지 않는다면, 우리는 결코 믿음을 가진 그리스도인의 삶을 살아 갈 수 없습니다. 예수님만 십자가에 달리시고, 나는 여전히 나대로 살아간다면, 예수님은 나의 구원자로 역사하시지 않는다는 것입니다.

이 시간에 진지하게 물어 보겠습니다. 자신의 옛 자아는 십자가에서 못 박히셨습니까? 아니면, 예수님이 십자가에 못 박히셨다는 그 사실만 전해 들으셨습니까? 우리는 이 답변에 대해 명확한 입장을 표할 수 있어야 합니다. 그냥 슬쩍 짚고 넘어갈 문제가 아닙니다.

사도 바울과 같이, "내가 그리스도와 함께 십자가에 못 박혔습니다! 나의 과거는 십자가에서 완전하게 죽었습니다!" 라고 선언해야 합니다. 이 선언은 외침이 아니라 참회와 돌이킴을 결단하는 진실 된 믿음을 고백하는 것입니다. 이 고백의 시작이 믿음의 출발선입니다. 이 고백이 토대가 되지 않으면, 믿음은 한 발자국도 성장의 길로 나아갈 수가 없습니다.

이 시간에 참회하고 용서를 구하는 심성으로, 그리고 내 양심에 대고 진실 되고, 참으로 진실 되게 한 번 고백해보겠습니다. 가슴에 손을 얹으시고, 제가 먼저 하면 큰 소리로 고백하겠습니다. "내가 그리스도와 함께 십자가에 못 박혔습니다! 나의 과거는 십자가에서 완전하게 죽었습니다!" 아멘. 이 두 마디 믿음의 선언을 잊지 마시고, 믿음이 약해 질 때마다 반복하십시오. 오늘 주님 앞에 믿음으로 선언 하셨으니, 부드럽고 겸손한 말과 거룩한 행동으로, 교회 안과 교회 밖에서, 칭찬받고 인정받는 믿음의 그리스도인들로 살아가시기를 축원합니다.

우리가 믿음으로 살아가지 못하는 또 하나의 이유는 혼자서 자신의 지식으로 지혜로 세상을 살아가려고 하기 때문입니다. 앞서 죽었다는 선언을 했는데, 진짜 죽을 수만 있다면, 이제는 더 이상 홀로 살아가지 않습니다. "그런즉 이제는 내가 사는 것이 아니요 오직 내 안에 그리스도께서 사시는 것이라" 아멘.

죽었기 때문에 나온 결과는 내 안에 그리스도께서 사시는 것으로 귀결이 되었습니다. 죽지 않으면 나 혼자인데, 죽었더니, 예수님과 나와 함께 둘이서 합력하여 선을 이루며 살아가는 놀라운 일이 벌어졌습니다. 죽어야 살고, 죽어야 둘이 함께 할 수 있다니, 참, 기독교라는 종교는 반전 또 반전의 종교입니다.

"오직 내 안에 그리스도께서 사시는 것이라", 오직 이라는 말씀을 유의해서 보아야 합니다. 왜 오직 일까요? 죽은 사람은 말도 없고 움직임도 없습니다. 앞서 나는 죽었다고 선언 했으면, 나는 말도 할 수도 없고, 몸도 움직일 수 없는 진짜 죽은 자가 되어야 합니다. 앞으로 나를 대신 하시는 분이 오직, 오직, 오직, 예수 그리스도이셔야 합니다. 이 말의 뜻은, 나는 죽었고, 내 안에 예수님이 살고 계시기 때문에, 내가 말하고 행동하는 것은, 곧 예수님에 대한 평가로 이어진다는 것입니다.

내가 남을 욕하거나 험담을 하면, 그 더러운 말들이 곧 예수님을 욕되게 하는 것입니다. 내가 남에게 사기를 치고 거짓을 말하면 예수님이 곧 범죄자로 만드는 것입니다. 내가 유흥과 도박에 빠져 흥청망청 살아가면 그 향락이 곧 예수님을 품위 없는 분으로 만드는 것입니다. 내가 예배 중심, 교회 중심, 복음 전도 중심의 삶을 살아가지 못하면 곧 예수님이 거룩하심을 훼손하는 것이 됩니다.

매사에 나의 말과 행동이 곧 내 안에 사시는 예수님을 욕되게 할 수도 있고, 높여드릴 수도 있습니다. 얼마나 말조심, 행동 조심을 하고 살아야 하는지가, "오직 내 안에 그리스도께서 사시는 것이라" 이 말씀에 함축되어 있습니다. 우리가 살아가면서 짓게 되는 모든 죄는 내 안에 사시는 그리스도를 의식하지 않고, 그리스도를 무시하기 때문에 발생을 합니다. 우리 성도들은 보이는 세상에 온 마음을 집중하지 말아야 합니다. 보이지 않는 예수님이 살아서 주인으로 역사하고 계신다는 것을 체험해야 합니다. 이것은 예수로 죽고 예수로 살아가는 성도들의 가장 중요한 진리입니다.

출애굽기에 보면 "돌판 둘을 처음 것과 같이 깎아 만들라."는 말씀이 있습니다. "여호와께서 모세에게 이르시되 너는 돌판 둘을 처음 것과 같이 깎아 만들라"(출34:1). 처음 것은 하나님이 친히 만든 것입니다. 첫 돌 판은 말씀이 육신이 되어 우리 가운데 거하신 예수 그리스도를 말합니다. 그런데 유대인들이 율법으로 예수님을 십자가에 달아서 죽였습니다.

모세가 40주야를 하나님과 같이 있으면서 하나님께서 친히 만들어 십계명을 기록한 돌판을 가지고 시내산에서 내려옵니다. "모세가 돌이켜 산에서 내려오는데 증거의 두 판이 그 손에 있고 그 판의 양면 이편저편에 글자가 있으니 (16) 그 판은 하나님이 만드신 것이요 글자는 하나님이 쓰셔서 판에 새기신 것이더라"(출32:15-16). 그런데 이스라엘 사람들이 자신들을 인도할 황송아지 신을 만들어 놓고 춤을 추고 뛰놀고 있는 것입니다. "진에 가까이 이르러 송아지와 그 춤추는 것을 보고 대노하여 손에서 그 판들을 산 아래로 던져 깨뜨리니라"(출32:19). 모세가 하나님이 쓰셔서 판에 새기신 돌판을 깨뜨렸습니다. 돌판은 예수님인데…

성경은 예수를 산돌로 비유를 합니다. 예수님은 하나님이 만든 산돌입니다. "사람에게는 버린 바가 되었으나 하나님께는 택하심을 입은 보배로운 산돌이신 예수에게 나아와 (5) 너희도 산돌같이 신령한 집으로 세워지고 예수 그리스도로 말미암아 하나님이 기쁘게 받으실 신령한 제사를 드릴 거룩한 제사장이 될지니라"(벧전2:4-5). "다 같은 신령한 음료를 마셨으니 이는 저희를 따르는 신령한 반석으로부터 마셨으매 그 반석은 곧 그리스도시라"(고전10:4). 우리 안에 주인이시고 산돌이신 예수님으로부터 신령한 생수가 흘러나오는 것입니다.

산돌인 예수 그리스도가 율법주의자들에 의하여 십자가에서 죽었습니다. "내가 율법으로 말미암아 율법에 대하여 죽었나니 이는 하나님에 대하여 살려 함이라"(갈 2:19). 율법으로 하나님이 만든 첫 돌이 깨어졌습니다. "진에 가까이 이르러 송아지와 그 춤추는 것을 보고 대노하여 손에서 그 판들을 산 아래로 던져 깨뜨리니라"(출32:19). 모세가 진노하시는 하나님의 음성을 듣고 이일에 가담한 사람들을 죽이라고 하여 사천 명 가량이 죽인을 당했습니다(출32:28). 모세가 죽인 삼천명은 하나님께서 함께하심을 믿지 못하고 우상숭배 한 자들입니다.

예수님이 십자가에서 죽으시면서 물과 피를 흘리셨습니다. 물은 율법, 피는 생명입니다. 물-율법을 생명의 피가 덮어서 복음, 살리는 것이 되었습니다. 이제 성령께서 깨닫게 하시는 복음으로 살아야 합니다. 율법은 죄를 깨닫게 하는 것입니다. 이렇게 율법은 사람을 죽이는 것입니다. "내가 율법으로 말미암아 율법에 대하여 죽었나니 이는 하나님에 대하여 살려 함이라"(갈 2:19). 율법인 죄로 죽고 다시 태어납니다.

죄로 죽은 인간이 살려면 생명의 피가 있어야 생명을 살립니다. 그래서 죄인인 우리를 살리기 위해서는 흠 없는 사람의 피가 있어야 했습니다. 죄는 반드시 죽어야 사해지기 때문입니다. 그래서 예수님은 하나님 아버지의 인류를 향한 사랑, 구원을 실천하려는 하나님의 말씀을 순종하여 십자가에서 죽으심으로 율법을 단번에 이루셨습니다. 예수님의 십자가 피의 공로로 우리를 생명으로 영으로 바꾸었습니다. 하나님께 나갈 수 있는 길이 열렸습니다. 우리는 구원받은 자답게 기도할 때 기쁜 얼굴로 기도하세요. 그래야 응답을 받습니다. 예배도 밝은 얼굴로 드리세요. 그래야 성령의 충만을 받습니다. 은혜 받은 성도답게 기쁘고 행복하게 살아가세요. 우리는 하나님의 은혜 받은 보리떡입니다. 보리떡은 항상 기쁩니다. 보리떡이란 무엇을 말합니까? 하나님에게 선택받아 구원받은 성도들입니다. 하나님의 시험을 통과하여 선택된 기드온의 삼백 용사들입니다. "기드온이 그곳에 이른즉 어떤 사람이 그 동무에게 꿈을 말하여 이르기를 내가 한 꿈을 꾸었는데 꿈에 보리떡 한 덩어리가 미디안 진으로 굴러 들어와서 한 장막에 이르러 그것을 쳐서 무너뜨려 엎드러뜨리니 곧 쓰러지더라"(삿7:13)

예수님도 보리떡 다섯 개와 물고기 두 마리로 오천 명을 먹이셨습니다. 고로 구원받은 자답게 기쁘게 사시기를 바랍니다. "마른 떡 한 조각만 있고도 화목 하는 것이 육선이 집에 가득하고 다투는 것보다 나으니라"(잠언 17:1). 화목한 가정이 되기를 바랍니다.

하나님이 모세에게 명령합니다. "여호와께서 모세에게 이르시되 너는 돌판 둘을 처음 것과 같이 깎아 만들라 네가 깨뜨린 바 처음 판에 있던 말을 내가 그 판에 쓰리니"(출34:1). 하나님께서 모세에게 처음 것과 같이 깎아 만들라고 명령하십니다. 무엇을 두 돌 판을… 모세 자네가 처음 것과 같이 똑같이 만들어라. 예수를 믿고 성령의 인도를 받는 우리들에게 명령하시는 것입니다.

모세가 돌 판의 규격을 어떻게 정확하게 알고 만듭니까? 성령이 친히 알려주시니까, 정확하게 만듭니다. "오직 하나님이 성령으로 이것을 우리에게 보이셨으니 성령은 모든 것 곧 하나님의 깊은 것까지도 통달하시느니라"(고전 2:10).

우리에게 증인이 있습니다. 예수님은 성령이 증인이라고 했습니다. "성령이 친히 우리 영으로 더불어 우리가 하나님의 자녀인 것을 증거하시나니"(롬8:16). "증거 하는 이는 성령이시니 성령은 진리니라 (8) 증거 하는 이가 셋이니 성령과 물과 피라 또한 이 셋이 합하여 하나이니라"(11)"또 증거는 이것이니 하나님이 우리에게 영생을 주신 것과 이 생명이 그의 아 들 안에 있는 그것이니라"(요일 5:7-8,11). 내가 예수를 믿는 것이 아니고, 성령이 예수를 알고 믿게 합니다. "그러므로 내가 너희에게 알게 하노니 하나님의 영으로 말하는 자는 누구든지 예수를 저주할 자라 하지 않고 또 성령으로 아니하고는 누구든지 예수를 주시라 할 수 없느니라"(고전12:3). 성령님은 보이지 않지만 살아서 역사하시는 분입니다. 성령님을 살아서 역사하시는 분으로 알고 믿어야 성령의 불로 역사하시는 것입니다. 성령으로 깨닫고 믿는 자는 예수님이 나의 주인이십니다. 누가 알게 합니까? 성령님이 알게 하시고 믿게 하시는 것입니다. "또 그리스도께서 너희 안에 계시면 몸은 죄로 인하여 죽은 것이나 영은 의를 인하여 산 것이니라"(요일5:10)

두 돌판- 둘은 증거가 되도록 하기 위함입니다. 모든 말씀을 짝이 있습니다. 하나님께서도 한번 말씀하시고 다시 말씀하십니다. 네가 직접 깎아 만들어라. 모세가 돌 판을 성령의 인도로 깎아서 만들어야 합니다. 하나님이 친히 성령으로 잉태하여 육신의 몸을 입고 오신 예수는 십자가에서 죽었습니다. 이제 성령으로 예수님이 내 안에 오셨으므로 내 안에 계신 성령님의 은혜로 말씀을 심령에 기록해야합니다. 이제 나를 깎아 만들어야합니다. 하나님이 쓰시기 좋게 내가 성령의 역사에 순종하며 준비해야 합니다. 굴러다니던 보 잘 것 없던 돌을 깎아 만들면 귀하고 멋있는 돌이 되어 진열장에 들어갑니다. 나를 깎아 예수 만들려면 산고의 고통이 있습니다. 모든 생명이 태어날 때 피와 아픔과 물(땀)이 있습니다. "나의 자녀들아 너희 속에 그리스도의 형상이 이루기까지 다시 너희를 위하여 해산하는 수고를 하노니"(갈4:19)

지금도 성령의 역사로 깎고 또 깎고 내 성질을 깎아서 주님의 형상 닮을 때까지 깎아야 합니다. 예수로 살아서 성령의 인도를 받으면서 성령이 주인 된 성전을 만들어야 합니다. 다듬어지면 진열장에 들어갑니다. 자신이 죽어야 성령께서 깎아서 예수님을 만드십니다. 자신이 살아있으면 성령께서 깎아 예수 만들지 못합니다.

이스라엘 백성들이 왜 금송아지를 만들었습니까? 모세가 눈에 보이지 않으니 불안합니다. 그래서 애굽의 신인 황송아지를 만든 것입니다. 그런데 성령으로 영의 눈이 열리지 않아 보지 못하지만 실상은 하나님은 자신들하고 함께 있었습니다. 하나님은 초자연적으로 시공간을 초월하시며 역사하시는 분이기 때문입니다. "내가 주의 영을 떠나 어디로 가며 주의 앞에서 어디로 피하리이까 (8) 내가 하늘에 올라갈지라도 거기 계시며 스올에 내 자리를 펼지라도 거기 계시니이다 (9) 내가 새벽 날개를 치며 바다 끝에 가서 거주할지라도 (10) 거기서도 주의 손이 나를 인도하시며 주의 오른손이 나를 붙드시리이다"(시 139:7-10). 그런데 영안이 열리지를 않아 보지 못하고 믿지를 못한 것입니다.

"우리들의 제일 되는 문제가 무엇인지 아십니까? 예수님께서 살아계시면서 동행하고 계신다는 것을 알지 못하고 체험하지 못하는 것입니다. 예수님을 관념적으로 알고 믿고 행하는 것입니다. 우리의 문제는 다른 것이 아니라, 우리 안에 주님이 주인으로 사시는 것이 실재라는 체험이나 믿음이 없는 것입니다. 주님은 보이지 않아 막연하고 세상은 보이는 실재였기 때문에, 주님과 세상을 저울질하고 사는 것입니다. 눈에 보이지 않는 주님이 눈에 보이듯 믿어지는 것은 정말 꿈같은 일입니다. 성령의 불세례가 아니고는 깨달아 알 수가 없습니다. 우리는 정말 악하고 더러운데 전적인 하나님의 은혜로 주님이 우리 안에 오셨습니다. 우리가 할 일은 예수님께서 주인으로 사신다는 놀라운 사실을 정말로 믿는 것뿐이고, '왕이신 주님이 내 안에 계시다!'라는 것을 체험하는 것뿐입니다. 이것이 모든 문제의 답입니다. "정말 사랑에 빠져서 그 사람과 함께 걷는 사람은 결코 한 눈 팔거나 곁눈질 하지 않습니다." 우리 성도들이 예수님을 왕으로 모시고, 사랑하고 동행하기를 바랍니다.

5부 하나님의 집 성전으로 살기 위해서

21장 예배를 영과 진리로 드림으로 성전 된다.

(요 4:21-24)"예수께서 이르시되 여자여 내 말을 믿
으라 이 산에서도 말고 예루살렘에서도 말고 너희가 아
버지께 예배할 때가 이르리라 (22) 너희는 알지 못하는
것을 예배하고 우리는 아는 것을 예배하노니 이는 구원
이 유대인에게서 남이라 (23) 아버지께 참되게 예배하
는 자들은 영과 진리로 예배할 때가 오나니 곧 이 때라
아버지께서는 자기에게 이렇게 예배하는 자들을 찾으시
느니라 (24) 하나님은 영이시니 예배하는 자가 영과 진
리로 예배할지니라."

하나님께서는 하나님의 성전된 크리스천들에게 영과 진리로
예배를 드리라고 말씀하십니다. 왜 하나님에게 영과 진리로 예
배를 드려야하느냐는 것입니다. 예배란 "예수 그리스도 안에서
자신을 계시해 주신 하나님과 그 하나님 앞에 뜨겁게 응답하는
만남의 현장"이라고 말할 수 있습니다. 즉 예배란 언제나 우리
를 인도하시고, 찾아주시며, 구원해 주신 하나님의 놀라우신 사
랑과 은혜에 응답하는 행위라고 말할 수 있을 것입니다. 예배를
통하여 하나님을 경배하고, 하나님으로부터 은혜와 사랑과 축
복과 치유를 받는 것입니다. 예수를 믿는 성도는 예배를 통하여

하나님이 자신의 주인이라는 것을 증명하며, 경외하고, 하나님으로부터 복을 받는 시간입니다. 모든 것이 예배를 통하여 이루어지는 것입니다.

그렇기 때문에 사단이 인간에게 예배를 받으려고 하는 기를 쓰는 것입니다. 사단이 자신을 예배하게 하기 위하여 여러 가지 이해하지 못하는 일들을 일으키는 것입니다. 이방인의 제사, 무당 굿, 법당의 법회, 이방신들을 섬기기는 자들의 제사행위, 기우제, 고사 등등이 여기에 해당이 되는 것입니다. 예배는 이렇게 중요합니다. 그래서 하나님을 경외하고 주인으로 인식하기 위하여 매주 첫날(주님이 부활하신 날) 교회에 모여서 하나님에게 예배를 드리는 것입니다.

그러면 예배를 어떻게 드려야 하는지를 밝히 알고 행해야 합니다. 하나님은 이렇게 말씀을 하십니다. "아버지께 참되게 예배하는 자들은 영과 진리로 예배할 때가 오나니 곧 이 때라 아버지께서는 자기에게 이렇게 예배하는 자들을 찾으시느니라. 하나님은 영이시니 예배하는 자가 영과 진리로 예배할지니라." (요 4:23-24). 영이신 하나님만을 주목하는 예배, 하나님께 참되게 예배하는 것은 무엇을 의미합니까? 어떻게 드리는 예배를 가리켜 아버지께 참되게 예배하는 것입니까?

첫째, 하나님은 영으로 살아계십니다. 또한 천사들과 하나님의 형상에 따라 지음 받은 인간만이 영적 존재입니다. 특별히 인간을 창조할 때 하나님의 영을 불어 넣어 주셨습니다. 하나님과 교제하게 하셨습니다. 그런데 그 영적 교제가 인간의 죄를 범함으로 끝어진 것 입니다. 인간은 육신적으로 물질적으로 살아가며 하나님과 교제를 잃어버린 것입니다. 하나님은 그러한 인간들에게 온전한 예배를 드릴 수 있도록 예수 그리스도를 통한 회복을 허락하신 것입니다.

다시금 하나님께서는 인간들과 진정한 교제를 원하시는데 그것이 예배의 본질입니다. 그러므로 사람들은 영으로 예배를 드려야 하며, 인간의 힘이 아닌 오직 영으로 예배드릴 때만이 하나님은 그 예배를 받으시고, 성령님이 함께하는 예배를 통하여 축복하십니다.

왜 영의 예배를 드려야 합니까? 하나님은 영이시기 때문입니다. 그런데 사람들은 형식을 중요시 여깁니다. 이스라엘 백성들은 신분과 장소를 중요시 여겼습니다. 또한 제사 드리는 법을 중요시 여겼습니다. 그래서 많은 사람들이 사마리아에서 드리는 예배는 받지 않는다고 생각했습니다. 여인이 말합니다.

요 4:20-21,24 "우리 조상들은 이 산에서 예배하였는데 당신들의 말은 예배할 곳이 예루살렘에 있다 하더이다 " 예수님이 대답하십니다. "(21) 예수께서 이르시되 여자여 내 말을 믿으라 이 산에서도 말고 예루살렘에서도 말고 너희가 아버지께 예배할 때가 이르리라 (24) 하나님은 영이시니 예배하는 자가 영과 진리로 예배할지니라."

불행하게도, 인간들은 물질에 속하여 버렸고, 죄 아래 속하여 버렸습니다. 우리의 힘으로 온전한 예배를 드릴수가 없습니다. 그러한 인간이 하나님을 알 수 있고, 하나님께 예배할 수 있는 길은 오직 성령의 인도함을 통해서만 가능한 것입니다. 성령의 인도함속에서만 신령한 세계를 알 수 있고, 느낄 수 있습니다. 하나님의 인격을 체험할 수 있는 것입니다. 그러므로 우리들의 예배는 성령님이 주관하시는 예배가 되어야 합니다.

둘째, 하나님께 참되게 예배하는 자는 영으로 예배합니다.
영으로 드리는 예배가 무엇입니까? 우리가 이를 바르게 알기 위해서는 먼저 성경말씀을 바르게 알아야 합니다. 원래 헬라어 성경을 보면 24절에서 "하나님은 영이시니… 영으로 예배하라." 하는 구절의 '영'을 가리켜 '성령'(pneuma)으로 표기했습니다. 복잡하게 설명하지 않겠습니다. "하나님은 영이시니." 즉 하나님은 성령 하나님이십니다. 하나님은 살아계시면서 영이십니다.

그러므로 "영으로 예배할지니라." 즉 성령 하나님으로 예배하라는 말씀입니다. 더 쉽게 설명을 드리면 '성령의 인도함 가운데, 성령님 안에서 예배하라.'는 것입니다. 우리가 믿고 잘 알고 있듯이 하나님은 삼위일체 하나님이십니다. 성부 하나님의 고유 사역은 창조사역(계획)입니다. 성자 하나님, 예수님의 고유 사역은 구원사역(이루심)입니다. 성령 하나님의 고유 사역은 인도, 지지의 사역(알게 하심)입니다.

성부 하나님이 이스라엘 백성들과 늘 동행하셨습니다. 성자 예수님이 임마누엘의 하나님으로 우리 가운데 임재 하셨습니다. 성령 하나님이 우리들과 세상 끝날 까지 함께 하십니다. 그러므로 하나님을 가리켜 성령님이라고 하는 것입니다. 그러므로 성령님의 감동 가운데 하나님께 예배하라는 것입니다. '성령님의 감동 가운데 드리는 예배'에 대해 설명을 드리겠습니다. 예배드리는 가운데 다른 생각이 나는 것, 성령님의 감동이 아닙니다. 마귀가 방해하는 것입니다. 예배를 드리면서 세상 생각하는 것이 아닙니다. 예배드리는 가운데 마음 속 깊은 곳에서 솟아나오는 기쁨, 성령님의 감동입니다. 그렇게 성령님이 주시는 감화와 감동 가운데 예배드리라는 것입니다. 예배 찬송을 부르는데 주님의 은혜가 감사하여 눈물이 흐릅니다. 성령님의 감동입니다.

찬송을 크게 부르고 싶은데 주위 사람들이 신경이 쓰입니다. 성령님의 감동이 아닙니다. 사람을 의식하는 인본주의 행위입니다. 설교말씀을 들으면서 무엇인가 깨달음이 있습니다. 성령님의 감동입니다. 그런데 그 말씀을 가만히 생각해보니 많은 희생과 양보가 있어야 할 것 같습니다. 성령님의 감동입니다. 그대로 양보와 희생하라는 것입니다. 예수님이 주시는 은혜도 좋지만 내 것을 내려놓기가 싫습니다. 아깝습니다. 성령님의 감동이 아닙니다.

영으로 드리는 예배는 성령으로 드리는 예배, 성령님의 감동 가운데 드리는 예배를 뜻합니다. 자신이 없어지고 성령님이 주인 되어 드리는 것입니다. 성령님의 지배와 장악된 가운데 드리는 것입니다. 살아있지만 자신의 의지를 발휘하지 않고 성령의 인도를 받는 상태입니다. 우리 모두는 하나님을 예배할 때마다 영이신 하나님께 늘 성령의 감동 가운데 예배하는 성도들이 되기를 바랍니다. 영으로 예배하는 것과 또 어떻게 드리는 예배를 가리켜 아버지께 참되게 예배하는 것입니까? 진리(예수)로 예배를 드려야 합니다.

셋째, 하나님께 참되게 예배하는 자는 진리로 예배합니다.
'진리로 드리는 예배'의 뜻을 바르게 알기 위해서 역시 성경말씀을 바르게 알아야 합니다. 헬라어 성경을 보면 "진리로 예배할지니라."는 구절에서 '진리'는 헬라어 이 단어 역시 '진리'를 뜻합니다. 그런데 성경을 보면 '진리'라는 말이 유독 많이 나오고 있음을 볼 수 있습니다. 특히 구약성경의 잠언서에 '진리, 지식, 지혜'라는 표현이 많이 나옵니다. (잠 3:3)"인자와 진리가 네게서 떠나지 말게 하고 그것을 네 목에 매며 네 마음 판에 새기라" (잠 16:6)"인자와 진리로 인하여 죄악이 속하게 되고 여호와를 경외함으로 말미암아 악에서 떠나게 되느니라" 기억하십시오. 구약성경에서 지식, 지혜, 진리는 하나님을 뜻합니다.

요한복음을 보면 '진리'라는 단어가 아주 많이 나오고 있습니다. (요 1:14)"말씀이 육신이 되어 우리 가운데 거하시매 우리가 그의 영광을 보니 아버지의 독생자의 영광이요 은혜와 진리가 충만하더라" (요 1:17)"율법은 모세로 말미암아 주어진 것이요 은혜와 진리는 예수 그리스도로 말미암아 온 것이라" (요 3:21)"진리를 따르는 자는 빛으로 오나니 이는 그 행위가 하나님 안에서 행한 것임을 나타내려 함이라 하시니라"

어쩐지 '진리'가 예수님과 어떤 깊은 관계가 있는 것 같지 않습니까? (요 5:33)"너희가 요한에게 사람을 보내매 요한이 진리에 대하여 증언하였느니라" (요14:6)"예수께서 이르시되 내가 곧 길이요 진리요 생명이니 나로 말미암지 않고는 아버지께로 올 자가 없느니라" 요한복음의 기자는 '진리'가 바로 예수님이라고 선언합니다. 그래서 예수님께서 이렇게 말씀하셨다고 증거합니다. (요 8:32)"진리를 알지니 진리가 너희를 자유롭게 하리라" 이제 '진리로 예배할지니라'는 말씀의 의미가 분명해졌습니다. 그렇습니다. 바로 '예수님으로, 예수님 안에서 예배하라'는 의미입니다. 죄인인 아담은 예수를 믿을 때 죽고 다시 태어난 하늘의 사람… 하나님의 자녀로 태어난 영의 사람인 예수로 드리라는 말씀입니다. 사람이 주목받는 예배, 이는 진리로 드리는 예배가 아닙니다. 예수님이 드러나지 않기 때문입니다.

우스갯소리로 사람들의 귀를 즐겁게 하는 예배, 이는 진리로 드리는 예배가 아닙니다. 우리 주님의 이야기, 복음은 우스개 이야기가 아니기 때문입니다. 사람이 영광을 받고 갈채를 받는 예배 역시 진리로, 예수님으로 드리는 예배가 아닙니다. 진리로 드리는 예배, 예수님으로 드리는 예배, 예수님 안에서 드리는 예배는 오직 예수님만이 나타나는 예배입니다. 진리로 예배를 드리라는 말은 예수 안에서 말씀으로 드리라는 것입니다. 자신은 예수를 믿을 때 죽었고 다시 예수로 태어났으니 죄가 없는 의인(예수)된 상태에서 드리라는 것입니다.

하나님은 영과 진리로 드리는 예배만 받으십니다. 하나님은 영이시기 때문입니다. 성령의 임재 하에 영으로 예배를 드리기를 바랍니다. 오늘날 드려지는 예배는 교단별로 각각의 개 교회마다 순서와 형식의 다양한 방법을 통해 드려지고 있습니다. 순서와 형식의 다양한 방법에 대해 옳다 다르다의 기준은 없습니다.

넷째, 성령으로 예배드림을 방해하는 요소를 제거해야 합니다.
1) 예배 전 충분한 기도와 찬양을 통하여 준비할 수 있습니다. 세상 속에서 살아가고 있던 성도가 하나님께 나아와 예배할 때, 또는 별도의 시간을 가지고 기도할 때 즉시로 하나님과의 교통을 이루기는 쉽지 않습니다. 왜냐하면, 일주일 동안의 삶이 하나님의 말씀을 이루는 삶, 순종하는 삶과는 동떨어진 삶을 살았기 때문입니다. 그러나 대부분의 그리스도인들은 일주일 살아가면서 삶속의 죄악으로 인하여서 영적인 눈이 가리어져 있으며, 심령이 무디어져 있고, 각질이 끼여 있는 상태입니다. 그러기에 예배하는 성도는 성령의 온전한 인도함을 받기 위해서는 이러한 방해되는 요소를 철저히 제거해야 합니다. 이때 충분한 예배전의 기도와 찬양을 통하여 준비하라. 예배전의 충분한 기도와 찬양은 예배를 예배답게 만들며, 성령께서 주관하시는 예배로 나아가게 합니다. 물론 예배 전의 찬양과 기도도 하나님 보시기에 예배의 일부분입니다.

그러나 또한 다른 면으로 볼 때 예배전의 기도, 예배전의 찬양을 구별할 수 있습니다. 이시간은 우리의 세상에 찌든 각질을 벗겨 내는 시간입니다. 즉 찬양을 부를 때, 찬양의 가사를 입술로 반복합니다. 마음으로 부릅니다. 심령에 새겨집니다. 이때 우리들을 둘러싸고 있는 영적인 어둠이 떠나가며 찬양은 영적 기도가 되고 회개가 되고 고백이 되며 우리를 참된 예배자의 모습으로 만들어 놓기 때문입니다. 우리에게는 일주일 동안 세상에 살면서 심령을 무디게 만든 것을 온전히 제거하며, 하나님과의 교통을 가지기에 충분한 기도의 시간이 필요한 것입니다. 이 시간을 가지지 못하면, 허겁지겁 준비되지 않는 예배를 드린다면, 예배가운데 하나님과의 교제를 기대할 수 없으며, 성령님이 주관하시는 예배를 기대할 수 없는 것입니다.

2) 세상에서 삶이 예배와 주일 예배를 연결시켜야 합니다. 하나님께서는 삶의 예배, 삶의 제사도 강조하셨습니다. 일주일 삶의 예배를 온전히 드린 성도는 주일예배를 통하여 더욱 더 큰 은혜를 누리며, 다시금 일주일의 생활을 예배를 참되게 드릴 수 있는 힘을 공급받게 됩니다. 축복된 순환 구조입니다. 그런데 일주일 삶의 예배가 엉망이면 주일의 예배도 성공하기 힘듭니다. 하나님을 깊게 만나기 힘듭니다. 성령의 역사를 경험하기 힘듭니다. 다윗은 늘 상 하나님과 삶에서 교제하였던 놀라운 사람이었습니다. 그러나 밧세바와 동침 후, 그의 남편 우리아를 죽이고 하나님을 속이면서 사는 삶속에서 그는 하나님과의 교제를 잃어버렸습니다. 그래서 그는 어떤 제사를 통해서도 하나님을 만날 수 없었습니다.

물론 주일은 약한 사람, 죄지은 사람이 더욱더 와서 회복하는 곳입니다. 그러나 더 깊은 영적 교제를 위해서는 다윗은 철저히 회개한 후에 하나님과 다시금 교제가 이루어졌다는 알고 더 깊은 예배를 위해서, 성령이 충만한 예배를 위해서 삶의 예배에 항상 성공하는 믿음의 성도가 되시기를 축언합니다.

3) 성령의 이끌림을 받는 회개는 성령으로 예배드리기에 강력한 축복의 도구입니다. 악순환을 끝을 수 있는 길은 예수 그리스도의 보혈을 힘입는 회개를 통해서입니다. 다윗은 하나님의 마음에 합한 사람이었습니다. 늘 상 삶이 예배인 사람이었습니다. 그런 다윗의 제사를 통해서는 더욱더 축복을 누렸습니다.

그런데 강력한 죄가 하나님과 다윗을 가로 막았고, 점점 더 하나님과 멀어지는 결과를 가져왔습니다. 다윗은 회복을 위하여 힘써 보았습니다. 다윗은 제사도 드려봤습니다. 간구도 해보았습니다. 그런데 하나님은 만나주지 않았습니다. 이때 하니님께서는 나단 선지자를 통하여, 죄를 깨닫게 하고 철저하게 자신의 삶을 돌이킬 때, 다시금 만나주신 것입니다.

즉, 하나님이 받으시는 제사, 성령의 역사가 임하는 예배는 물질적인 것이 아닌, 상한 심령을 내어 놓는 것입니다. 제자들이 하나님을 거역한 이스라엘 백성들에게 외친 것도 회개함으로서 세례를 받고 그리하여 성령의 충만을 받으라는 것입니다.

회개는 예배가운데 풍성한 성령의 역사를 이루게 합니다. 또한 성령의 임재가 임하면, 더욱 더 회개의 역사는 나타납니다. 그리고 더욱 더 거룩한 은혜의 역사가 임하는 것입니다.

회개를 통하여 다윗에게서 떠나셨던 성령님이 함께 하셨습니다. 회개를 통하여 성도에게서 떠나셨던 성령님이 함께 하시는 것입니다. 회개를 통하여 예배가운데 아무런 감동을 받지 못하던 성도들의 심령에 은혜가 임하기 시작하는 것입니다. 회개는 악순환의 고리를 끊고 축복의 순환으로 바꾸는 귀한 방편입니다. 반드시 하나님에 대한 예배에 포함 되어야 할 요소들이 있습니다.

다섯째, 예배에 포함되어야 할 요소들이다. 하나님께 대한 예배에 포함되어야 할 요소들은 다음과 같습니다.

첫째로, 찬양과 신앙고백입니다. 예배의 궁극적인 목적은 하나님을 영화롭게 하는 것입니다. 그리고 찬양은 하나님의 영광을 높이는 수단입니다. 그러한 점에서 찬양은 예배에서 빠질 수 없는 요소입니다. 구약 시대 성전 제사에서도 찬송은 빠질 수 없는 필수 요소였습니다. 그래서 '다윗'은 아예 '레위인'으로 구성된 찬양대를 조직하여 하나님을 찬양하게 하기도 하였습니다. 오늘 우리도 찬송가를 부름으로서 하나님을 찬양하였습니다. 조직이 잘 되어 있는 일반 교회에서는 따로 찬양대를 세워 예배의 한 순서로 하나님을 찬양하게 하고 있습니다.

우리가 하나님을 찬송하는 것은 성도의 마땅한 의무임과 동시에 특권이므로 즐거운 마음으로 찬송을 드려야 하는 것입니다. "우리 능력 되신 하나님께 높이 노래하며 야곱의 하나님께 즐거이 소리할지어다."(시편81:1), 말씀했습니다.

둘째는 신앙 고백입니다. 예배는 분명한 대상이 있어야 합니다. 예배의 대상이 분명하지 않는 예배는 다 헛된 몸짓에 불과합니다. 우리들의 예배의 대상은 천지만물을 창조하시고 주관하시는 하나님이십니다. 우리는 이 하나님에 대한 신앙 고백을 하는 것입니다. 다른 종교와 달리 우리는 특별히 예배시간에 사도신경을 꼭 암송을 합니다. 사도신경은 기독교의 핵심 진리를 요약한 것이라 할 수 있습니다. 그래서 이는 모든 교회와 성도 각 개인의 공적인 신앙고백으로 삼고 있는 것입니다. 우리가 예배시간에 교회와 성도 개인의 신앙고백으로 사도 신경을 암송하는 것도 이 때문입니다. 하나님께 속한 자는 바로 예수를 주로 고백하는 자들 입니다. "그러므로 내가 너희에게 알게 하노니 하나님의 영으로 말하는 자는 누구든지 예수를 저주할 자라 하지 않고 또 성령으로 아니하고는 누구든지 예수를 주시라 할 수 없느니라(고전12:3)에" 했습니다.

셋째로 말씀의 선포와 화답입니다. 하나님은 예배를 통해서 성도들을 만나 주시고 우리에게 필요한 말씀들을 주십니다. 물론 하나님께서 구약 시대처럼 직접 말씀 하시는 일은 없습니다. 하나님은 항상 대언의 종들을 세우시고 그들을 통하여 말씀을 주십니다. 예를 들어 더불어 민주당, 새누리당, 국민의당… 등 각 정당 대변인이 발표를 하는 것이 곧 그 정당의 뜻인 것처럼 하나님은 인생들 중 대언할 심부름꾼을 세워 하나님의 뜻을 전달하시는 것입니다. 구약 시대에는 주로 제사장과 선지자들을 통하여 택한 선민 이스라엘 백성들에게 하나님으로부터 직접 계시를 받아 하나님의 뜻을 전하여 주셨습니다.

　신약 시대이후에는 목회자를 통하여 하나님의 말씀을 주십니다. 물론 신약 시대의 목회자들은 구약 시대의 선지자들과 달리 직접 계시를 받아 말씀을 전하는 것이 아닙니다. 바로 하나님의 말씀이 기록된 성경을 성령의 조명을 받아 이를 잘 이해할 수 있도록 풀어서 전하는 것입니다. 물론 성도라면 누구나 갖고 있는 것이 성경 말씀입니다. 그러나 성경을 읽는다고 다 하나님의 말씀을 깨닫는 것은 아닙니다. 또 말씀을 깨달았다고 해서 그 말씀이 항상 동일하게 적용되는 것은 아닙니다. 그렇기 때문에 그때그때 마다, 하나님은 성령으로 감동케 하시고 성경을 재해석하게 하심으로서 우리에게 필요한 말씀을 주시는 것입니다.

　넷째로 간구와 호소입니다. 만남은 당사자 간에 대화가 있을 때 비로소 그 의미가 있는 것입니다. 대화가 없는 만남은 진정한 의미의 만남이라고 할 수 없습니다. 우리는 세상을 살아가면서 수많은 사람들과 만나게 됩니다. 출근길의 지하철이나 버스 안에서도 만나고, 길거리에서도 만납니다. 그러나 우리는 그러한 만남을 만남이라 부르지 않습니다. 왜 그렇습니까? 그 만남에는 진솔한 대화가 없기 때문입니다. 그러한 의미에서 예배가 참 예배가 되려면 하나님과 성도 간에는 반드시 진솔한 대화가 있어야 합니다. 목회자의 말씀 선포는 하나님의 말씀이 성도들에게 전해지는 과정입니다.

　그에 반해 성도들의 기도나 호소는 하나님께 말씀드리는 방편이라고 할 수 있습니다. 따라서 예배에 말씀의 선포가 있어야 하는 것처럼 성도의 간구와 호소도 반드시 있어야 하는 것입니다. 우리는 하루하루 매일 같이 하나님의 도움이 없이는 살아갈 수 없는 존재들 입니다. 예배가 하나님의 영광을 구하고 하나님의 은혜를 힘입는 시간이라면 간구와 호소는 그 은혜가 우리 각자의 삶에 어떤 방식으로 펼쳐 저야 할지를 정하는 것, 즉 은혜를 구체화하는 것이라 할 수 있습니다. 그렇기 때문에 간구와 고백은 예배를 드릴 때 반드시 필요한 요소 중 하나라 할 수 있습니다. 잘 알고 있듯이 기도는 하나님과의 교제의 통로입니다.

다섯째, 감사와 헌신입니다. 우리는 매 순간 하나님의 은혜가 없이는 살아갈 수 없는 사람들 입니다. 다시 말해서 우리가 매 순간 살아가고 있는 것이 하나님의 은혜의 결과입니다. 하나님은 시시때때로 우리에게 필요한 은혜를 베푸사 이 험난한 세상을 살아갈 수 있도록 힘과 용기를 주십니다. 더욱이 우리는 본래 다 죄로 인하여 영원히 멸망할 운명에 처하였던 존재로서 감히 하나님께 나아갈 수 없었던 신분이었습니다.

그러나 죄인을 구원하기 위해 독생자를 아끼지 않으신 하나님의 그 크신 은혜와 우리를 위하여 자기 몸을 기꺼이 희생하신 예수 그리스도의 사랑으로 우리가 죄 사함을 받고 하나님께 나아갈 수 있는 것은 물론, 하나님의 영원한 기업의 후사가 된 것입니다. 그런즉 우리가 하나님께 감사하는 것은 지극히 당연한 것입니다. 봉헌(헌금)도 하나님의 은혜에 대한 감사의 표시입니다. 또 하나님을 위하여 헌신을 하는 것도 감사의 표시입니다.

하나님을 영화롭게 하는 자는 바로 감사로 제사를 드리는 자라고 했습니다. "감사로 제사를 드리는 자가 나를 영화롭게 하나니 그 행위를 옳게 하는 자에게 내가 하나님의 구원을 보이리라(시편50:23)"했습니다. 믿음도 현재형이고 감사도 현재형 입니다. 표현되지 않은 사랑은 더 이상 사람이 아닌 것처럼 표현되지 않는 감사 또 한 더 이상 감사가 아닌 것입니다. 감사는 해도 그만, 안 해도 그만이 아니라 살아있는 모든 날들이 다 감사의 조건이 되는 것입니다. 우리 모두가 하나님에 대한 찬양과 신앙고백, 말씀의 선포와 화답, 간구와 호소, 감사와 헌신을 통한 풍성한 복을 내 것으로 만들어 가는 믿음의 주인공들이 다 되시기를 진심으로 소원합니다.

충만한 교회는 매주 다른 과목을 가지고 매주 화-수-목(10:00-12:00)집회를 인도합니다. 무료집회입니다. 단 교재를 구입해야 입장이 가능합니다. 매주 다른 과목으로 집회를 합니다. 병원이나 세상 방법으로 해결하지 못하는 무슨 문제든지 해결을 받겠다는 믿음을 가지고 오시면 15가지 질병과 문제도 모두 치유 받습니다. 천국을 누리고 싶은 분은 믿음을 가지고 오시기만 하면 무슨 문제라도 치유되고 해결이 됩니다. 오시면 천국을 체험하고 누리며 살아가게 됩니다. 필히 전화확인 하시고 오시기를 바랍니다. 02-3474-0675

22장 성령님의 이끌림을 받으며 살아감으로

(행 11:1-15)"(11) 마침 세 사람이 내가 유숙한 집 앞에 서 있으니 가이사랴에서 내게로 보낸 사람이라 (12) 성령이 내게 명하사 아무 의심 말고 함께 가라 하시매 이 여섯 형제도 나와 함께 가서 그 사람의 집에 들어가니 (13) 그가 우리에게 말하기를 천사가 내 집에 서서 말하되 네가 사람을 욥바에 보내어 베드로라 하는 시몬을 청하라 (14) 그가 너와 네 온 집이 구원 받을 말씀을 네게 이르리라 함을 보았다 하거늘 (15) 내가 말을 시작할 때에 성령이 그들에게 임하시기를 처음 우리에게 하신 것과 같이 하는지라."

하나님의 집과 성전으로 살아가는 성도는 성령의 인도와 이끌림을 받으면서 살아가는 것입니다. 하나님은 하나님의 집이 된 우리에게 성령의 인도 이끌림을 받으라고 명령하십니다. 성령의 인도를 받는 성도들이 되시기를 바랍니다. 성령의 인도함이란 자신의 생각이나 다른 사람의 말에 움직이는 것이 아니고, 순수하게 성령으로 충만한 가운데 성령의 지배와 장악된 가운데 성령의 감동이나 성령의 음성이나 성령의 이끌림에 순종하는 것을 말합니다. 순종이 제사보다 낫다. 순종은 하나님의 뜻에 순종하는 것입니다. 성령의 인도함을 받기 위해서는 성령 안에서 기도하고 성령 안에서 찬송하며 성령 안에서 봉사하고 성령 안에서 사는 법을 배워야 합니다.

성령의 인도를 받아야 합니다. 성령님의 인도하심은 한두 가지 결정적인 방법으로 하시는 것이 아니기 때문에 쉽게 이 방법으로 하라 저 방법으로 하라고 말할 수 없기 때문인 것입니다. 여러 가지 방법으로 주님 뜻대로 인도하시는데 그 여러 가지 방법을 한번 알아보고자 하는 것입니다.

사도행전 10장-11장까지 기록된 성령의 인도와 역사입니다. 고넬료는 이탈리아 사람이었습니다. 이탈리아의 육군대위였었습니다. 그는 유대인이 아니었습니다. 그럼에도 불구하고 그는 구제를 많이 하고 하나님께 기도를 많이 했는데 오후 3시에 간절히 기도하니까 갑자기 천사가 그 앞에 나타났었습니다. '고넬료야, 고넬료야' 하매 깜짝 놀라서 소스라쳐 쳐다보니까 '네 구제와 기도가 하늘에 상달되었다. 욥바에 사람을 보내서 베드로라는 사람을 청하라. 그가 구원에 대한 말을 해줄 것이다.' 원래 고넬료는 그 식구들과 함께 기도를 많이 했었습니다.

사도행전 11장 말씀을 보면 베드로가 기도하는 시간이었습니다. 비몽사몽간에 하늘에서 보자기 같은 그릇이 네 귀를 매고 내려오는 것이었습니다. 그리고 가만히 보니까 그 속에는 땅에 네 발 가진 것과 들짐승, 그리고 기는 것과 공중에 나는 새를 보게 되었습니다. 그러나 뜻을 알 수 없었던 베드로는 그것이 무엇인지 궁금하여 기도하고 있는 중이었습니다. 그때 가이사랴에서 로마군의 백부장 고넬료가 보낸 사람들이 욥바에 온 것입니다.

백부장 고넬료가 기도하고 있었습니다. 빛난 옷을 입은 사람이 제 구시 기도시간에 나타나서 말하기를 하나님이 네 기도를 들으시고 네 구제를 기억하셨으니 사람을 보내어 욥바에 있는 베드로를 청하라~! 라고 말씀하신 것입니다. 그래서 욥바에 있는 베드로에게 사람을 보냈던 것입니다.

베드로 역시 이 사람들을 만나는 순간 즉시로 성령의 음성을 들었습니다. 사도행전 11장 11-12절의 말씀을 보면 "마침 세 사람이 내가 유숙한 집 앞에 서 있으니 가이사랴에서 내게로 보낸 사람이라 (12) 성령이 내게 명하사 아무 의심 말고 함께 가라 하시매 이 여섯 형제도 나와 함께 가서 그 사람의 집에 들어가니"라고 말씀하시고 있습니다. 여기에서 우리는 베드로가 왜 위대한 일을 할 수 있었는지를 발견할 수 있습니다. 그것은 바로 성령의 음성을 들을 수 있는 마음의 귀가 열려있었다는 것입니다. 그리고 말씀을 따라서 순종하는 사람이었던 것입니다.

또한 고넬료 역시 하나님의 말씀에 순종하는 사람이라는 사실도 틀림없었습니다. 하나님은 말씀을 순종한 사람들을 통해서 위대한 역사가 시작되게 하신 것입니다. 복음 전파의 새로운 장이 가이사랴의 백부장 고넬료의 집에서 열리게 되었던 것입니다. 그래서 베드로가 오기 전까지 온 친지들을 모아 놓고 간절히 기도하고 있는데 베드로가 와서 하나님의 말씀을 증거 합니다. 모세의 율법으로도 의롭다 함을 받지 못한 사람이 예수를 믿으면 그 피로 말미암아 죄 사함을 받고 의롭게 된다는 설교를 하자 그것을 믿고 그것을 믿자 말자 성령이 하늘에서 임하신 것입니다. 그래서 고넬료와 그 가족들이 다 성령의 충만함을 받고 하나님을 높이며 방언을 말하고 역사가 일어났습니다.

그 결과 고넬료 같은 이탈리아 사람이 군대 복무를 마치고 로마로 돌아가서 얼마나 열심히 전도했던지 주후 300년 만에 로마가 거꾸러져 예수를 믿고 그 당시 온 구라파가 주 예수께로 돌아오게 된 것입니다. 고넬료와 같은 이러한 군인이 정말 성령의 충만함을 받고 하나님의 능력으로 로마의 고향 땅에 돌아가서 열심히 하나님의 능력을 전도했기 때문에 로마가 온통 예수를 믿고 나온 역사가 일어날 수 있었던 것입니다.

이러므로 아무리 종교를 가졌다고 해도 성령의 능력을 받지 아니하면 종교는 아무런 힘도 없습니다. 의식적인 형식적인 신앙을 아무리 가졌다고 해도 그것이 자신과 다른 사람을 구원할 능력도 없는 것입니다. 이러므로 주께서는 예루살렘을 떠나지 말고 아버지의 약속하신 것을 기다리라. 요한은 물로 세례를 베풀었거니와 너희는 몇 날이 못 되어 성령으로 세례를 받으리라고 말씀하신 것입니다. 그러므로 성령세례 받지 아니한 사람은 성령 받기를 간절히 사모해야 될 것입니다.

사도행전 16장 6-10절에 나오는 바울이 성령의 인도를 받는 실상입니다. "성령이 아시아에서 말씀을 전하지 못하게 하시거늘…" 이 말씀은 바울은 아시아에서 말씀을 전하고 싶어 했는데 성령께서 막으셨다는 말씀입니다. 행 16: 6절에 나오는 부루기아와 갈라디아 땅은, 루스드라에서 소아시아 반도 서북쪽 끝에 있는 무시아에 이르는 도중에 있는 지역입니다. 무시아에 가기전에, 소아시아 반도 북쪽에 동서로 길게 뻗은 지역인 비두니

아로 가려했지만, 예수의 영이 역시 허락하지 않으셨습니다.

그래서 무시아를 지나 드로아로 갔습니다. 드로아에서 밤을 지내는 중 바울에게 환상이 나타났는데, 마게도냐 사람이 바울 앞에 서서 간청하는 환상이었습니다. "마게도냐로 건너와서 우리를 도와주십시오" 바울은 그 환상을 본 후에 곧 마게도냐로 건너가려고 했습니다. 왜냐하면 환상의 의미가 마게도냐 사람에게 복음을 전하게 하시려고 하나님께서 부르신 것이라고 확신했기 때문입니다. 여기서 몇 가지 짚고 넘어가야 할 것이 있습니다. 바울은 아시아에서 말씀을 전하려고 했지만 성령께서 막으셨습니다.

사도행전 16장 7절에 보면 "비두니아로 가고자 애쓰되" 예수의 영이 허락하지 않으셨습니다. 바울은 애썼지만 성령께서 허락치를 않으셨습니다. 무슨 말씀입니까? 말씀은 바울이 전하지만, 예수의 복음을 전하는 것은 바울일지라도 그 주체는, 전도의 주체는 바울이 아니라 성령이시라는 말씀입니다. 위대하다고하는 바울도 하나님께서 쓰시는 도구일 뿐 역사하시는 분은 하나님이심을 아셔야 합니다. 거듭 말씀드립니다만 바울은 아시아에서 복음을 전하려 했습니다.

그러나 하나님께서 막으셨습니다. 바울의 생각과 하나님의 생각이 달랐습니다. 사람이 보기에 좋은 것과 하나님이 보기에 좋은 것이 다릅니다. "이는 하늘이 땅보다 높음 같이 내 길은 너희의 길보다 높으며 내 생각은 너희의 생각보다 높음이니라" (이사야55:9). 바울 일행은 부루기아와 갈라디아 땅을 지나 무시아 앞에 이르렀습니다. 그들은 비두니아 쪽으로 가려고 애썼습니다. 그런데 성령께서 그 길을 막으셨습니다. 그러므로 신앙생활하면서 하나님의 뜻과 마귀의 역사를 분별해 내는 지혜야말로 매우 중요한 일입니다. 이 둘을 신중하게 잘 분별해야 합니다. 바울과 같이 성령의 인도를 받으시기를 바랍니다. 하나님은 지금도 성령으로 인도하시면서 말씀(레마)를 주십니다.

귀신만 쫓아내려고 방황하다가 성령님의 인도로 필자를 만나 속전속결로 축사하고 영육의 고통을 치유한 사례입니다. A라는 목사님이 목회하시다가 과로하여 영적이고, 정신적이고, 육체적인 질병이 발생하여 2년여 동안 이곳저곳을 헤매며 치유를 받으려고 했습니다. 심지어 차를 타고 가다가 발작하여 병원에 입원하기도 했다는 것입니다. 공황장애의 증상입니다. 한국에 능력이 있다는 유명한 목사님에게 안수를 받기를 수도 없이 했다는 것입니다. 이 목사님! 저 목사님! 을 통하여 귀신을 축사하고 치유 받겠다고 돌아다닌 세월이 2년이 되었다는 것입니다. 병원에 가서 처방을 받아 약을 먹어도 소용이 없었습니다. 한의원에 가서 침을 맞고 한약을 먹어도 소용이 없었습니다. 결국 치유를 받지 못했습니다.

그러다가 새벽에 기도하는데 성령께서 기독서점에 가서 책을 사서 보라는 감동이 오더랍니다. 시간이 되어 책을 사려고 기독서점에 갔습니다. 신간 책장에 보니까, "대적기도로 문제 해결하는 비밀"이라는 제목의 책이 눈에 들어오더라는 것입니다. 그래서 사서 읽다가 문득 이곳에 가면 자신의 문제를 해결

받을 수 있다는 강한 감동이 오더랍니다. 그래서 프로그램을 확인하니 토요일 날 개별 집중치유가 있어서 예약하고 오셔서 필자하고 상담하고 치유를 받기 시작했습니다.

처음 필자가 목사님을 보니 완전하게 귀신에게 눌려있었습니다. 첫날 치유를 받고 나니 정신이 돌아오고 마음이 가볍고 몸이 홀가분해지더랍니다. 자신의 문제를 완전하게 해결 받을 수 있다는 믿음이 생기더라는 것입니다. 그래서 몇 주 더 다니면서 완전하게 치유 받고 영과 육이 정상적이 되었다는 것입니다. 교회도 전과 같이 회복이 되었다는 것입니다. 2년 동안 치유 받지 못하던 영육의 문제가 3개월 만에 완치가 된 것입니다.

한마디로 속전속결로 영육의 문제가 치유된 것입니다. 이것이 성령의 인도입니다. 속전속결 축사사역의 진수입니다. 이렇게 기도하여 성령의 감동에 순종하면 하나님께서 사람이나 장소나 책이나 약이나 무엇을 통하시든지 하나님의 방법으로 속전속결로 해결하도록 인도하여 주시는 것입니다. 인도하시는 대로 순종하면 속전속결로 해결이 되는 것입니다. 반드시 바른 성령의 역사가 귀신도 축사하고 상처도 치유하시는 것입니다. 성령님의 인도로 바른 전문적인 사역자를 만나야 합니다.

필자가 성령의 인도를 받아 서울로 이전한 이야기입니다. 2003년 7월경으로 생각됩니다. 기도하는데 성령의 감동이 왔습니다. 서울로 교회를 옮겨야 한다는 감동이었습니다. "하나님, 어느 동네입니까?" 하나님은 사당역 부근이라는 감동을 주셨습니다. 그때 당시에는 돈도 없고 아무런 대책도 없는 상황이라 무작정 기도만 할 뿐이었습니다.

2003년, 성령 내적 치유 사역이 활성화되어 서울에서 많은 분들이 다녀갔습니다. 그러면서 교회를 정하지 못한 성도(방황하는 성도)들 대다수가 등록은 하지 않은 채 시화에 위치한 우리 교회에 와서 주일 예배를 드렸습니다. 그들은 물질적인 능력도 있는 사람들로, 지금 생각하면 하나님이 서울로 이전하게 하시려고 보내 주신 것 같습니다. 결국 그 성도들의 도움으로 서울로 이전하게 되었습니다. 하나님의 역사는 아무도 모르는 것입니다.

2003년 11월경, 기도를 하는데 성령께서 서울에 가서 현장을 답하라고 감동하시는 것입니다. 첫날은 거부하였습니다. 그날이 금요일이었는데, 다음 날 더 강한 감동이 왔습니다. 그래서 토요일 날 전철을 타고 사당동에 와서 이곳저곳을 돌아다니면서 알아보았습니다. 걸어 다니는데 가슴이 답답했습니다. 더군다나 교회로 사용할 거라며 건물을 얻어 달라고 하니 부동산 사람들이 머리를 절레절레 흔드는 것입니다. 그래서 남현동으로 갔습니다. 그러나 남현동도 사당동과 마찬가지였습니다.

사당역 10번 출구를 통해 11번 출구로 건너왔습니다. 가슴이 뻥 뚫리고 시원한 느낌이었습니다. 부동산에 가서 건물을 물어봤더니 상당히 호의적이었습니다. 그래서 내년 3월이나 4월에 이전을 할 것이니 잊지 말고 알아봐 달라고 했습니다. 그런 후 1월 말경 다시 방배동으로 가 보라는 감동이 주어졌습니다. 다시 방배동에 와서 건물을 보러 다니는데 건물이 없었습니다.

어떤 곳은 전에 목욕탕을 운영하던 곳으로 200평 정도가 되었지만 가 봤더니 영 신통치가 않았습니다. 그러자 부동산 주인은 조그마한 장소가 하나 나왔는데 한번 보겠냐고 해서 이수초등학교 앞에 있는 건물에 들어가 보니, 실 평수는 40평정도 되어 보이고, 교회로도 줄 수 있다는 것이었습니다.

서울에서 예배드리러 오는 성도들에게 이야기했더니 자신들이 알아보겠다고 했습니다. 토요일 날 함께 방배동과 서초동 일대를 다 돌아다녀도 차라리 비워 두었으면 두었지, 교회로는 안 준다며 모두들 거절하는 것입니다. 정말 교회에 대한 인식이 잘못되어 장소를 임대할 수가 없었습니다. 필자는 할 수 없이 우선은 이수초등학교 앞으로 이사하여 1년 정도 지내다가 옮기기로 작정하고 기도하기 시작했습니다.

그러던 중 주일마다 우리 교회에 다니면서 은혜를 받던 성도가 자기가 아는 어떤 사람이 교회 이전을 위해 1억 원을 헌금하겠다고 한다며 말하는 것입니다. 그 이야기를 들은 후 나는 기도하기 시작했습니다. "하나님, 정말 주시는 것입니까?" 한참을 기도하는데 "걱정하지 마라! 내가 그 사람에게 돈을 받아서 장소를 얻는다는 사람을 통하여 일을 추진하리라" 하는 주님의 음성이 들려왔습니다. 그래서 "아멘!" 하고 외친 후 입을 굳게 다물고 우리 사모에게도 말하지 않은 채 기다렸습니다.

우여곡절 끝에 3월 31일 날짜로 계약했습니다. 임대료는 앞에 말한 성도가 전적으로 책임을 지겠다고 했습니다. 교회 바닥과 벽, 그리고 여러 가지 필요한 것들은 은혜를 받으러 오시던 분들이 헌금을 했습니다. 내부 인테리어 작업은 어느 목사님 동생이 선교 차원으로 무료로 해 주셨습니다. 공사가 진행되는 동안 나는 계속해서 시화에서 집회를 인도했습니다. 하나님은 임대한 교회 내부 작업까지 일사천리로 진행해 주셨습니다. 교회를 이전하는 데 있어 나의 재정은 단돈 10원도 들어가지 않았습니다. 하나님이 은혜 받은 사람들의 마음을 감동하게 하시어 그들을 통해 채워 주셨습니다. 하나님이 이전하게 하신 것입니다.

그런데 시화에 있는 교회가 나가기를 기도하는데 하나님이 자꾸 빨리 가라는 감동을 주시는 것입니다. 우리는 2004년 3월 31일에 이사를 계획하고 준비하고 있었습니다. 그런데 기도할 때마다 "빨리 가라, 빨리 가라" 하는 감동을 주셨습니다. 시화에 있는 교회가 나가기를 기다리며 머뭇거리자 이제는 주일날 성도들도 줄어들고 사람들도 집회에 오지를 않았습니다. 그래서 교회가 나가지 않더라도 빨리 이사를 해야겠기에 3월 18일에 서울 교회로 이전을 했습니다.

지금 현제 교회로 이전한 것도 성령님께서 예비하시고 인도하신 것입니다. 전에 있던 교회가 임대기간이 끝났습니다. 그래서 임대를 연장해서 계속 사용하느냐 아니면 다른 장소로 이전해야 하는 가를 가지고 2달 이상을 기도했습니다. 2019년 2월 초였습니다. 성령님께서 저에게 "다른 곳을 알아보아라." 하시는 것입니다. 그 음성을 들으니 마음이 기뻐서 아멘 하고 받아들였습니다.

바로 인접부동산에 가서 장소를 알아봤습니다. 마침 지금 이 교회 장소가 비어있었습니다. 들어와 보니까, 엉망이었습니다. 그러나 기도하면 할수록 내부 인테리어를 잘하면 우리 성도들이 예배를 드리기에 문제가 없다는 감동을 하시는 것입니다. 더군다나 매월 들어가는 바용이 전 교회의 50%밖에 되지 않았습니다. 그래서 계약을 하고 내부 작업을 하여 이전한 것입니다. 여기로 이전하자 우리 성도들이 너무나 좋아하는 것입니다. 지난 장소보다 모든 것이 좋았기 때문입니다. 역시 성령하나님께서 예비한 장소로 이전하니 모든 성도들이 좋아하고 편안해 합니다. 역시 목회는 성령하나님께서 주인으로 역사하시면서 하시는 것입니다.

하나님은 나를 한 걸을 한 걸음 인도하시며 하나님의 사람으로 만들어 가셨습니다. 하나님은 성령의 감동과 꿈, 그리고 보증의 역사(환경으로 나타나는 역사)를 통하여 목회를 하는 데 있어 문제가 생기지 않도록 인도하고 계십니다. 목회는 하나님의 일입니다. 하나님이 주인이십니다. 그분의 음성을 듣고 교통하며 따라가기만 하면 하나님이 하십니다. 성도도 하나님의 자녀입니다. 하나님의 뜻을 알고 하나님이 안내하는 길을 따라가다 보면 인생은 성공합니다. 그러나 마귀는 우리가 가는 길에 어떻게 해서든지 해방을 놓습니다. 그래서 우리는 성령의 충만함으로 기도해야 합니다. 성령으로 충만하면 마귀가 방해할 수가 없기 때문입니다.

서울로 이전한 지 17년이 지났습니다. 지금은 교회가 자리를 잡아 가고 있습니다. 재정적으로나 환경적으로 부족함이 없는 교회가 되어 가고 있습니다. 필자는 숫자 계념에 관심을 누지 않고 목회를 합니다. 하나님께서 보내주시는 대로 최선을 다하여 영적으로 바꾸는 사역을 합니다. 교회가 자립하는 것은 전적인 성령의 인도하심 가운데 성령의 인도를 받아 능력 전도를 한 결과입니다. 이것은 필자의 능력이 아닌 하나님의 능력입니다. 이러한 결과만 보더라도 전도가 아무리 어려워도 성령의 인도를 받으면서 능력으로 전도하면 교회는 성장하게 되는 것입니다. 성령이 역사하는 교회는 성장하게 되어 있습니다. 성령의 인도를 받기 위하여 기도해야 합니다. 기도하지 않으면 하나님의 뜻을 알 수가 없습니다. 왜냐하면 하나님은 영이시기 때문입니다.

머리를 굴린다고 되는 것이 아닙니다. 영이신 하나님과 교통해야 되는 것입니다. 우리는 먼저 성령으로 충만한 상태가 되어야 하나님과 교통할 수 있습니다. 우리는 성령으로 인도받기 위해 성령으로 기도해야 합니다. 필자는 교회를 성장시켜 보려고 별 방법을 다 사용해 보았습니다. 그러한 방법들로 되지 않던 것이 성령이 역사하는 능력 전도와 성령으로 능력 사역을 하니 교회의 재정이 풀리고 교회가 성장하기 시작했습니다. 일반적으로 하나님의 뜻을 분별하는 몇 가지의 방법이 있습니다.

첫째, 하나님께서는 성경말씀을 통해 우리에게 말씀하십니다. 우리가 세상을 어떻게 살아야 하는지, 어떻게 사는 것이 하나님께서 기뻐하시는 것인지는 이미 성경을 통해 우리에게 말씀하셨습니다. "주의 말씀은 내 발의 등이요 내 길에 빛이나이다."(시편119:105). 하나님의 말씀은 어두운 밤길을 밝혀 주는 횃불이나 등불 같다는 말씀입니다. 횃불이나 등불은 장애물에 걸려 넘어지거나 구르는 것을 막아 줄 뿐만 아니라, 위험한 길로 가지 않도록 보호해 준다는 말씀입니다. 말씀이 내게 지시하는 대로 가기만 하면 그 길이 곧 하나님께서 인도하시는 길이라는 말씀입니다. 중요한 것은 말씀을 볼 수 있는 눈과 들을 수 있는 귀가 있어야 합니다.

성경을 읽다가 때로는 설교를 듣다가 "아, 이 길이 하나님께서 기뻐하시는 길이구나" 깨닫고 인도받는 경우가 많습니다. 때로 어떤 문제로 고민하면서 말씀 듣다가 "아 이것이구나!" 깨닫는 경우가 있지 않습니까? 설교는 일주일에 한번, 두 번 혹은 세 번 듣는 다해도 말씀은 매일 읽으며 묵상하셔야 합니다. 오늘도 말씀으로 나를 인도하시는 하나님의 음성을 들을 수 있으시기 바랍니다.

둘째, 기도하는 중에 하나님의 뜻을 깨닫게 되기도 합니다.
많은 경우 성령 충만함은 기도와도 관련이 있습니다. 오순절 마가의 다락방에 임하신 성령은 120문도가 뜨겁게 기도할 때 임하셨습니다. 기도 중에 "성령 충만"함을 입은 사람은 하나님의 인도하심을 받게 됩니다. 요한복음 14장 26절입니다. "보혜사 곧 아버지께서 내 이름으로 보내실 성령 그가 너희에게 모든 것을 가르치시고 내가 너희에게 말한 모든 것을 생각나게 하리라" 문제 앞에서 하나님께 고요한 중에 깊이 기도하며 교제할 때 우리가 행할 것, 우리가 나아가야 할 길은 가르쳐 주신다는 말씀입니다. 어떤 중요한 결정을 내릴 때 어떻게 하십니까? 당황하거나 방황하지 말고 먼저 하나님께 집중을 하고, 마음을 비우고 하나님의 음성을 기다리십시오. 중요한 것은 성령으로 마음을 비우는 것입니다. 상식 이하의 자기 확신에서 벗어나야 합니다. 인간적인 방법을 추구하지 말아야 합니다. "하나님 어떻게 하는 것이 하나님께서 원하시는 것입니까?" 제 경우는 기도하면서 "마음에 평안", "확신", "번개같이 떠오르는 생각"이 오는 것을 경험하는데 그럴 때 "아! 이것이구나!"하고 결정합니다. 그러면 대개 후회하지 않습니다. 마음 비우고 하나님의 뜻을 기다리는 깊은 기도가 있어야 합니다.

셋째, 때로는 하나님의 뜻은 다른 사람들의 믿음의 충고로 나타나기도 합니다. 성령님의 인도로 좋은 믿음가진 이웃, 성숙한 믿음을 가진 선배를 만나는 일은 중요합니다. 좋은 충고가 바른 결정을 내리게 합니다. 잠언 23:19 말씀입니다. "내 아들아 너는 듣고 지혜를 얻어 네 마음을 바른 길로 인도할지니라" 어떤 결정은 내리기가 내게 힘들 경우가 있습니다. 어느 쪽도 확실치가 않습니다. 그럴 때는 성령께서 지시하시는 신실한 믿음의 선배나 목회자를 만나십시오. 성령께서 지시하시는 믿음의 사람입니다. 그러나 자기 생각가지고 신령한 사람 만나서 조언을 들으려다 문제가 커질 경우 있습니다. 사람을 의지하면 성령의 역사가 일어나지 않습니다. 성령의 인도를 받으시기 바랍니다. 기도하다가 보면 성령께서 감동을 주십니다. 감동하신대로 순종하고 기다리면 길이 열립니다. 아무 사람의 충고라고 다 받아들이지 마시라는 얘기입니다.

넷째, 하나님의 뜻을 분별하기 위해서는 환경의 변화에도 민감해야 합니다. 환경에 나타나는 증표를 무시하지 말라는 것입니다. 환경이 막을 때, 장애가 생겼든지, 병이 났던지, 억지로 믿고 나가는 것이 항상 바람직한 것은 아닙니다. 어떤 사업을 하려 한다거나, 어느 직장에 취직을 하려고 하는데 계속해서 일이 틀려지고 할 때는 물러서는 것도 방법입니다. 하나님 일이라면 길도 놓고 담도 넘어야 하겠지만, 그렇지 않을 경우라면 기다리는 것도 한 방법이고 돌아가는 것도 한 방법입니다. 일이 뜻대로 되지 않는다고 속상해 하거나 주저 않지 마십시오. "하나님을 사랑하는 자 곧 그의 뜻대로 부르심을 입은 자들에게는 모든 것이 합력하여 선을 이루느니라"(롬 8:28)

걷지 않고 뛸 수 있습니까? 한 번도 넘어지지 않고 잘 것을 수 없지 않습니까? 말씀을 보고 듣는 중에, 성령의 역사하심 속에 기도하면서, 때로 좋은 신앙 선배의 믿음의 조언을 통해, 환경 변화에 민감해짐으로 하나님의 뜻을 확실히 분별하여 성령님의 인도하심에 거스르지 않고 아름답게 순종하며 사시는 우리가 되시기를 소원합니다.

23장 성령으로 충만하여 영혼이 만족함으로

(엡 5:18)"술 취하지 말라 이는 방탕한 것이니 오직
성령으로 충만함을 받으라"

하나님의 집과 성전으로 살아가는 성도는 성령으로 충만해
야 합니다. 성령으로 충만해야 전인격이 하나님의 나라가 되어
걸어 다니는 성전이 될 수가 있는 것입니다. 예수를 믿은 성도
가 하나님의 집과 성전으로 살아가려면 성령세례와 성령의 불
세례 성령 충만을 받아야 합니다. 성령으로 충만하다고 하는 의
미는 성령에 사로잡히고, 스며들고, 지배를 받는 것을 의미합니
다. 물에 흠뻑 젖은 수건처럼 수건을 짜면 물이 흐르듯이 성령
충만은 성령으로 사로잡히고 스며들고 지배를 받는 것을 의미
합니다. 그리고 왜 우리가 성령 충만을 받아야 하는 것입니까?
이 질문에 우리는 두 가지로 요약할 수 있습니다. 첫째는 성
령 충만이 모든 신자에 대한 하나님의 명령입니다(엡 5:18). 둘
째는 하나님은 이 방법을 통하여 모든 신자에게 권능을 주시기
때문입니다(행 1:8). 하나님의 은혜 안에 축복 안에 거할 수 있
기 때문입니다.
성령 충만의 생활은 일생을 통한 도전입니다. 성령으로 전도
하는 것은 매일 매일 심지어 매 시간 매 시간 헌신하지 않으면
안 되는 일입니다. 그리스인들은 자신의 느낌과 관계없이 항상
성령께 의지해야 합니다. 성령의 지배를 받아야 합니다.

사람은 하나님의 성령이 아니면, 그와 반대 되는 세력, 귀신에 의해 지배를 받게 됩니다. 사람의 마음은 영을 담는 그릇이기 때문입니다. 성령님도 영이시고, 귀신도 영입니다. 그래서 하나님은 성도들에게 성령으로 충만함을 받으라고 명령하시는 것입니다. 사울은 여호와의 영과 함께했던 사람입니다. 그것도 크게 임했었습니다. "네게는 여호와의 영이 크게 임하리니"(삼상 10:6). 삼상 11:6에는 "사울이 이 말을 들을 때에 하나님의 영에게 크게 감동되매"라는 말씀을 볼 때 하나님의 영에 크게 감동된 사실도 알 수 있습니다.

그러나 여호와의 영이 그에게서 떠나자 악령이 들어와 그를 지배하기 시작하였습니다. "여호와의 영이 사울에게서 떠나고 여호와께서 부리시는 악령이 그를 번뇌하게 한지라"(삼상 16:14). 여호와의 영이 사울에게서 떠난 것으로 끝난 것이 아니라, 악령이 그것도 힘 있게 내려 그를 지배하기 시작했습니다. "하나님께서 부리시는 악령이 사울에게 힘 있게 내리매"(삼상 18:10).

오늘 본문에는 성령에 취하지 아니하면 그와 반대가 되는 술, 세상 술에 취하게 된다는 사실을 말씀하고 있습니다. "술 취하지 말라 이는 방탕한 것이니 오직 성령으로 충만함을 받으라"(엡5:18).

성령이라고 할 때의 '영'은 영어로 'spirit'이라고 합니다. 이 단어 앞에 Holy를 붙이면 '성령'의 뜻이 됩니다. 그리고 이 단어에는 '술'이라는 뜻도 있습니다. 그러기에 바울은 지금 '술'이라는 'spirit'에 취하지 말고, "하나님의 거룩한 영"이신 성령에 취하라는 메시지를 전하는 것입니다.

바울이 술과 성령을 비교한 것은 유사한 점이 많기 때문입니다. 술에 취한다고 할 때의 '취한다.'는 것은 '영향을 받는 다', '지배를 받는 다'의 뜻입니다. 그래서 술에 취한 사람은 술의 영향을 받는다, 술의 지배를 받는다는 의미가 됩니다. 마찬가지로 성령에 취한 사람은 성령의 영향을 받는다, 성령의 지배를 받는다는 뜻이 됩니다.

이렇듯 사람은 성령의 지배를 받든지 아니면 술의 지배를 받게 되는데, 성령의 지배에서 벗어나게 될 때 그와 반대의 세력인 근심, 걱정, 불안, 우울, 돈 걱정, 장래 대한 걱정, 심지어 자살을 하는 것도 다 성령의 지배에서 벗어난 반대 세력의 영향의 결과에서 비롯된 것입니다. 성령으로 충만함을 받으려면 어떻게 해야 할까요?

첫째, 성령 충만 받는 것이 하나님의 뜻이라는 것을 알아야 합니다. 성도들 가운데 '나 같은 사람도 성령 충만을 받을 수 있을까?', 혹은 '성령 충만은 초대 교회인 사도행전 시대 사람들만 받는 것이 아닐까?' 라며 의아해 하시는 분이 있다면, 하나님께서는 말씀을 통해 하나님의 분명한 뜻을 알려주실 것입니다. 사도행전 2장 38-39절에서 베드로는 "너희가 회개하여 각각 예수 그리스도의 이름으로 세례를 받고 죄 사함을 얻으라. 그리하면 성령을 선물로 받으리니 이 약속은 너희와 너희 자녀와 모든 먼 데 사람 곧 주 우리 하나님이 얼마든지 부르시는 자들에게 하신 것이라"고 말씀하셨습니다.

여기에서 '너희'란 유대 민족을 가리키는 것이고, "너희 자녀"란 유대인의 후손들을, "먼 데 사람"이란 유대인이 아닌 다른 민족, 즉 이방인을 가리키는 것입니다. 그러므로 사도 베드로의 말씀을 통해 우리는 방인에게도 하나님의 성령이 선물로 주어질 수 있다는 것을 확실히 알 수 있습니다. 그러나 이방인이라고 모두 성령을 받을 수 있는 것은 아닙니다. 하나님의 부르심을 받아 예수님을 구주로 믿는 자들에게 성령이 부어지는 것입니다.

성도님들은 이러한 약속의 말씀을 굳게 붙들고, 이 말씀에 의지하십시오. 그럴 때 인간적인 믿음이 아닌 하나님께서 주시는 믿음이 생겨나, 성령께서 일하실 바탕이 마련되는 것입니다. 이제 여러분께서 성령 충만 받는 것이 하나님의 뜻인 것을 알았다면, 성령 충만 받기 위해 간절히 소망해야 합니다.

둘째, 날마다 성령 충만을 받겠다는 강렬한 소원을 가져야 합니다. 하나님의 은혜는 간절히 소원하는 자라야 받을 수 있습니다. 이러한 소원은 성령 충만이 우리 생활가운데 얼마나 유익한지를 알 때 자연스럽게 생깁니다. 오늘날 교회를 나가는 신자라도 성령 충만을 받지 않고 사는 사람들은 삶에 기쁨과 평안이 넘쳐나지 않을 것입니다.

신앙생활을 하되, 기도하기가 힘들고 전도도 안 되며, 아무리 말씀을 읽고 들어도 그 마씀이 마치 꿀송이와 같이 달게 여겨지지도 않을 것입니다. 심지어 예수님을 믿는 것조차 힘들다고 느낄 때도 있을 것입니다. 우리가 성령 충만을 받게 되면, 먼저 뱃속에서부터 한없는 평안이 넘쳐납니다. 그리고 기도와 전도, 말씀의 능력이 주어집니다. 또한 자기를 이기고, 세상을 이기며, 마귀를 이길 수 있는 힘이 생겨 승리의 삶을 살아가게 되는 것입니다. 성령 충만은 개인이 의지를 가지고 노력해야 합니다.

저는 온전하게 성령 충만을 받는 데 3년이나 걸렸습니다. 처음 성령 충만을 받기 위해 기도할 때, 저는 성령을 꼭 받겠다는 뜨거운 소원을 갖지 않은 채 그저 기도만 했습니다. 기도를 하다가 응답이 없으면 "다음 기회에 성령을 받으면 되겠지" 라며 제 자신을 위로하면서 기회를 자꾸 뒤로 미뤘습니다.

그러다가 목사 안수를 받고 반년이 지날 때의 일입니다. 목회가 힘이 들고 어려워서 기도하다가 성령 충만이 신앙생활에 얼마나 유익한가를 알고 난 뒤 비로소 성령으로 충만을 받아야겠다는 갈급한 마음이 생겼습니다.

그래서 성령을 받겠다는 일념으로 성령집회가 있는 곳에 찾아갔습니다. 그리고 얼마 지나지 않아서 성령으로 세례를 받고 성령으로 기도하면서 성령의 불세례를 받은 다음에 성령으로 충만함을 받았습니다. 성령 충만을 받기 위해서는 먼저 성령을 받겠다는 뜨거운 마음의 소원과 단단한 결심을 해야 하는 것입니다.

셋째, 집회나 예배에 참석하여 마음을 열고 배에서 나오는 소리로 뜨겁게 기도해야 합니다. 뜨겁게 성령으로 기도하지 않으면 성령 충만함을 받을 수가 없습니다. 예수님께서 승천하신 후 120명의 제자들이 마가의 다락방에 모여 성령 받기를 위해 오로지 기도에 힘을 썼습니다. "여자들과 예수의 어머니 마리아와 예수의 아우들과 더불어 마음을 같이하여 오로지 기도에 힘쓰더라"(행 1:14). 자리를 떠나지 않고 마음을 다하여 오로지 기도에 힘쓴 결과 저들은 모두다 성령의 충만을 받았습니다. "그들이 다 성령의 충만함을 받고 성령이 말하게 하심을 따라 다른 언어들로 말하기를 시작하니라"(행 2:4).

예수님의 가르침에도 성령은 구하는 자에게 아버지께서 주신다는 말씀을 하셨습니다. "너희가 악할지라도 좋은 것을 자식에게 줄 줄 알거든 하물며 너희 하늘 아버지께서 구하는 자에게 성령을 주시지 않겠느냐 하시니라"(눅 11:13).

성령 충만은 목회자라고 해서 거저 주시는 것이 아닙니다. 교회를 위해 애를 쓰고, 열심을 다해도 오래 동안 기도하며 구하지 않으면 받을 수 없는 것이 바로 성령의 충만 입니다.

성령 충만을 받으려면 오래 동안 기도해야 합니다. 우리 교회 집회에 참석하면 80분을 기도해야 합니다. 그런데 가끔 기도를 하지 못하는 분들이 오십니다. 그러면 제가 기도하는 방법을 알려드립니다. 순종하고 따라서 기도합니다. 그러면 금방 성령 충만을 받아 80분을 10분과 같이 쉽게 기도합니다. 기도를 어렵게 생각하면 안 됩니다. 숨을 들이쉬고 내쉬면서 주여! 하면 되는 것입니다.

계속 주여! 주여! 하면서 자신 안에 주인으로 계시는 성령하나님을 찾는 것입니다. 그러면 성령으로 충만해지는 것입니다. 좋은 말로 머리 써서 장구하게 하려고 하니 기도가 어려운 것입니다. 그저 숨을 들이쉬고 내 쉬면서 주여! 하면서 하나님을 찾아보시기를 바랍니다. 그러면 성령으로 충만해집니다. 성도들은 주일이 중요합니다.

저희 교회는 주일 오전에 40분 기도합니다. 주일 오후에는 50분간 기도합니다. 이렇게 기도해야 성도들이 주중에 세상에서 성령 충만하게 지낼 수가 있기 때문입니다. 성도들이 항상 마음으로 기도한다고 하더라도 삶이 바쁘기 때문에 기도를 집중으로 하기는 곤란할 것입니다.

성령 충만한 목회나, 교회 부흥은 목회자의 하루 평균 기도 시간과 비례한다고 생각합니다. 만일 목회자의 기도 시간이 하루 2시간도 안 된다면 성령 충만한 목회는 애당초 생각을 말아야 합니다. 성경 가르치는 랍비밖에 될 수가 없을 것입니다. 성령하나님의 생명을 전달하는 사람이 목회자입니다. 성도들이 성령으로 하나님의 생명을 전달 받아야 전도합니다. 전도는 성령의 권능으로 하는 것입니다. 전도하라고 말만 하시지 말고 성령으로 충만하도록 예배를 인도해야 할 것입니다.

목회자의 직무는 초대교회 사도들이 그랬던 것처럼 기도하는 일과 말씀 사역(행 6:4)에 힘쓰는 일입니다. 목회자가 기도하는 일과 말씀 사역을 제치고 다른 일에 바쁠 수는 없습니다.

어떤 목사님은 교회 안에 개구리가 되라고 하십니다. 필자가 체험하고 나니 맞는 말입니다.

초대교회가 "하나님의 말씀이 점점 왕성하여 예루살렘에 있는 제자의 수가 더 심히 많아지고 허다한 제사장의 무리도 이 도에 복종"(행 6:7)하게 된 이유는 오로지 기도하는 일과 말씀 사역에 힘을 쓰겠노라는 사도들의 결심 때문이었습니다.

뿐만 아니라 초대교회의 일곱 집사의 자격 조건은 "성령과 지혜가 충만하며 칭찬을 받는 사람"이었습니다. 초대교회의 집사의 자격 조건도 성령으로 충만한 사람이어야 했다면 목회자의 성령 충만은 두말할 것도 없습니다. 목회자는 앉으나 서나, 눕고 일어설 때나, 길을 가거나 설 때에도 마음으로 하나님께 기도하면서 성령의 충만을 사모해야 합니다. 길을 걸어가면서도 자신 안에 성령하나님을 찾으면서 마음으로 기도해야 합니다.

그리고 목회자는 예배나 집회 시작 1시간 전에는 반드시 등단하여 성령의 충만을 구해야 합니다. 예배 시작 1시간 전에 등단하여 '뜨겁게, 간절하게, 성령 충만하게' 기도를 해야 합니다. 목회자의 기도가 예배를 성령으로 충만하게 합니다. 목회자는 반드시 예배 1시간 전에는 등단해서 기도하면서 성령의 충만을 구해야 합니다. 기도하지 않아 마른 풀같이 시들은 영혼으로 무엇을 할 수 있겠습니까?

하나님의 일은 육신이나 지식이나 직분으로 하는 것이 아니라 자신 안에 주인으로 계시는 하나님께서 공급하시는 힘으로 하는 것입니다. "누가 봉사하려면 하나님이 공급하시는 힘으로 하는 것 같이 하라"(벧전 4:11). "사탄이 너희를 밀 까부르듯 하려고 요구"(눅 22:31)하는 이때에 "한 시간도 이렇게 깨어 있을 수 없더냐"(마 26:40)라는 예수님의 안타까운 소리가 들리지 않는다면, 아직은 내 양을 먹일 수 있는 자격이 주어진 것이 아닙니다.

성도들 또한 성령에 취하지 아니하면, 세상의 온갖 죄악과 어두운 세력들의 영향과 지배를 받게 될 것입니다. 기도보다 성령의 충만함 보다 세상이 더 그립다면, 세상 것이 힘이 되고 돈이 힘이 되며 세상 낙이 더 흥겹다면, 하나님의 영이 아니라 세상의 영에 사로잡힌 것입니다.

그러므로 이제라도 깨어 기도해야 합니다. 깨어 마음으로 하나님을 찾으면서 성령을 구해야 합니다. 우리의 대적 원수 마귀가 우는 사자 같이 두루 다니며 삼킬 자를 찾는 이때에 성령으로 충만하지 아니하면 원수 마귀는 기회를 놓치지 아니하고 우리를 삼키고야 말 것입니다.

성령의 충만을 구하십시오. 성령의 삶을 사십시오. 성령님 안에서 사십시오. 성령 충만한 목회를 하십시오. 성령 충만한 설교를 하십시오. 성도는 하루 2시간 이상, 목회자는 하루 3시간 이상이면 족할 것입니다. 특별한 기도 장소에서 기도를 하려고 하니 어려운 것입니다. 기도는 아무 곳에서나 할 수가 있습니다. "너희는 너희가 하나님의 성전인 것과 하나님의 성령이 너희 안에 계시는 것을 알지 못하느냐"(고전 3:16).

넷째, 성령으로 세례를 받아야 합니다. 성령으로 충만한 삶을 살아가려면 먼저 성령으로 세례를 받아야 합니다. 성도들은 물 세례 받는 것으로 만족하면 안 됩니다. 반드시 성령으로 세례를 받아야 합니다. 그래야 잠재의식이 정리되기 때문에 영적을 깊어져서 진리이신 예수님을 따라갈 수가 있습니다. 교회는 성도들을 성령으로 세례를 받게 하는 곳입니다. 성령세례는 성령세례 받은 사람(담임목사)을 통하여 전이 됩니다.

필자는 성령세례에는 관념적인 성령세례와 체험적이고 실제적인 성령세례가 있다고 생각합니다. 예수를 믿을 때에 성령님께서 믿게 하셨기 때문에 믿을 때 성령세례를 받았다고 하는 것은 관념적인 성령세례입니다. 우리는 체험적이고 실제적인 성령세례를 받아야 합니다. 예수님을 믿을 때 우리 안에 오신 성령께서 전인격을 장악하시는 것을 실제적 체험적인 성령세례라고 하는 것입니다.

성령세례를 받은 사람은 자기가 성령세례를 받았다는 것을 압니다. 전인격으로 성령세례 받은 것을 느낄 수 있기 때문입니다. 다른 사람도 자신이 성령으로 세례를 받는 것을 볼 수가 있습니다. 성령세례는 우리가 의식할 수 있는 의식적 체험입니다. 성령세례를 몸으로 느낍니다. 성령으로 세례를 받고 나면 기도가 성령으로 됩니다. 말씀이 깨달아 집니다. 개인과 가문에 하나님의 축복이 임합니다. 일상에서 참 평안을 체험하면서 살아갑니다.

오순절 성령강림이 있을 때 성령이 제자들 각 사람 위에 임하였습니다. 그리고 제자들은 나가서 복음을 증언하기 시작했습니다. 제자들에게 '여러분들은 언제 성령세례를 받았습니까?' 라고 물으면 '오순절입니다' 라고 분명히 대답할 것입니다. 사도바울이 갈라디아교회에 편지를 씁니다. "너희가 성령을 받은 것이 율법의 행위로냐 혹은 듣고 믿음으로냐?"(갈 3:2). 사도 바울이 이 질문을 하는 것은 갈라디아교회가 성령 받은 것을 알고 있었다는 것입니다.

성령세례는 예수를 믿을 때 영 안에 임재하신 성령께서 순간 전인격을 장악하는 것입니다. 성령으로 세례를 받을 때 하나님의 영광과 그분의 존재의 실상을 전인격이 자각하는 것을 의미합니다. 살아계신 성령의 역사를 몸으로 느끼고 눈으로 볼 수 있는 현상이 일어나는 것입니다. 물론 다른 사람도 자신이 성령으로 세례를 받는 것을 눈으로 볼 수가 있는 것입니다.

그래서 성령세례 받은 사람들은 이렇게 말합니다. "(벧전 1:8)예수를 너희가 보지 못하였으나 사랑하는 도다. 이제도 보지 못하나 믿고 말할 수 없는 영광스러운 즐거움으로 기뻐하니" 교회는 성도들이 성령으로 세례 받아 권능 있는 삶을 살게 하는 곳입니다. 성령으로 세례를 받아야 성도가 진정한 하늘의 사람으로 변화되기 시작합니다. 성령세례는 참으로 중요한 체험입니다. 성령으로 세례를 체험하지 않으면 성령으로 충만할 수가 없습니다.

다섯째, 집회나 예배에 참석하여 성령으로 충만한 사람에게

안수를 받아야 합니다. 안수기도는 성령으로 세례를 받고 자신의 지성소에서 나오는 성령의 불로 충만 받고 지배와 장악을 받도록 하는 희한한 도구입니다. 안수기도로 성령의 세례를 받을 수가 있습니다. 성령으로 충만 받을 수가 있습니다.

베드로와 요한이 사마리아인들에게 안수하자 성령이 임했습니다(행 8:17). 아나니아가 바울에게 안수하자 바울이 성령 충만을 받았습니다(행 9:17). 바울이 에베소 교인들에게 안수하자 성령이 임하셨습니다(행 19:6). 이처럼 안수는 성령의 선물을 받는 도구 역할을 합니다(행 8:18).

그렇기 때문에 성령이 역사하는 집회나 예배 때에 성령으로 충만한 목회자에게 안수를 받을 때 성령으로 충만을 받을 수가 있습니다. 성령으로 충만함을 받기 원하는 목회자와 성도들은 안수를 받는 것이 좋습니다. 안수는 아무에게나 받는 것이 아니고 공인된 목회자에게 받아야 한다는 것입니다. 특별하게 안수는 성령 충만을 받는 도구임은 사실입니다. 성령 충만을 사모하시는 분은 가까운 성령 집회에 참석하여 성령 충만한 목회자로부터 안수를 받기를 바랍니다.

필자도 성령이 역사하는 집회에 참석하여 목회자로부터 안수기도를 받으면서 성령세례와 성령의 불세례 성령 충만을 받았습니다. 그러나 본인이 마음을 열고 기도하지 않으면 아무리 성령의 능력이 역사하는 목회자에게 안수를 받아도 성령 충만을 받을 수가 없습니다. 그러므로 본인이 뜨겁게 기도하는 것이 중요합니다.

여섯째, 날마다 오직 성령으로 충만하려면 어떻게 해야 합니까? 성령을 새롭게 받으려고 하지 말고 성령님이 내 속에 주인으로 계심을 믿으시기 바랍니다. 고린도전서 12장 3절에서 "그러므로 내가 너희에게 알리노니 하나님의 영으로 말하는 자는 누구든지 '예수를 저주할 자라' 하지 아니하고 또 성령으로 아니하고는 누구든지 '예수를 주시라' 할 수 없느니라." 라고 했습니다. 성령님이 내 안에 들어오셔서 예수님을 믿게 하셨습니다. 예수님을 믿는 사람은 하나님의 영이신 성령이 함께하는 사람입니다.

내 안에 성령님이 계심을 믿으시기 바랍니다. 그리고 성령 충만을 구하시기 바랍니다. 충만이라는 말은 컵에 물을 부어서 넘치는 상태를 충만이라고 합니다. 성령 충만이라고 함은 성령이 내 안과 내 안에서 가득한 차고 밖으로 넘치는 상태를 말합니다. 성령의 지배와 장악을 받는 상태를 말합니다.

성령으로 충만하기를 구하시기 바랍니다. 누가복음 11장 13절에 "너희가 악할지라도 좋은 것을 자식에게 줄 줄 알거든 하물며 너희 하늘 아버지께서 구하는 자에게 성령을 주시지 않겠느냐 하시니라"(눅 11:13)고 했습니다. 성령 충만을 구하면 주십니다. 성령 충만을 위하여 기도해야 합니다.

성령님이 깨닫게 하시는 대로 회개해야 합니다. 사도행전 2:38 베드로가 대답하였습니다. "회개하십시오. 그리고 여러분 각 사람은 예수 그리스도의 이름으로 세례를 받고, 죄 용서를 받으십시오. 그리하면 성령을 선물로 받을 것입니다."

오직 성령으로 충만한 사람이 되라는 말씀은 내 속에 예수님이 충만한 사람입니다. 성령으로 충만한 것은 우리들의 중심에 예수님이 충만한 상태입니다. 그리고 성령으로 충만한 것은 하나님의 말씀으로 충만한 것입니다. 성경 말씀이 우리 중심에 충만하기 바랍니다. 하나님의 말씀인 성경을 읽고 듣고 입과 몸으로 하나님의 말씀을 나타내는 것이 성령으로 충만한 것입니다. 성령 충만은 성령으로 기도하고 성령으로 말씀을 깨닫는 것입니다.

또한, 성령으로 충만한 것은 삶이 깨끗한 삶을 살아갑니다. 사람은 다 죄인이기에 죄와 허물이 있습니다. 용서받은 그리스도인이라 할지라도 아담의 죄 성이 남아 있어서 나도 모르는 사이에 죄를 짓습니다. 그렇지만 오직 성령으로 충만한 사람은 깨끗하게 살려고 힘을 씁니다.

결론적으로 성도들이 내면세계를 정비하고 정화하여 성숙한 그리스도인으로 행복한 그리스도인으로 살아가려면 성령으로 충만해야 합니다. 성령으로 충만하면서 내면세계가 정비되고 정화되는 것입니다. 자신의 내면세계에서 성령의 역사가 일어나 자신을 점령하여 흘러넘치는 것이 진정한 행복입니다.

자신의 내면세계에서 성령으로 충만하게 채워지면 질수록 내면세계는 성령으로 정비되고 점령되고 정화되는 것입니다. 이렇게 성령으로 정비되고 정화되면서 성령의 지배 속으로 들어가게 되는 것입니다. 성령의 지배 속에 들어가면서 내면세계가 정비되고 점령되고 정화되면서 성령으로 충만한 성도가 됩니다. 성령으로 충만해지면 날마다 자신 안에서 행복이 흘러넘는 것입니다.

성령으로 충만한 성도가 되면서 영적으로 성숙한 그리스도인이 되어가는 것입니다. 행복한 그리스도인이 되는 것입니다. 영적으로 성숙한 그리스도인이 되면서 자연스럽게 외적세계도 성령의 지배 속으로 들어가게 되는 것입니다. 성령의 지배 속으로 들어가면 갈수록 영적이고, 정신적이고, 육체적이고, 환경적인 문제들이 하나씩 없어지기 시작합니다. 예수님의 평안을 체험하며 살아가게 됩니다. 예수님의 은혜로 날마다 마음이 평안하니 행복한 나날을 살아가는 것입니다.

시간이 경과되면서 성령으로 살고 성령으로 행하는 성도가 되는 것입니다. 성령께서 기도하게 하시고, 성령께서 진리를 깨닫게 하시고, 영-혼-육체의 질병이나 상처가 자리 잡지 못하도록 주인으로 좌정하시는 것입니다. 그러면서 성령께서 성도의 내면세계와 외면세계를 지배하고 장악하시면서 인도하시는 것입니다.

그러므로 그리스도인이 내면세계를 정비하고 정화하기 위하여 성령으로 세례를 받아야 하고, 성령으로 충만 받아야 한다는 것을 깨달았다는 것은 인생에 큰 축복이 되는 것입니다. 부디 성령으로 세례 받고 충만 받아 성령의 지배와 장악 속에서 하나님의 축복을 누리시기를 바랍니다.

24장 기도를 성령으로 숨을 쉬듯이 함으로

(요20:22)"이 말씀을 하시고 그들을 향하사 숨을 내
쉬며 이르시되 성령을 받으라"

성도가 하나님의 집과 성전으로 살아가려면 기도를 숨을 쉬
는 것과 같이 성령으로 해야 합니다. 예수님을 믿었다고 하늘나
라가 되는 것이 아니고 몸과 혼과 영의 전인격이 성령의 지배
속에 들어가 성령의 인도 속에 있어야 하나님 나라가 되는 것입
니다. 마음 안과 밖의 전인격이 성령으로 충만하여 하나님의 나
라가 되려면 성령으로 숨을 쉬면서 기도하는 것을 숙달해야 합
니다. 숨을 쉬면서 성령으로 기도하여 성령으로 충만하게 하는
방법입니다. 숨을 쉬는 것과 같이 기도하는 성도는 하나님의 집
과 성전으로 삶을 살아갑니다. 분명하게 숨을 쉬면서 기도하는
것은 마음으로 예수님을 생각 하면서 찾으면서 숨을 들이쉬고
내쉬는 것입니다. 특히 코로나19 시대와 같이 예배당에서 예배
하고 기도하기가 심히 어려운 시대에 숨을 쉬는 것과 같은 기도
를 통하여 하나님의 집과 성전으로 살아갈 수가 있는 것입니다.
어디서나 숨을 쉬는 것과 같이 기도할 수가 있기 때문입니다.
　세상 사람들이 하는 것과 같이 아무 생각 없이 숨을 쉬는 것
이 아닙니다. 바르게 적용해야 할 것입니다. 사람의 생명은 숨
에 있습니다. 숨을 쉽게 편안하게 쉬는 사람은 건강합니다. 하
나님께서는 흙으로 사람을 지으시고, 그 코에 생기를 불어 넣으

셨습니다(창 2:7). 그것이 숨입니다.

숨이 있기 전까지 사람은 생명이 없었으나 숨이 시작되면서 사람은 생명을 얻게 되었습니다. 숨이 풍성한 사람은 생명이 풍성한 것이며, 숨이 약하고 위축된 사람은 생명이 연약한 것입니다. 그러므로 사람이 살기 위해서는 음식과 물을 잘 먹고 마셔야 하지만, 이에 못지않게 숨을 잘 하여야 하는 것입니다. 숨을 잘 들여 마시는 것이 생명의 풍성함을 줍니다.

이는 단순한 공기, 산소의 마심이 아니고, 하나님의 영을, 생명을 마시는 것입니다. 숨 기도를 하려면 반드시 성령의 세례를 받아야 합니다. 반드시 예수님을 생각하면서 해야 합니다. 성령으로 충만한 가운데 발성으로 기도하여 영의 통로가 뚫려야 합니다. 영의 통로가 뚫리지 않은 성도가 숨으로 기도하면 악한 기운의 영향으로 영이 막힐 수도 있습니다. 우리가 바르게 알아야 할 것은 기도는 영의 활동입니다.

고로 기도는 성령으로 해야 합니다. 많은 분들이 기도하면 무조건 성령이 충만해지는 것으로 알고 있습니다. 이는 한번 잘 생각해 보아야 합니다. 세상 사람들도 기도합니다. 세상 사람들이 기도할 때 누가 들어옵니까? 성도의 기도가 세상 사람들과 같은 기도를 한다면 어떤 영이 침입을 하겠습니까?

일부 크리스천이나 목회자들이 숨을 들이쉬고 내쉬면서 기도하는 것에 대하여 의문을 가지고 대하는 분들이 있습니다. 숨을 들이쉬고 내쉰다는 것은 숨을 쉴 때 마음이 열리기 때문입니다. 예수님께서도 "이 말씀을 하시고 그들을 향하사, 숨을 내쉬며 이르시되 성령을 받으라(요 20:22)" 말씀하셨습니다.

숨을 내쉬면서 성령을 받으라고 말씀하신 것입니다. 성령께서 예수님 안에 계시면서 예수님의 숨을 통하여 성령님이 분출되기 때문입니다. 크리스천들도 마찬가지입니다. 하나님은 자신 안에 있는 마음속에 주인으로 계십니다. 자신 안에서 성령의 역사가 분출되어야 합니다. 그래서 숨을 들이쉬고 내쉬면서 기도하라는 것입니다. 성령께서 사람이 마음을 열어야 역사하실 수가 있기 때문입니다. 이상하다고 거부하면 성령께서 자신 안에서 역사하실 수가 없을 것입니다.

첫째, 숨을 쉬며 기도하는 원리. 숨을 쉬는 것과 같이 쉼 없이 기도하면 행복한 삶을 살아간다고 했습니다. 숨은 기도입니다. 죄를 토하고 의를 받아들인다는 의미에서 기도는 숨입니다. 숨은 생명입니다(창2:7). 히브리말로 "영"을 의미하는 루아흐는 바람, 기운, 숨을 말합니다. 예전에 성령님을 거룩한 숨님이라고 번역한 곳도 있습니다. 숨은 영의 공급과 영을 내쉬는 것입니다. 예수님은 "숨을 내쉬며 가라사대 성령을 받으라(요 20:19-23)." 숨은 주님을 성령님을 들여 마십니다.

"나 여호와가 말하노라 사람이 내게 보이지 아니하려고 누가 자기를 은밀한 곳에 숨길 수 있겠느냐 나 여호와가 말하노라 나는 천지에 충만하지 아니하냐(렘 23:24)." 내쉬는 숨은 자신 안에서 주님의 권능(기름부음)이 흘러나옵니다. 영적인 호흡을 숨을 잘 쉬면서 살아갑시다. 숨은 자연적 숨(생명을 연장하는 숨)

과 영적인 숨 두 종류가 있습니다. 영적인 숨이란 예수 믿고 성령의 세례를 받고 성령의 인도를 받으면서 하는 것을 말합니다. 성령을 들이마시고 성령을 내 품는 것입니다.

숨과 생명의 충만은 같습니다. 강한 숨은 생명의 충만 입니다. 마시는 숨과 내보내는 숨을 합시다. 들이쉬는 숨은 영적 충전입니다. 내보내는 숨은 영과 신체 정화입니다. 자신의 마음 안에서 성령님이 나오시면서 자신의 전인격을 정화하십니다. 물은 혈액과 같은 역할을 합니다. 물은 구름, 바람이 움직이듯이 숨이 혈액의 흐름 움직여줍니다. 숨은 강하고 깊어야 합니다. 자신의 성품을 바꾸게 될 것입니다.

이단들이 영은 보이지 않다고 하면서 자신에게 예수님의 영이 임재 했다고 신도들을 속입니다. 그것은 시뻘건 거짓말입니다. 성령님이 사람을 통과하면 보입니다. 예수님이 얼굴에 나타납니다. 언행으로 나타납니다. 행동으로 나타납니다. 열매로 나타납니다. 숨으로 기도하면 내면이 강화되면 자신에게서 보이는 형상으로 나타난다는 것입니다. 얼굴을 보면 알 수가 있는 것입니다. 그러므로 성도들은 성령의 역사와 귀신의 역사를 분별하는 분별력을 길어야 합니다. 숨은 내면을 강하게 하는데 참으로 중요합니다.

약한 숨은 문제가 있습니다. 심 패 기능이 약하기 때문에 숨이 약한 것입니다. 숨을 쉬면서 기도를 하는데 숨이 잘 쉬어지지 않는 다면 내면세계가 불안정한 것입니다. 마음 안이 비정상적인 것입니다. 하루라도 빨리 성령으로 세례 받고 기도하여 영의 통로를 뚫어야 합니다. 숨은 에너지이며 생기이며 기운입니다. 숨이 약한 사람은 원수 마귀 귀신의 노예 생활에 가까워집니다. 비난 충격과 꾸지람 듣고 야단을 맞게 되면 숨이 약해집니다. 숨과 기운은 이렇습니다. 숨을 쉬는 힘은 그 사람의 생명력입니다.

풍선을 많이 불면 힘이 빠지고 어지러워집니다. 숨을 불어넣어 불은 풍성은 생명의 풍성입니다. 운동은 숨을 확장시켜줍니다. 숨은 나쁜 기운을 배출합니다. 한숨, 눈물, 불평도 배출합니다. 그러나 근심 두려움 원망 분노 등 악한 생각이나 감정에 사로잡힘은 자살 행위입니다. 악한 기운이 자리 잡으면 온갖 재앙을 일으킵니다.

기체의 악성 에너지가 시간이 지나면 암, 결석 등 고체에너지가 됩니다. 주여! 하면서 발성 기도를 통하여 숨을 충분히 배출해야 합니다. 거친 숨은 심장의 경고입니다. 주님의 음성을 들으려면 성령의 임재 가운데 부드럽고 깊고 자연스러운 숨을 쉬는 훈련을 해야 합니다. 대화중 제3자가 들어오면 싸늘해지기도 합니다. 생각을 바르게 해야 합니다. 호랑이도 제 말하면 옵니다. 성령님을 생각하면서 숨을 쉬면 성령으로 충만해집니다. 그러나 세상 근심이나 분노와 혈기를 가지고 기도하면 악령으로 충만해집니다. 영혼의 감각으로 알게 됩니다. 중보기도 자는 상대의 상태를 느낍니다. 쓰레기를 정화 시킬 능력이 없으면 대화와 접촉을 조심해야 합니다.

둘째, 숨을 쉬듯이 기도하는 방법

1) 숨을 쉬면서 하는 기도: 꼭 성령으로 세례를 받고 성령의 임재가운데 진행해야 합니다. 성령 세례 받지 않고 하는 숨 기도는 사찰에서 하는 명상기도와 다를 바가 없습니다. 반드시 성령으로 숨 기도를 해야 합니다. 그래야 전인격이 성령의 지배를 받게 됩니다.

① 코로 숨을 들이 마시며 "예수님 사랑합니다." 숨을 내쉬면서 "예수님 사랑합니다."

② 코로 숨을 들이 마시며 "예수님" 숨을 내쉬면서 "사랑합니다." 지속적으로 "예수님" 숨을 내쉬면서 "사랑합니다." 그러면 성령으로 충만해지는 것입니다. 의심하지 말고 믿어야 합니다.

③ 입을 벌려 작은 마음의 소리로 하기도 합니다. 입이나 목으로 하는 기도는 될 수 있는 대로 하지 않는 것이 좋습니다. 목이 상할 수가 있기 때문입니다. 숨을 들이 마시고 내 쉬면서 주여! 숨을 들이 마시고 내 쉬면서 주여! 하면서 기도해도 내면이 정화됩니다.

④ 속으로 예수님이나 성령님을 생각하면서 기도를 드리기도 합니다.

⑤ 손을 심장에 대고 심장의 고동에 맞추어서 계속합니다. 반복합니다. 수 천, 수 만 번을 반복합니다. 그리스도인들이 예수님을 부르는 것은 주님과 가까운 교제를 위하고, 성령으로 충만하게 하기 위하여 부르는 프러포즈입니다.

이런 기도를 심장기도, 예수 기도라고도 하며, 숨, 심장박동, 걸음걸이에 맞추어서도 해보세요. 필자는 하루에 80분정도 걷기를 합니다. 그 때 예수님을 부르면서 숨을 쉬며 기도를 합니다. 예수 충만(성령 충만), 예수 사랑, 나의 하나님 식으로 바꾸어서도 할 수 있습니다. "오~ 주님! 제 마음 안에 충만하게 채워지소서." 기도하면서 숨을 쉬는 것이 좋습니다. 마음으로 예수님을 생각하고 집중하면서 숨을 쉬는 기도를 합니다.

2) 코로 숨을 쉬십시오. 아랫배에 의식을 두고 들이쉬는 숨에 마음을 싣고 감사와 기도를 심어서 드립니다. 입으로 숨을 쉬면 입이 마르거나 목이 붓거나 아플 수도 있습니다. 입 냄새가 심해지기도 합니다. 반드시 코로 숨을 쉬는 버릇이 되어야 합니다. 주님의 기운이 임하심을 믿고 합니다.

3) 숨을 의식하십시오. 숨이 기도인 것을 의식하고 주님께 사랑과 감사의 마음으로 고백하면서 하는 것이 중요합니다.

4) 배출 숨을 쉴 때 가슴이 답답함을 느낄 때는 장애물이 있는 경우입니다. 예수님을 부르면서 계속 숨을 쉽니다. 성령이 충만한 가운데 가슴에 힘을 주고 트림하여 배출합니다. 안되면 후~, 하~ 하고 숨을 크게 쉬세요. 안되면 숨을 들이쉬고 내쉬면서 주여! 하면서 기도하십시오. 절대로 성령의 역사가 일어나야 배출이 된다는 것을 명시해야 합니다.

성령의 지배 가운데 숨을 깊고 강하게 들이쉬고 내쉬면서 "예수의 이름으로 나쁜 기운은 나가라" "떠나간 곳에 성령으로 충만하게 채워질지어다." 마음으로 명령기도를 할 수가 있습니다.

그러나 성령으로 충만하면 나쁜 기운이 스스로 떠나가니 떠나가라. 떠나가라. 하지 않아도 떠나갑니다. 거울을 보면서 명령할 수도 있습니다. 조용히 숨을 쉬면서 내보낼 수도 있습니다.

5) 충분히 숨을 깊게 쉬십시오. 경외감을 가지고 감사하는 마음으로 숨을 쉬어야합니다. 숨이 차단되면 썩기 시작합니다. 지하 방, 또는 창문 비닐로 막아도 공기가 상하기 시작합니다. 그래서 환기를 자주 시키라고 합니다. 우리 교회도 일주일에 4번 이상 환기를 시킵니다.

6) 강한 숨을 쉬는 기도는 가능하면 아랫배에 힘을 주고 숨을 깊게 많이 들어 마셔야 합니다. 배꼽아래까지 바람이 들어오도록 들이마셔야 합니다. 오랫동안 하면 성령의 역사가 일어나기 시작을 합니다. 부르짖는 기도와 비슷합니다.

7) 깊은 숨을 쉬는 기도는 아랫배에 가볍게 힘을 주며 천천히 숨을 쉽니다. 마음 가라앉히고 조용히, 코를 통하여 깊이 숨을 들여 마시고 내쉬고 합니다.

8) 정지 숨 기도는 히브리서 6장 4-6절의 내세의 능력을 맛보는 기도, 성령의 깊은 지배(입신)상태같이, 숨을 멈출 수도 있습니다. 숨을 멈춘다는 것은 자신이 숨을 쉬는 것을 느끼지 못한다는 말입니다. 은사는 영의 영성 아닌 육체의 영성입니다. 은사는 육체로 나타납니다. 은사에 치우치면 영이 안자라고 영에 치우치면 삶은 아름답지만 무능합니다. 그러므로 양자가 균형을 이루어야 합니다. 성령의 은사는 자신의 내면이 정비되고 정화되어 영적으로 성숙하면 나타나지 말라고 해도 은사는 나

타납니다.

9) 배로 숨을 쉬면서 하는 기도는 배에는 공기가 들어갈 수 없지만, 아랫배에 가볍게 힘을 주고 생명력이 배에 충만하도록 숨을 들이 마십니다. 강한 숨기도와 비슷합니다. 성령으로 충만해집니다. 영적인 파워 힘이 생깁니다. 심장이 강해집니다. 자신감이 생깁니다. 자연스럽게 내면세계가 정비되고 정화됩니다. 요한복음 7장 38절 말씀과 같이 배에서 생수의 강이 흐릅니다. 처음에는 뜨겁지만 후에는 시원하고 평안하여 자유와 행복을 느낍니다.

10) 가슴으로 숨을 쉬는 기도는 심장기도로서 내적 깊은 기도와 비슷합니다. 감정이 섬세하고 눈물 많아집니다. 내적 기름 부음을 일으켜줍니다. 영이 강하게 됩니다. 부드럽고 온유한 성품이 됩니다. 불안할 때 숨을 쉬며 낮은 발성 기도를 하면 5분 안에 평안해집니다. 성령이 충만하기 때문에 불안이 떠나가는 것입니다.

머리가 혼란할 때는 배에서 나오는 소리로 조금 높은 찬양을 하면 시원해집니다. 계속적으로 예수님을 부르면서 기도하면 혼란한 머리가 안정을 찾게 됩니다. 가슴 답답할 때는 배에 힘 주고 배에서 나오는 소리로 방언하면 후련해집니다. 처음에는 배기도, 강한기도 후 심장기도로 진행합니다. 아름답고 사랑스러우며 따뜻한 사람 됩니다.

11) 머리로 숨을 쉬는 기도는 주의 이름을 부르며 머리에 마음을 집중하고 숨을 쉽니다. 코로 숨을 들이쉬고 코로 내쉬

면서 합니다. 머리가 혼미하고 생각이 복잡한분에 효과가 있습니다. 악몽은 머릿속 정화 과정입니다. 환상이나 신비한 체험 동반할 수도 있습니다. 머리는 영적 문 역할을 하기에 주의가 요망됩니다.

12) 성경 말씀으로 성령을 마시는 숨 기도는 반복되는 짧은 문장으로 깊은 영향주어서, 처음 3,000번, 그 다음 6,000번, 12,000번 후에는 자유롭게 합니다. 평안과 자면서도 임재 느낍니다. "예수님 감사합니다." "주님! 저를 불쌍히 여기시옵소서" "예수님 사랑합니다." 반복할 때 긍휼과 자비 느낍니다.

성경 전체를 묵상하며 할 수도 있습니다. 성경을 간절한 마음으로 소리 내어 읽는 영성훈련 방법도 있습니다. 소리는 안 내고 강하게 부드럽게 숨하며 마시는 것도 좋습니다. 말씀을 눈으로 보며 코로 마셔도 됩니다.

13) 마시는 숨을 다양하게 사용하세요. 찬양 테 잎을 눕거나 쉬는 상태에서 들을 때도 숨을 쉬며 들으세요. 독서하면서도 숨을 쉬며 하는 기도를 적용하세요. 간증이나 설교 테 잎을 들을 때도 적용하세요. 설교를 들을 때도 적용하세요.

14) 즐거움으로 계속 하십시오. 억지로 하는 것은 좋지 않습니다. 습관이 되게 해야 합니다. 듣지 않고 간구만 했으면 듣는 기도와 선포기도로 자신을 정화하세요. 숨을 쉬면서 기도를 하는데 불안하고 즐거움이 사라진다면 재고해 보아야 합니다. 영혼 깊은 곳의 즐거움과 기쁨은 주님의 감동과 인도입니다. 주님은 우리에게 기쁨을 주시는 분입니다.

셋째, 걸으면서 숨을 쉬며 마음으로 기도하라. 걸으면서 숨을 쉬면서 예수님을 생각하면서 마음으로 기도하는 습관을 들이라는 것입니다. 걸으면서 기도하면 마음이 평안해지면서 삶이 행복해 지는 것입니다. 걷기를 시작하려면 바른 자세부터 익혀야 합니다. 바른 자세가 중요한 이유는 첫째로 뇌가 활성화됩니다. 바른 자세로 걸으면 근육이나 감각기관에서 신경계로 전달되는 정보량이 많아져서 대뇌가 더욱 자극을 받기 때문입니다.

둘째로 걸음걸이가 바르면 걷기 편하고 쉽게 지치지 않습니다. 즉, 편하게 걸을 수 있고 피로감을 줄여주는 보법으로 걷다 보면 바른 자세에 이르게 됩니다.

셋째로 걸음걸이가 바르면 남 보기에 좋고, 밝고 활달하며 자신감 있는 이미지를 심어줄 수 있습니다. 그러면 바른 보행 자세란 어떤 것일까요? 꼭두각시 인형처럼 머리 꼭대기에 실이 연결되어 하늘에서 끌어당긴다고 의식하라는 것입니다.

그러면 후두부, 등, 엉덩이의 가장 높은 부분이 일직선을 이루고 두 팔은 겨드랑이를 따라 자연스럽게 내려집니다. 그 자세로 서 있는데 누군가 허리 부분을 강하게 민다고 상상하라는 것입니다. 그러면 오른발이 크게 한보 앞으로 나갑니다. 이때 상체를 똑바로 유지하면 앞으로 내디딘 오른발은 발뒤꿈치부터 착지하고 뒤에 놓인 왼발이 지면을 차는 느낌을 받습니다. 이런 동작을 연속하여 걷는 것이 바른 보행 자세입니다.

자세만큼 중요한 것이 바로 숨을 쉬는 방법입니다. 걷기는 유산소 운동이므로 산소를 충분히 받아들이며 숨을 쉬지 않으면 그 효과가 나타나지 않습니다. 그러면 어떻게 숨을 쉬어야 혈중 산소가 충분해질까? 숨의 '호'가 '숨을 내쉬다.'라는 뜻이라는 데서 알 수 있듯 내쉬는 숨이 먼저입니다.

일단 폐에서 이산화탄소를 한껏 내뱉지 않으면 산소를 받아들일 수 없습니다. 따라서 걸을 때는 먼저 숨을 내쉬는 데 의식을 집중해야 합니다. 숨의 리듬이 발걸음과 조화를 이루어야 합니다. 오른 발은 내딛으면서 숨을 들이쉬고, 왼쪽 발을 내딛으면서 숨을 내쉬고, 좌우지간 본인이 하기 쉬운 방법으로 걸으면 됩니다. 이 방법이라면 숨과 보행의 리듬을 맞추기 쉽습니다.

그렇게 걸으면서 마음으로 성령님을 생각하거나 부르면서 걷는 것입니다. 필자는 십 수 년을 이렇게 실천하며 걷고 있습니다. 마음속에 세상 것들이 들어오지 않고 영감이 풍성해지는 효과가 있습니다. 집중력이 좋아집니다. 폐활량이 강해집니다. 심장이 튼튼해집니다. 생활 속에서 운동하는 습관이 되어야 건강을 유지할 수가 있습니다.

넷째, 숨을 쉬며 기도하는 효과

1)내면세계가 정화된다. 마음을 이용하여 예수님을 찾음으로 인하여 성령이 충만하게 됩니다. 자연스럽게 영이신 예수님을 찾음으로 영적인 상태가 되는 것입니다. 영적인 상태가 되니 성령께서 전인격을 사로잡음으로 내면세계가 정화되고 영-혼-육체가 건강해지게 되는 것입니다. 심장과 소장 대장 기능이 튼튼해집니다. 살아가는 것이 행복해집니다.

2)**스트레스 해소 효과.** 이러한 방법으로 숨을 쉬면서 기도를 할 경우에는 부교감신경이 활발해져 마음이 편안해지기 때문에 우울증, 불면증, 공황장애와 같은 불안 장애를 완화시켜주고 스트레스를 해소 시켜 줍니다.

3)**집중력 향상 효과.** 두뇌로 산소공급이 활발해지면서 집중력을 향상하는 효과를 느낄 수 있어 학업 및 업무의 능률이 오르지 않는 사람에게도 도움이 됩니다.

4)**장운동 활발 효과.** 배를 사용하는 숨 쉬는 것이니 장의 운동도 활발해지기 때문에 소화 장애와 변비를 없애주는 역할을 합니다.

5)**혈액순환 원활 효과.** 혈액순환을 원활하게 도와주어 혈관 내 콜레스테롤을 줄여 심혈관 질환을 예방하고 심폐기능을 향상시키는 효과가 있습니다. 실제로 필자는 숨을 쉬면서 하는 기도를 장기간에 걸쳐서 한 결과 심장 기능이 강화되어 장이 튼튼해졌습니다. 그리고 배에서 올라오는 소리로 설교를 함으로 성대가 상하지를 않았습니다.

6)**다이어트 효과.** 가슴으로 숨을 쉬는 것 보다 배를 이용하여 숨을 쉬는 것이 칼로리 소모가 높고 신진대사를 활발하게 하여 체중감량에 도움이 됩니다. 숨을 쉬는 것이 이제 얼마나 우리의 몸에 영향을 끼치는지 잘 아시겠지요? 건강을 위해서 복식 숨 (호흡) 효과를 잘 숙지하시고, 습관처럼 가슴이 아닌 배로 숨을 쉬면서 예수님을 찾는 기도할 수 있도록 하는 것이 좋습니다.

25장 걸어 다니는 성전으로 삶을 살아감으로

(고전 3:16)"너희는 너희가 하나님의 성전인 것과 하
나님의 성령이 너희 안에 계시는 것을 알지 못하느냐"

크리스천이 하나님의 집과 성전으로 살아가는 이유는 분명
합니다. 세상에서 걸어 다니는 성전으로 살기 위해서입니다. 의
식이 참으로 중요합니다. 하나님은 이렇게 말씀하십니다. "너
희가 하나님의 성전인 것과 하나님의 성령이 너희 안에 거하시
는 것을 알지 못하느뇨(고전3:16)" "너희 몸은 너희가 하나님
께로부터 받은바 너희 가운데 계신 성령의 전인 줄을 알지 못하
느냐 너희는 너희의 것이 아니라(고전6:19)" "하나님의 성전과
우상이 어찌 일치가 되리요, 우리는 살아 계신 하나님의 성전이
라(고후6:16)" "그의 안에서 건물마다 서로 연결하여 주 안에
서 성전이 되어 가고 너희도 성령 안에서 하나님의 거하실 처
소가 되기 위하여 예수 안에서 함께 지어져 가느니라(엡2:21-
22)" "만일 내가 지체하면 너로 하나님의 집에서 어떻게 행하
여야 할 것을 알게 하려 함이니 이 집(성도)은 살아 계신 하나님
의 교회요 진리의 기둥과 터이니라(딤전3:15)"
　꼭 예배당에서 예배를 드릴 때에만 성전이 되는 것이 아닙니
다. 예배를 드리고 세상에 나가 살아갈 때에 성전으로 살아가야
합니다. 한 사람 한사람이 성전이 되어 가정이나 직장이나 학교
에서나 생업 장에서 마음으로 기도하면서 예배를 드리는 습관이

중요한 것입니다. 코로나19 시대에 더욱 필요할 것입니다. 진정한 천국은 자신이 걸어 다니는 성전이 되었을 때 누리는 것입니다. 하나님은 예수를 영접한 사람의 마음 안에 주인으로 임재 하여 계십니다. 많은 성도들이 성경에 나오는 교회가 보이는 건물 교회인 것으로 알고 있는 경우가 많습니다. 성경에 기록된 교회는 물론 보이는 건물 교회를 말하고 알고 있지만, 성경에 기록된 교회는 대부분 성도들의 전인격이 성전 된 교회를 말합니다. 성전 된 성도 한 사람 한사람을 교회라고 말하고 있는 것입니다.

사람들은 하나님께서 유형 교회 건물 안에나 성당 안에 혹은 기도원에 혹은 가톨릭 교인들이 말하는 피정의 집에 계신다고 말합니다. 실상은 인간이 지은 어떤 형태의 건물이든 그 건물 안에 하나님은 계시지 않습니다. "우주와 그 가운데 있는 만물을 지으신 하나님께서는 천지의 주재시니 손으로 지은 전에 계시지 아니하시고"(행 17:24). 하나님은 바로 성도들의 성전 된 마음속에 거하시는 것입니다. 마음에 하나님을 주인으로 모시지 않은 사람들이 아무리 화려하게 지은 예배당에 모여도 그곳에서는 하나님은 계시지 않습니다. 하나님은 영과 진리로 예배 드리는 사람을 찾고, 그런 성도의 마음속에 주인으로 계시는 것입니다.

사람들의 관심은 눈에 보이는 예배당 건물입니다. 구약의 성전은 하나님의 임재를 나타냈으나 더 이상 백성들은 성전을 통해 하나님의 영광을 보지 못했습니다. 이 시대도 성전 용어보다 교회 예배당이란 말이 합당합니다. "충만한 교회 예배당" 건물로서의 성전은 더 이상 없습니다. 성경은 이제 주님을 모신 우리의 몸이 성전이라 합니다. "너희가 하나님의 성전인 것과 하나님의 성령이 너희 안에 거하시는 것을 알지 못하느뇨(고전 3:16)" 우리의 관심은 어디에 있습니까? 웅장하고 화려한 건물입니까? 참 성전이신 예수님을 마음에 주인으로 모시는 믿음의 일입니까? 우리의 관심과 열정은 많은 이들의 심령에 예수생명이 불길처럼 일어나게 하여 행복한 삶을 살아가는 복음 사역이어야 합니다.

첫째, 마귀에게 빼앗긴 우리의 마음. 창세기 1장 27절로 28절에 하나님이 자기 형상 곧 하나님의 형상대로 사람을 창조하시되 남자와 여자를 창조하시고 하나님이 그들에게 복을 주셨다고 말한 것입니다. 또 창세기 2장 7절에 "여호와 하나님이 땅의 흙으로 사람을 지으시고 생기를 그 코에 불어넣으시니 사람이 생령이 되니라"고 했습니다. 그런데 하나님은 성경에 보니 영이라고 말했지, 하나님이 육체라고 말하지 않았습니다. 그러므로 육체적인 아담과 하와가 하나님의 형상과 모양이 아니라, 아담과 하와의 마음이 하나님의 형상과 모양이요, 그 마음속에 하나님이 와서 거하시는 것인데, 아담과 하와의 마음이 불신앙과 불순종으로 하나님을 떠나 버리고 만 것입니다. 마귀의 말을 듣고 하나님을 반역하고 아담과 하와의 마음이 하나님을 떠나 버렸었습니다. 그러자 하나님도 아담과 하와의 마음속에 거하지 아니하시고 떠나시게 된 것입니다.

창세기 2장 17절에 "선악을 알게 하는 나무의 열매는 먹지 말라 네가 먹는 날에는 반드시 죽으리라" 하셨습니다. 그들이 선악과를 따먹고 그 마음이 죽어서 마귀가 그 마음에 들어오자 하나님은 아담과 하와의 마음을 떠나 버린 것입니다. 타락한 아담과 하와 이후의 인류들은 마음속에 하나님을 모시지 못하고 공중에 권세 잡은 악령을 마음속에 주인으로 모시고 산 것입니다. 사람의 마음은 영을 담든 그릇이기 때문에 성령이든, 악령이든 거하는 것입니다. 중간지대인 마음은 없습니다.

그래서 악령이 시키는 대로 불신앙과 불순종과 세속을 따라서 살았고 하나님과 멀리멀리 떠나 버리고 만 것입니다. 그러므로 사람에게 가장 중요한 것은 마음인 것입니다. 마음이 하나님을 떠나고, 마귀가 점령하자 공허하고 혼돈하며 흑암이 깊이 점령한 마음이 되고 만 것 입니다. 사람의 마음이 죄와 허무와 죽음의 황야가 되고 만 것입니다. 죄가 마음을 부패시키고 마음이 하나님 없으니 허무하기 짝이 없게 된 것입니다.

하나님이 계셔야 마음에 소망이 있고 기쁨이 있고 가치가 있을 것인데 이것 다 잃어버리고 마음이 허무하게 되고 죽음의 광야가 꽉 들어찬 것입니다. 어디에서 와서 왜 살며 어디로 가는지를 마음은 알지 못하고 오직 죄와 허무와 죽음의 황야가 되고 만 것 입니다. 마음이 길을 잃고 방황하게 된 것입니다. 하나님은 방황하는 인간을 예수님을 보내셔서 구원하십니다.

둘째, 예수님의 구원과 성전 회복. 하나님이 우리 마음을 변화시키기 위해서 보내신 분이 하나님의 아들 예수님인 것입니다. 우리 마음을 변화시킬 수 있는 유일한 분은 예수님 밖에 계시지 않습니다. 예수를 영접하면 성령께서 마음 안에 임재하시기 때문입니다. 예수님이 오셔서 십자가를 걸머지고 우리 옛사람을 십자가에 못 박아 버려 마음에 죄악을 청산하고 마음을 점령한 귀신을 성령으로 쫓아내고 청소하고 변화시켜 주셨습니다. 그렇기 때문에 십자가의 보혈을 통해서 우리는 새로 거듭날 수가 있는 것입니다.

성경은 "누구든지 그리스도 안에 있으면 새로운 피조물이라 이전 것은 지나갔으니 보라 새것이 되었다"고 말한 것입니다. 주님이 우리를 새것으로 만들기 위해서 이사야 53장 5절로 6절에 보면 "그가 찔림은 우리의 허물 때문이요 그가 상함은 우리의 죄악 때문이라 그가 징계를 받으므로 우리는 평화를 누리고 그가 채찍에 맞으므로 우리는 나음을 입었도다. 우리는 다 양 같아서 그릇 행하여 각기 제 길로 갔거늘 여호와께서는 우리 모두의 죄악을 그에게 담당 시키셨도다."라고 말한 것입니다.

예수님이 우리의 부패하고 부정하고 죽은 마음을 십자가에 걸머지시고 청산한 것입니다. 우리의 육체를 청산한 것이 아니라, 우리 죄악으로 물든 영혼을 청산한 것입니다. 그리고 변화시켜서 하나님의 형상과 모양대로 다시 새롭게 지음을 주신 것입니다. 십자가를 통해서만이 우리는 하나님의 형상과 모양이 복구되고 새로운 피조물이 되는 것입니다. 십자가 없이 인간의 수양과 도덕으로 마음이 변화되지 않습니다. 아무리 자기 피부를 비눗물로 닦아도 황인종이 백인종이 되지 못하고, 흑인종이 황인종이 되지 못하는 것입니다. 마음이 그리스도의 보혈로 말미암아 변화되어야 참 새롭게 변화될 수가 있는 것입니다. 예수님은 보혈과 성령을 통하여 우리 마음을 점령하였던 마귀를 쫓아내고, 하나님과 화목케 하시고 보혈과 성령의 능력으로 우리를 새롭게 한 것입니다. 주의 십자가의 보혈의 능력과 성령의 역사가 없이는 마귀는 쫓겨 나가지도 않습니다. 보혈과 성령의 역사가 일어나면 마귀는 마음에서 철수하는 것입니다. 보혈과 성령의 역사 없이 하나님과 우리 사이를 화목 시킬 수도 없습니다. 예수님의 보혈과 성령이 마귀를 청산해 버리고 쫓아내고 죄악을 씻어내고 우리 마음을 하나님과 화목 시키고 하나님이 또다시 우리 마음속에 와서 거하게 만들어 주시는 것입니다. 성도들을 성전으로 가꾸는 분은 성령입니다. 성령으로 기도할 때 성령께서 성도들을 성전으로 정화하시는 것입니다.

셋째, 말씀과 성령으로 마음을 다스리는 자가 삶을 다스린다. 어떻게 하면 마음을 다스릴 수가 있을까요? 하나님의 마음은 우리 마음속에 성령을 통해서 오시는 것입니다. 성령으로 세례를 받고 성령으로 충만 받아 전인격을 성전 만들어야 합니다. 성전 된 육체에 하나님 말씀을 성령으로 받아 드려서 마음을 다스려야 되는 것입니다. 그러므로 말씀을 우리가 듣고 말씀을 읽고 말씀을 묵상하는 것은 굉장히 좋습니다. 성령으로 마음을 다스리지 아니하면 말씀으로 다스리지 아니하면 마음은 절대로 다스려지지 않습니다. 말씀과 성령을 마음속에 항상 채워 놓아야 세상과 마귀가 마음에 들어오지 못합니다. 말씀과 성령의 충만을 등한이 하면 곧장 세상과 마귀가 들어와서 세상과 마귀의 생각을 집어넣어서 마음을 흔들어 놓는 것입니다. 그러므로 하나님의 말씀이 마음을 변화시키는 것입니다. 그러므로 마음으로 늘 하나님을 찾아야 합니다.

히브리서 4장 12절에 "하나님의 말씀은 살아 있고 활력이 있어서 좌우에 날선 어떤 검보다도 예리하여 혼과 영과 및 관절과 골수를 찔러 쪼개기까지 하며 또 마음의 생각과 뜻을 판단 한다"고 말한 것입니다. 말씀과 성령이 마음을 점령해야 되는 것입니다. 로마서 12장 2절에 "너희는 이 세대를 본받지 말고 오직 마음을 새롭게 함으로 변화를 받아 하나님의 선하시고 기뻐하시고 온전하신 뜻이 무엇인지 분별하도록 하라" 하나님의 말씀을 통해서 성도들의 전인격이 어떻게 변화될까요? 하나님의 말씀과 성령을 통해서 "내 마음이 영혼이 잘되고 범사에 잘되며 강건하고 생명을 얻되 풍성하게 얻는 생각으로 꽉 들어차야" 되는 것입니다. 용서와 의로움을 받은 생각으로 꽉 들어차야 되고, 거룩함과 성령 충만의 생각으로 꽉 들어차야 되고, 치료와 건강의 생각으로 꽉 들어차야 되고, 아브라함의 축복과 형통의 마음으로 꽉 들어차야 되고, 부활, 영생, 천국의 마음으로 꽉 들어차야 되는 것입니다. 마음에 하나님의 말씀과 성령이 들어와서 꽉 들어 채우고 새롭게 변화시키지 아니하면 세상과 마귀가 곧장 와서 마음을 부정적이고 파괴적이고 절망적이게 만드는 것입니다. 그렇기 때문에 "지킬만한 것보다 마음을 지켜라. 생명의 근원이 이에서 나온다"고 합니다. 마음을 지키는 것은 성령으로 기도하는 것입니다. 항상 하나님을 찾는 것입니다.

때문에 말씀과 성령으로 마음을 지켜야지 말씀과 성령이 떠나가면 하나님과 교통이 단절되고 마는 것입니다. 그러므로 가장 귀한 것이 하나님의 말씀과 성령인 것입니다.

교회는 생명의 말씀이 준비되어 있고, 성령의 역사로 성도들을 성전으로 가꾸는 곳이 교회인 것입니다. 신앙생활이란 말씀과 성령으로 성도들의 전인격을 변화시키는 것이 신앙생활이 되는 것입니다. 생명의 말씀과 성령의 역사가 없는 교회는 교회가 아닙니다. 교회는 성도들의 전인격이 성전이 되도록 깨끗하게 가꾸기 위하여 필요하다고 해도 과언은 아닙니다. 성도들은 예배당인 교회를 잘 만나야 합니다. 그런데 말씀과 성령의 역사가 없다면 교회로서 사명을 감당할 수가 없는 것입니다. 말씀과 성령의 역사가 없는 예배당인 교회는 종교적인 형식과 의식은 가질 수 있어도, 마음이 변화되지 아니하므로, 운명과 환경이 변화되지 않고, 하나님이 같이 계시지 아니하는 것입니다. 그러므로 우리는 항상 말씀을 사랑하고 성령의 임재가운데 말씀을 듣고, 성령으로 기도하여 말씀이 마음을 점령해서 말씀이 우리 속에서 역사하도록 해야 되는 것입니다.

성령의 역사가 일어나지 않으면 자신의 몸을 성전으로 가꿀 수가 없습니다. 심령에 마귀와 귀신이 거할 수가 있기 때문입니다. 마귀는 사람의 힘으로 어찌할 수 없는 강하자입니다. 반드시 성령의 역사가 일어나야 마귀와 귀신이 떠나가는 것입니다. 심령에서 성령이 사로잡아야 전인격이 성전으로 정화되고 거룩하게 되어 하나님께서 마음대로 역사하실 수가 있습니다. 마음은 성령으로 충만한 믿음으로 다스려야 되는 것입니다.

믿음은 들음에서 나며 들음은 그리스도의 말씀으로 말미암는 것입니다. 하나님의 말씀을 믿는 것입니다. 눈에는 아무 증거 안보이고 귀에는 아무 소리 안 들리고 손에는 잡히는 것 없더라도 하나님의 말씀을 믿고 흔들리지 말아야 마음을 다스릴 수 있는 것입니다. 하나님의 은혜로 주신 약속을 우리는 믿어야 되는 것입니다. 믿으면 그 믿음을 통해서 마음을 다스리고 그 마음이 하나님의 역사를 나타낼 수가 있는 것입니다.

열두 해를 혈루병 앓은 여인을 보십시오. 그가 하나님을 알지 못할 때는 마음을 다스릴 수가 없었습니다. 마음이 불안하고 초조하고 절망이었습니다. "나는 못산다. 나는 할 수 없다. 나는 죽는다"고 생각한 것입니다. 열 두해 동안 피를 흘리고 고통을 당했으니 빈혈증에 걸리고 가족들을 다 떠난 후로 산비아래 초막을 치고 살고 있으니 외롭기 그지없었습니다. 마음을 잡을 수가 없었습니다. 그는 이미 절망하고 죽음이 그 마음을 점령했습니다. 그런데 어느 날 예수 그리스도의 소식을 들었습니다. 하나님의 아들 예수 그리스도께서 갈릴리와 유다를 다니면서 죽은 자를 살리시고, 문둥이를 깨끗이 하고, 앉은뱅이를 일으키고, 천국복음을 전한다는 말씀을 듣고, 이 예수 그리스도를 마음속에 믿자 그 마음이 변화되기 시작한 것입니다.

마음이 변화되어 흑암이 떠나가고 좌절과 절망이 떠나가고 마음에 희망과 꿈과 소망이 넘쳐나자 예수님이 그를 찾아오게 된 것입니다. 마음이 변화된 사람을 예수님이 찾아오시는 것입니다. 마음이 세속으로 꽉 들어찬 사람에게 예수님이 찾아오지 않습니다. 예수님은 마음이 예수 그리스도를 사랑하고 사모하는 자를 찾아오는 것입니다. 혈루병 앓은 여인이 마음속에 예수님을 믿고 예수님을 사모하고 마음이 안정되고 주의 은혜를 받기를 사모하자 예수님이 그 집 앞을 지나가게 되고 예수님을 만나고 그 옷자락에 손을 대고 혈루병이 낫게 된 것입니다. 이 혈루병 앓은 여인이 소망을 갖고 치유를 받은 것은 먼저 마음속에 예수님을 모시고 믿음이 굳세게 섰기 때문에 그렇게 된 것입니다.

그러므로 환경이 변화되기를 기다리지 마십시오. 마음이 변화되면 환경이 따라서 변화되는 것입니다. 자신의 마음 안에서 성령의 역사가 일어나야 환경을 변화시키는 것입니다. 마음에 절망이 있는데 환경이 소망으로 찾을 수 없습니다. 마음에 슬픔이 있는데 환경이 갑자가 기쁨으로 변화될 수 없습니다. 마음에 공포가 있는데 환경에 평화가 다가올 수 없는 것입니다. 마음에 성령으로 충만한 믿음이 있으면 성령의 역사로 공포가 사라지고 평안한 환경이 되는 것입니다. 마음이 천국이면 세상도 천국되는 것입니다. 마음에 평화가 있으면 환경이 평화롭게 되는 것입니다. 마음에 축복이 있으면 환경이 축복으로 변화되는 것입니다. 마음에 치료가 있고 건강이 있으면 환경에 치료와 건강이 다가오게 되는 것입니다. 무엇이든지 마음이 먼저 변화되어야 환경이 변화되는 것입니다. 마음은 생명의 말씀과 성령의 역사로 변화되는 것입니다. 마음에 믿음으로 굳세게 서야 운명과 환경이 변화될 수가 있는 것 입니다. 그렇기 때문에 마음을 지키는 것은 성령으로 충만한 믿음인 것입니다. 하나님은 마음을 하나님의 나라를 만드시기 위하여 마음 안에 성령으로 임재하신 것입니다. 마음을 변화시켜야 모든 것을 변화시킬 수가 있기 때문입니다.

또한 마음은 마음속에 꿈으로 다스려야 되는 것입니다. 85세 된 아브라함이 마음이 흔들리고 마음이 캄캄했습니다. 왜냐하면 얼마 안 있으면 죽을 것인데 나이가 85세요, 아내가 75세인데 아들이 없습니다. 재산이 많습니다. 금과 은도 많고 짐승 떼들도 많은데 이 많은 재산을 상속할 자가 없어서 자기의 종에게 상속하고 갈 수밖에 없습니다. 그러므로 마음이 답답했습니다. 기도하고 부르짖었습니다. 그런데 하룻밤에 아브라함을 천막에서 불러내어 하늘을 쳐다보고 하늘에 있는 별들을 헤아리라고 말했습니다. 그리고 말하기를 "네 자손이 저 별들처럼 많을 것이다."라고 말한 것입니다. 거기에서 아브라함은 마음속에 꿈을 얻었습니다. 몸은 85세입니다. 아내는 75세입니다. 몸이 젊어진 것도 아닙니다. 아내가 젊어진 것도 아닌 것입니다. 그러나 마음이 절망과 흑암과 두려움에서 믿음으로 변화된 것입니다. 왜냐하면 꿈을 가질 수 있게 된 것입니다. 꿈이 마음을 다스린 것입니다. 눈에는 아무 증거 없습니다. 귀에는 들리는 소리 없습니다. 손에는 잡히는 것 없습니다. 몸은 여전히 85살의 늙은 몸입니다. 그러나 마음이 달라진 것입니다. 마음에 꿈을 얻게 된 것입니다. 그들은 하늘의 별과 같이 많은 자녀들을 거느린 사람이 된다는 꿈을 얻게 된 것입니다. 꿈이 마음을 변화시킨 것입니다.

십자가를 바라보면 변화될 수 있는 것입니다. 몸이 변화된 것이 아닙니다. 가정이 변화된 것도 아니고 환경이 변화된 것도 아니지만, 십자가를 바라보고 마음이 변화되면 몸도 변화되고 가정도 변화되고 환경도 변화될 수 있는 것입니다. 먼저 마음이 변화되어야 되는 것입니다. 마음이 무엇으로 변화되는 것입니까? 꿈을 바라볼 때 마음이 변화되는 것입니다. 어디에서 꿈을 얻을 수 있습니까? 십자가를 바라보면 꿈을 얻을 수가 있는 것입니다. 예수님은 십자가를 통하여 죄를 짓고 불의하고 추악하고 버림받아야 마땅한 나를 의롭다하고 용서해 주신 것입니다. 십자가를 통하여 용서받은 의인이 된 꿈을 얻을 수가 있는 것입니다. 소망을 얻을 수가 있는 것입니다. 예수님이 나를 대신해서 마귀와 세상과 싸워서 이기고 우리에게 거룩함과 성령 충만을 주셨으니 십자가를 통하여 거룩함과 성령 충만의 꿈을 얻을 수가 있었던 것입니다. 예수님이 나를 위해서 병들고 고통을 당하여 치료의 은혜를 베풀어 주셨으니 십자가를 통하여 치료의 꿈을 얻을 수가 있는 것입니다. 내가 가난하고 헐벗고 굶주리고 실패했을지라도 예수님이 십자가에서 나를 위하여 저주를 담당하시고 청산하셨기 때문에 십자가를 통하여 아브라함의 복과 형통이 임하는 것을 꿈꿀 수가 있는 것입니다. 내 마음속에 꿈을 받아 들일수가 있는 것입니다. 내가 비록 죽을지라도 십자가를 바라보고 영생을 꿈 꿀 수가 있는 것입니다.

십자가를 가슴에 끌어안고 십자가를 통하여 예수께서 나를 위해서 역사해 주신 그 은혜를 품으면 그 꿈이 이루어져 나오는 것입니다. 영혼이 잘됨같이 범사에 잘되며 강건하고 생명을 얻되 풍성하게 얻는 놀라운 병아리가 깨어 나오는 것입니다. 꿈을 품어야 마음을 지킬 수가 있는 것입니다.

마음은 꿈을 통해서 좌지우지 될 수가 있는 것입니다. 아브라함은 결국 85세에 꿈을 품었더니 100세에 그 꿈이 이루어져서 사랑하는 아들이삭을 선물로 받게 된 것입니다. 그 다음 마음은 입술의 고백을 통해서 지켜질 수가 있는 것입니다. 입술로 시인하므로 기적이 일어나는 것입니다. 로마서 10장 10절에 "사람이 마음으로 믿어 의에 이르고 입으로 시인하여 구원에 이르느니라" 예수 믿는 것도 마음에 그냥 믿어서 구원받는 것이 아닙니다. 입으로 고백해야 구원을 받게 되는 것입니다. 우리가 입술로 말한다는 것은 하나님의 역사를 풀어놓게 되는 것입니다.

잠언 16장 32절에 "자기의 마음을 다스리는 자는 성을 빼앗는 자보다 낫다"고 했는데 마음은 입술의 고백을 통해서 다스릴 수 있는 것입니다. 잠언서 4장 23절에 "모든 지킬 만한 것 중에 더욱 네 마음을 지키라 생명의 근원이 이에서 남이니라" 마음은 입술의 고백을 통해서 지킬 수가 있는 것입니다. 마음에 아무리 긍정적인 마음을 가지려고 해도 입술로 "나는 못한다. 나는 안 된다. 나는 할 수 없다. 나는 죽는다. 나는 병들었다"고 고백을 하면 그 마음은 사망의 세력으로 묶이게 되는 것입니다. 마음이 아무리 답답하고 고통스러울지라도 입술로 고백을 긍정적으로 합니다. 예수 그리스도의 십자가의 보혈로 말미암아 "나는 용서받은 사람이다. 나는 의로운 사람이다. 나는 성령님이 주인으로 계신다. 나는 건강한 사람이다. 나는 복 받은 사람이다. 나는 영생복락을 얻은 사람이다. 나는 승리한다. 나는 영혼이 잘되고 범사에 잘되며 강건하며 생명을 얻되 넘치게 얻는 사람이다." 고백하면 그 마음이 기적을 가져오는 것입니다. 성경에 하나님을 믿으라. 누구든지 이 산들에 명하여 저 바다에 던지라 하고 그 말하는 것이 이룰 줄 마음에 믿고 의심하지 아니하면 그대로 되리라. 말씀으로 믿음을 꽉 잡아 놓으면 그대로 이루어진다고 말한 것입니다. 우리 입술의 말이 씨가 되는 것입니다. 그러므로 결코 마음에서 아무리 의로운 긍정적인 마음을 가졌다고 할지라도 입으로 부인하면 다 파괴되어 버리고 마는 것입니다. 입술의 열매를 가지고 마음을 지킬 수가 있는 것입니다.

자신의 전인격(영-혼-육체)을 성전으로 거룩하게 가꾸려면 성령으로 기도하면서 영을 강하게 해야 합니다. 영을 강하게 하는 영적인 방법은 ① 성령으로 말씀을 배우고, 묵상하고, 깨닫고 ② 마음으로 기도하며, 말씀을 삶에 적용하고 ③ 전인격으로 성령하나님을 체험하여 믿음을 갖게 하는 것이 영을 강하게 하여 걸어 다니는 성전으로 살아가는 기본적인 단계이며 절차입니다.

이 세 가지가 어느 한쪽으로 일방적으로 치우치지 않고 균형을 유지해야 하며, 어느 한 가지라도 결여 되었다면 그 것은 온전하지 못한 것입니다. 우리는 하나님이 완전한 것처럼 완전해야 합니다. 완전하다는 말의 헬라어는 '텔레이오스'인데 '전인격이 하나님으로 가득채워지다'라는 뜻을 지닙니다. 이 세 가지 구성 요소 중 어느 것도 빠짐없이 다 들어있는 상태를 말하는 것입니다. 우리의 영이 강해지는 것은 이 세 요소를 다 갖추고 있다는 것을 말합니다. 하나님은 우리가 이런 상태로 살아가기를 원하시는 것입니다.

걸어 다니는 성전으로 살아가는 영적인 습관은 첫째, 걸어가면서 말씀을 묵상하는 훈련입니다. 성령의 지배가운데 마음으로 말씀의 묵상을 지속적으로 하면 영이 강화됩니다. 예를 든다면 하나님은 영이십니다. 하나님은 반석이십니다. 그렇지 않으면 시편1편을 묵상하는 것입니다.

둘째, 걸어가면서 마음으로 기도하는 것입니다. 호흡을 들이쉬고 내쉬면서 하나님을 찾는 것입니다. 저는 마음으로 하나님! 사랑합니다. 하나님! 도와주세요. 하나님! 어떻게 해야 합니까? 하면서 하나님을 찾으며 집중하는 것입니다. 길을 걸어가면서도 쉬지 않고 하나님께 집중하는 것입니다.

셋째, 걸어가면서 마음으로 찬양을 부르는 것입니다. 호흡을 들이쉬고 내쉬면서 마음으로 찬양을 하는 것입니다. 찬양은 자신이 제일 잘 부를 수 있는 찬양을 1절만 지속적으로 하는 것입니다. 이렇게 영을 강화시키는 훈련을 지속적으로 하면 자신의 혼과 육체가 영의 지배를 받아 육체가 강건하여 집니다.

이 책을 통해 예수님이 땅끝까지 전파 되기를 소원합니다.
(출판으로 인한 이익금은 문서선교와 개척교회 선교에 사용합니다.)

하나님의 집 성전이 되는 비밀

발 행 일 l 2020. 11. 10초판 1쇄 발행

지 은 이 l 강요셉

펴 낸 이 l 강무신

편집담당 l 강무신

디 자 인 l 강요셉

교정담당 l 강무신

펴 낸 곳 l 도서출판 성령

신고번호 l 제22-3134호(2007.5.25)

등록번호 l 114-90-70539

주   소 l 서울 서초구 방배천로 2길 53(방배동)

전   화 l 02)3474-0675/ 3472-0191

E-mail l kangms113@hanmail.net

유   통 l 하늘유통. 031)947-7777

ISBN l 978-89-97999-78-1 부가기호 l 03230

가   격 l 16,000원